L'INJUSTICE DU DESTIN

Yvonne Bouanha

L'INJUSTICE DU DESTIN

Un juge des enfants raconte...

Michel LAFON

103, boulevard Murat – 75016 Paris

À mes chers parents
qui ont rejoint le monde du silence.

La misère humaine n'a pas de temps.
Elle est éternelle.

I

Comme des oiseaux tombés du nid

Et le grand jour arriva...

La cérémonie de prestation de serment se déroula en audience solennelle dans une atmosphère digne et compassée. Parée de l'honorifique robe noire, la toque sur la tête et des gants blancs dans une main, Claire Dumonteil pénétra dans la salle d'apparat de la cour d'appel de Nancy et, debout face aux magistrats composant cette juridiction, elle écouta le greffier donner lecture du décret annonçant sa nomination, en qualité de juge des enfants, à Briey (Meurthe-et-Moselle). Puis, après les réquisitions du Procureur Général, le Premier Président prit la parole :

– Vous jurez de bien et fidèlement remplir vos fonctions, de garder religieusement le secret des délibérations et de vous conduire en tout comme un digne et loyal magistrat ?

Claire Dumonteil leva la main droite et dit :

– Je le jure !

Sur un ton emphatique, le Premier Président donna acte de ces formalités et enchaîna en ces termes :

– Je vous renvoie à vos fonctions. L'audience est levée.

Dans la bibliothèque, Claire Dumonteil reçut les félicitations des chefs de Cour.

*
**

Il faisait froid et il neigeait quand Claire Dumonteil prit la route en direction de Briey. La chaussée était glissante. Pour cette jeune femme qui avait grandi au sud de la Loire, les paysages gris et brumeux de l'est de la France n'avaient rien de très réjouissant.

Austère fut donc son premier contact avec cette cité d'allure bourgeoise, aux rues calmes et vides. En remontant la grande rue, en pente raide, déserte, bordée de boutiques fantômes, Claire se demandait s'il y aurait beaucoup de causes à juger dans une bourgade pareille d'où toute vie semblait absente.

Une flèche indicatrice lui permit d'atteindre sans trop de détours le centre administratif où se trouvaient, regroupés autour d'une petite place, la mairie, le bureau de poste et le palais de justice.

L'aspect cossu et somnolent de ce bâtiment en pierres de taille ne pouvait laisser deviner l'animation de ruche qui régnait entre ses murs.

Claire entra vivement et, après avoir rendu visite au Président et au Procureur de la République, endossa sa robe, pour être officiellement installée dans ses fonctions, en audience solennelle.

L'arrivée d'un magistrat dans une petite ville est le genre d'événement que s'empresse de signaler la presse régionale. Un journaliste et un photographe étaient donc présents à l'audience.

Assise dans un fauteuil, face à ses collègues, Claire Dumonteil écouta pour la seconde fois le greffier lire le décret la nommant, pour trois ans, juge des enfants au tribunal de grande instance de Briey.

Durant cette lecture, les pensées de Claire se mirent à vagabonder dans cette salle d'audience, au climat oppressant pour un profane, particulièrement lorsque l'huissier audiencier annonce l'arrivée du tribunal et que le public doit se lever pour accueillir ces hommes et ces femmes vêtus de noir. Claire songea à ces collègues qui détiennent le pouvoir de juger leurs semblables, de leur infliger une sentence, de leur faire expier une faute en les faisant emprisonner, les privant ainsi de la chose la plus précieuse au monde : la liberté. Elle réfléchit alors à la tâche qui l'attendait et elle se demanda si, célibataire et sans enfants, elle serait capable de la mener à bien.

Elle aimait profondément les enfants et ce premier poste dans la magistrature ne lui déplaisait pas. Le Procureur de la République ayant pris ses réquisitions, Claire Dumonteil fut invitée par le Président à prendre place sur l'estrade parmi ses collègues. Elle siégeait pour la première fois en audience publique.

Le flash de l'appareil photo la surprit figée dans une attitude heureuse.

*
**

Les locaux affectés au tribunal pour enfants de Briey étaient situés au rez-de-chaussée du palais de justice, côté rue.

Lorsque Claire Dumonteil y pénétra à huit heures, grâce à un jeu de clefs remis la veille par le greffier en chef, elle mesura instantanément l'ampleur de sa tâche. Une multitude de dossiers était accumulée sur son bureau et sur les étagères. Comment pouvait-il y avoir tant de problèmes concernant les jeunes dans une ville aussi dépourvue d'animation ? Quoi qu'il en fût, un immense travail l'attendait et elle avait à sa disposition, pour l'accomplir, une jeune femme greffier, deux éducatrices et un éducateur, ainsi que les services de police et de gendarmerie.

Elle commença par classer le courrier qui s'était amoncelé sur son bureau depuis le départ de son prédécesseur. Elle y trouva pêle-mêle des lettres d'enfants, de parents, d'assistantes sociales ainsi que des rapports de gendarmerie, de psychologues et de psychiatres.

À neuf heures, la prise de contact avec le personnel eut lieu dans un climat très cordial et, aussitôt, un plan de travail fut élaboré et partagé selon les attributions et compétences de chacun. Puis, Claire Dumonteil se pencha sur un récent rapport de gendarmerie.

La lecture et l'étude d'un dossier exigent de la part d'un magistrat une attention extrême. Rien ne doit être négligé. Le moindre détail, le plus petit document ont leur importance et permettent, sinon de résoudre totalement un problème, du moins de mieux le cerner. Pour un juge des enfants, une erreur est impardonnable car l'enfant, s'il en est victime, risque d'en souffrir toute sa vie. Une décision de justice doit donc être prise avec la plus grande clairvoyance et la plus profonde humanité.

Le juge des enfants est compétent pour les contraventions et délits commis par des mineurs. Il est également habilité à prendre des mesures d'assistance éducative, accomplissant ainsi une mission essentielle lorsque la sécurité, la santé physique ou morale d'un mineur sont menacées.

Les crimes commis par des mineurs relèvent de la compétence de la cour d'assises des mineurs.

Durant son premier jour de travail, Claire s'occupa à trier, classer, annoter les dossiers en souffrance. Sa tâche était si prenante qu'elle ne vit pas le temps passer.

Le jour commençait à tomber lorsqu'en relevant la tête, elle aperçut un jeune garçon d'une douzaine d'années environ qui l'observait à travers la fenêtre. Visiblement, cet enfant cherchait à la contacter, mais la peur ou la timidité le paralysait. Intriguée par ce manège, Claire Dumonteil appela l'éducateur qui occupait le bureau voisin et le pria de lui amener ce drôle de petit rôdeur. Ce qui fut fait dans l'instant.

En découvrant ce gamin tombé du ciel, avec sa tignasse ébouriffée et ses grands yeux brillants, Claire ne put s'empêcher de penser au Petit Prince de Saint-Exupéry. Seulement un peu plus sale, se dit-elle en le dévisageant, et aussi un peu moins éthéré. Un seul regard à ses vêtements fripés, à ses genoux écorchés, à ses joues creuses et pâles, à la morve qui coulait sur sa lèvre supérieure, suffisait à situer ce gamin dans son contexte socio-éducatif : famille nombreuse, logement exigu, la rue comme seule évasion.

– Je cherche un juge d'enfants ? dit le petit garçon.

– Je suis le juge des enfants, répondit Claire Dumonteil. Qui es-tu ? Pourquoi veux-tu me voir ?

L'enfant baissait la tête comme s'il craignait d'être réprimandé.

– Quel est ton nom ? dit-elle, tentant de l'apprivoiser.

– Patrice... Patrice Martin.

– Quel âge as-tu ?

– Douze ans et demi, Madame.

– Qui t'a dit de venir me trouver, Patrice ? demanda-t-elle.

– C'est les Belmont, mes voisins ! répondit-il.

– Pourquoi ?

– À cause de mes petites sœurs... Elles n'arrêtent pas de pleurer.

– Elle sont malades ?

– Non... Oui... Enfin, tout ça, c'est à cause de ma mère...

– Continue, dit calmement le juge.

Le gamin renifla, s'essuya le nez du revers de la main, se jeta à l'eau.

– Des fois elle est trop soûle pour s'occuper des jumelles...

Claire Dumonteil prit rapidement conscience de la gravité de la situation et, dans le cadre de sa mission de protection de l'enfance en danger, elle délégua aussitôt l'éducateur pour se rendre, en compagnie du jeune garçon, au domicile de ses parents, situé à un kilomètre environ du palais de justice.

– Allez voir ce qui se passe dans cette famille. Téléphonez-moi si vous le pouvez ou bien venez sans tarder m'en informer.

*
**

Quelques minutes plus tard, l'éducateur, guidé par l'enfant, arrivait dans un quartier pavillonnaire, formé de maisons toutes bâties sur le même modèle. Il se gara devant la seule de ces maisons possédant une petite avancée, garnie de forsythias.

– C'est là ? demanda-t-il à Patrice qui se tenait sur la banquette arrière de sa voiture.

L'enfant hocha la tête.

L'éducateur remarqua aussitôt l'attroupement qui se tenait à proximité de la maison.

– Tout le quartier est en ébullition, dit-il en lançant un fragile sourire au gamin.

En voyant Patrice descendre du véhicule, plusieurs voisins se précipitèrent à sa rencontre, dont une grosse bonne femme en peignoir et savates, casquée de bigoudis. Elle interpella vivement l'éducateur.

– Ah ! monsieur le juge, c'est pas trop tôt. Vous allez voir qu'on ne vous a pas fait déplacer pour rien !

– Oui, c'est une honte ! renchérit le chœur des badauds.

Étourdi par cet accueil, l'éducateur n'eut guère le temps de dévoiler sa véritable identité et se trouva entraîné à l'intérieur de la maison par Mme Belmont, occupante du pavillon mitoyen. Il ne s'était pas aperçu que, profitant de la confusion, Karine, la fille de cette voisine, âgée de dix ans environ, s'était approchée de Patrice et lui avait pris la main.

À l'intérieur, le spectacle était abominable. Des bouteilles de bière vides traînaient un peu partout sur le plancher. Au fond, dans une chambre à coucher, l'éducateur découvrit, étendues dans le même lit, deux petites filles de un an à peine, des jumelles aux visages écarlates qui s'étranglaient à force de hurler. Elles baignaient dans leurs excréments. Une odeur nauséabonde s'en dégageait. Tandis que l'éducateur mesurait la gravité de la situation, la grosse voisine, Mme Belmont, lui révélait la raison de ce chaos : la mère des enfants, Jeanne Martin, une ivrogne notoire, n'avait pas remis les pieds chez elle depuis deux jours...

– Il faut faire quelque chose, monsieur le juge. La coupe est pleine, c'est le cas de le dire. C'est pourquoi on vous a envoyé le gamin.

– Et le père ? demanda l'éducateur. Ils ont bien un père, ces enfants ?

– Oui, répondit Mme Belmont, mais il n'est pour ainsi dire jamais à la maison.

– Comment cela ?

– Il travaille sur des chantiers, loin d'ici.

– Il sait que sa femme boit et que ses gosses restent sans surveillance ?

– S'il le sait, il fait rien pour que ça change, en tout cas.

L'éducateur, qui avait consigné un certain nombre de notes sur un petit carnet, rejoignit la rue à grands pas et se mit en quête d'une cabine téléphonique d'où il appela le juge des enfants.

– Je crois que nous sommes devant un problème grave, conclut-il après lui avoir fait un rapport circonstancié de sa visite.

À l'autre bout du fil, Claire Dumonteil l'écouta, sans l'interrompre, puis elle répliqua :

– Je prends immédiatement contact avec l'assistante sociale pour qu'elle emmène les jumelles en ambulance à l'hôpital de Briey. Les gendarmes seront chargés d'extraire les enfants de leur environnement familial. Je vais signer sur-le-champ, pour le petit Patrice, une ordonnance de placement à la direction départementale des affaires sanitaires et sociales de Metz.

– Et le père ? questionna l'éducateur.

– Il va falloir le prévenir, dit le juge.

En matière d'assistance à enfant en danger, un juge des enfants a le devoir de déployer, dans les plus brefs délais, tous les moyens qu'il juge utiles à sa sauvegarde physique ou morale.

Claire raccrocha et resta un instant comme secouée par le vent de ses propres paroles. Qui aurait pu lui prédire que sa première décision de justice, le premier acte de sa vie de magistrat, serait de retirer des enfants à leurs parents ?

*
**

En quittant la cabine téléphonique, l'éducateur alluma une cigarette et revint à pas lents vers la maison des Martin.

Karine et Patrice se tenaient à quatre pattes dans le jardin. Ayant fait totale abstraction de la misère ambiante, ils avaient retrouvé leurs jeux. Ils ignoraient même les regards noirs que leur jetait de temps à autre Mme Belmont qui confiait, à qui voulait l'entendre, sa crainte de devoir se charger de toute cette marmaille en attendant que les parents et la justice trouvent une meilleure solution. Patrice et Karine continuaient à construire une hutte avec des brindilles, près des forsythias.

– Alors ? dit Mme Belmont à l'éducateur qui regardait pensivement les deux gamins perdus dans leur monde. Vous avez pris une décision ? Moi, c'est clair que j'ai pas trop envie de jouer les roues de secours. C'est qu'on gagne pas des mille et des cents, mon mari et moi, et six bouches à nourrir c'est pas pareil que trois.

Sans lui répondre, l'éducateur s'approcha des deux enfants, puis il s'accroupit et se mit à parler à Patrice d'une voix douce :

– J'ai une bonne nouvelle pour toi : tes petites sœurs vont être transportées à l'hôpital où l'on va prendre bien soin d'elles. Quant à toi, il va falloir que tu retournes au tribunal avec moi car Madame le juge désire te parler.

– Pourquoi il irait au tribunal, Patrice, s'enflamma soudain Karine. Il a rien fait et puis ma mère peut très bien le garder en attendant que sa mère revienne. C'est arrivé plus d'une fois.

Tout en parlant, elle avait instinctivement passé un bras autour du cou de Patrice pour le protéger de toute agression extérieure.

– T'as pas bientôt fini de dire des bêtises, intervint Mme Belmont en forçant sa fille à se redresser. Allez, laisse le monsieur faire son travail.

– J'veux pas qu'on emmène Patrice. Il a rien fait, c'est sa mère qui boit.

– Tiens, dit Mme Belmont en lui donnant deux claques sur la tête, tu les as pas volées, celles-là. Maintenant file à la maison.

– Vous êtes tous des méchants ! hurla Karine en rentrant chez elle en larmes.

– N'aie pas peur, le monsieur va bien s'occuper de toi, dit Mme Belmont à Patrice qui avait assisté muet de stupeur à cette violente scène.

– Allez, mon bonhomme, dit l'éducateur en prenant Patrice par la main, on va faire une belle promenade en voiture, tu vas voir.

*
**

– Où qu'on va ? demanda Patrice tandis que la voiture de l'éducateur s'engageait dans la grande rue en pente raide de Briey.

– On retourne au tribunal chercher un papier qu'on appelle une ordonnance pour te placer dans une espèce de... maison où l'on s'occupera de toi jusqu'à ce que les choses s'arrangent.

– Et mes parents ? Et mes sœurs ? Est-ce que je les reverrai ?

– Ben, il n'y a pas de raison ! lança mollement l'éducateur en étouffant un bâillement car cette journée l'avait épuisé.

*
**

Lorsque Claire Dumonteil prit contact par téléphone avec les services hospitaliers de Briey où les jumelles avaient été admises, l'interne lui expliqua que Solène Martin et sa sœur Laura souffraient de malnutrition et de maux divers liés à l'absence d'hygiène corporelle. Solène, la plus faible des deux, avait la peau couverte de boutons qui suppuraient. Le médecin de garde avait averti le juge des enfants qu'il n'avait accueilli ces bébés que pour parer aux soins les plus pressés, mais qu'il fallait envisager assez rapidement leur transfert au centre hospitalier de Nancy pourvu d'un service de pédiatrie.

– Mais vous savez, avança l'interne, le mieux

serait que ces jumelles soient rendues au plus vite à leur famille.

– Ce sera à la justice d'en décider, répondit le juge.

*
**

Claire Dumonteil était bien consciente que, chaque fois que c'est possible, un mineur doit être maintenu dans son milieu d'origine. Quand la situation n'est pas trop compromettante pour son intégrité physique ou morale, le juge des enfants s'abstient de le retirer de son environnement familial et désigne, par ordonnance, un éducateur ou une éducatrice, ou encore un service d'observation ou d'éducation en milieu ouvert, avec mission d'apporter aide et conseil à la famille ou aux enfants, et ce, afin de surmonter toutes les difficultés qu'ils rencontrent.

Dans le cas des enfants Martin, Claire Dumonteil s'était bornée à pourvoir au caractère d'urgence que la situation paraissait requérir. Comme le médecin-chef, elle n'avait fait que prendre les premières mesures, sachant pertinemment que seule l'évolution du dossier devait lui dicter la bonne solution. De nombreuses investigations devaient l'aider, particulièrement une enquête sociale diligentée sur la personne des parents afin de dégager leur degré d'aptitude réelle à élever leurs enfants.

En tout état de cause, les décisions prises en matière d'assistance éducative des enfants peuvent à tout moment être modifiées ou rapportées par le juge des enfants qui les a rendues, si toutefois l'intérêt du mineur le commande et ce, soit d'office, soit à la requête des père et mère conjointement, ou de l'un d'entre eux, ou encore du gardien, du tuteur, du mineur lui-même ou du Procureur de la République du tribunal de grande instance.

*
**

L'enquête sociale effectuée, à la demande de Claire Dumonteil, par la brigade de gendarmerie de Briey, révéla que François Martin, grutier, travaillait sur des chantiers souvent éloignés et que sa femme, Jeanne, qui avait déjà reçu la visite d'une assistante sociale, s'était mise à boire à nouveau après la naissance de ses jumelles.

Les voisins furent interrogés par les enquêteurs de manière discrète et strictement confidentielle. Ils n'ignoraient pas ce qui se passait dans ce foyer, mais n'avaient pas osé prendre l'initiative d'alerter les services de police ou de gendarmerie. Tout simplement parce qu'ils redoutaient un esclandre de l'épouse éméchée. Finalement excédés d'entendre hurler les bébés, les époux Belmont avaient pris la décision de conduire Patrice jusqu'à l'entrée du tribunal afin qu'il témoigne des mauvais traitements subis par ses sœurs.

La lecture du rapport de gendarmerie et les photographies annexées confortèrent Claire dans son action. Elle estima que les mesures provisoires qu'elle avait prises à l'égard des enfants Martin étaient les mieux adaptées.

*
**

Claire continuait à se pencher sur des dossiers d'enfants délinquants ou maltraités, lorsque des cris éclatèrent dans le couloir desservant son bureau.

Elle ouvrit sa porte et se trouva face à une femme d'une trentaine d'années, le visage marqué par la couperose. Elle hurlait :

– Rendez-moi mes enfants ! Vous n'avez pas le droit de prendre mes gosses ! Ils sont à moi !

Elle sentait l'alcool et menaçait de tout casser si on ne déférait pas sur-le-champ à sa requête.

Avec sang-froid, Claire lui demanda son identité.

– Je suis madame Martin, on m'a volé mes gosses !

Claire lui expliqua calmement qu'elle ne reviendrait pas sur sa décision tant qu'elle n'aurait pas été jugée apte à élever convenablement ses enfants. Des sanglots dans la voix, la malheureuse avoua qu'elle aimait par-dessus tout son fils et ses jumelles et qu'elle était prête à s'amender pour les récupérer.

– Mon mari se rend pas compte, poursuivit-elle, il a jamais voulu m'écouter, mais une femme seule, avec trois marmots sur les bras, surtout des jumelles, c'est pas une vie...

– Pourquoi buvez-vous ? demanda le juge des enfants.

– Je ne suis pas une alcoolique, lança Jeanne avec colère. Qui vous a raconté ça d'abord ? Les voisins ? Ils disent n'importe quoi...

– Vous ne travaillez pas, vous devriez avoir du temps pour vous occuper convenablement de vos enfants comme toutes les mères de famille. Alors pourquoi les laissez-vous seuls ?

Mme Martin, acculée, cessa de nier.

– D'abord, je suis pas la seule à aimer la bière,

c'est la boisson nationale, tout le monde ici boit de la bière et à pleins bocks.

Pardi, il faut bien résister au climat, à cette froidure perpétuelle, à la fumée des hauts fourneaux qui rend le jour pareil à la nuit...

Elle en devenait presque pathétique, Mme Martin, à égrener ses arguments.

– Je me permets d'insister, dit le juge, le fait que vous buvez est un élément déterminant dans le cas qui nous préoccupe. Je pense que, sans cela, vous seriez à l'heure qu'il est auprès de vos enfants et non en face de moi.

Jeanne Martin marqua le coup, puis se remit à gesticuler et à hurler :

– Rendez-les-moi... rendez-les-moi ou je fais un malheur !

Face à ces menaces, Claire Dumonteil ferma sa porte et téléphona au substitut du Procureur de la République qui se trouvait au premier étage et qui envoya instantanément le gendarme de service pour expulser l'indésirable.

*
**

Chargé de conduire le jeune Patrice Martin à la DDASS de Metz, l'éducateur avait l'impression de mener un petit animal à la fourrière. Et encore, pensait-il, les animaux sont mieux traités. De nombreuses associations s'étaient constituées depuis longtemps pour les défendre, alors que celles concernant les petits des hommes étaient encore à leurs balbutiements. Une Brigitte Bardot de l'enfance malheureuse, voilà ce qu'il faudrait !

Combien de bambins innocents sont-ils expédiés

chaque année à la DDASS ? Des centaines ? Des milliers ? La société se donne bonne conscience en arguant que ces oiseaux tombés du nid sont logés et nourris. Mais est-ce vraiment la solution idéale ? Ils sont parqués par troupeaux entiers, surtout dans les grandes métropoles, et, compte tenu du peu de moyens et de l'insuffisance de personnel dont disposent ces services sociaux, il est difficile d'aider chaque sujet à évoluer normalement. Si l'enfant parvient à suivre le troupeau, à s'y intégrer, il fera son chemin sans trop d'encombre, sinon il perdra pied, sombrera dans la délinquance et connaîtra parfois la prison.

Dans sa voiture, où Patrice avait pris place, l'éducateur ruminait ces sombres idées. Il essayait néanmoins de détendre l'atmosphère en comparant la DDASS à un centre de vacances. En effet, il avait perçu l'inquiétude de l'enfant.

– Et puis, tu n'y vas que pour quelques jours, le temps que le juge et tes parents dégagent ensemble une solution, conclut-il pour apaiser Patrice.

Il cherchait par tous les moyens à rassurer ce mineur qui était angoissé.

Comme il n'avait plus de cigarettes, il se gara sous l'enseigne d'un bureau de tabac et demanda à Patrice de l'attendre dans la voiture. Quelques instants plus tard, quand il revint avec ses deux paquets, le gamin avait disparu. Il interrogea les rares passants, mais aucun ne fut en mesure de lui fournir une piste quelconque. La mort dans l'âme, il dut se résoudre à prévenir le juge des enfants.

*
**

– Karine... Karine...

Patrice avait attendu, tapi sous un vieil Abribus, qu'elle sorte nourrir son chat. Quand la fillette s'était enfin présentée sur le perron, sa gamelle à la main, il avait sorti de sa poche un petit criquet récemment gagné en jouant aux billes et il l'avait actionné une fois, deux fois, jusqu'à ce que, intriguée par ce signal, Karine lance des regards vers sa cachette.

– Karine, par ici !

– Patrice ? C'est toi ? Qu'est-ce qu'ils t'ont fait ?

– Rien, vu que je me suis taillé. Dis-donc est-ce que tu sais si ma mère est rentrée ?

– Ta mère, tout à l'heure, elle a failli tout casser en voyant sa maison vide. Elle a foncé au tribunal. Maintenant je crois qu'elle est soûle et qu'elle dort.

– J'ai peur de rentrer chez moi, dit Patrice qui commençait à culpabiliser. J'aurais pas dû aller voir cette juge...

– Moi aussi j'ai peur de rentrer, dit Karine, à cause de mon père...

– Il s'est remis à te caresser ?

– Oui, il peut pas s'en empêcher et je ne peux rien dire à ma mère parce qu'elle me traiterait de menteuse.

– En tous les cas, va pas parler à la juge, elle serait foutue de t'envoyer à la CASSE, comme moi.

Patrice avait mal compris le mot DDASS.

Maintenant, il fixait sa maison en se demandant s'il aurait le courage d'y rentrer et d'affronter sa mère.

– Qu'est-ce que tu vas faire ? T'es comme un bandit maintenant...

– Pourquoi un bandit ? Les bandits c'est tous ces gens qui veulent me punir alors que j'ai rien fait.

– Écoute, lui dit Karine, tu pourrais venir dormir chez moi cette nuit.

– Ta mère, elle veut pas.

– On sera pas obligé de le lui dire.

– Chut ! dit Patrice en tendant soudain l'oreille. Écoute.

Un bourdonnement sourd signalait l'arrivée d'une moto.

– C'est mon père, dit Patrice, le visage illuminé par la joie. Il arrive !

*
**

La moto de François Martin reposait contre le mur aux forsythias.

Patrice pénétra le cœur battant dans la maison et découvrit son père et sa mère dans les bras l'un de l'autre. Jeanne Martin pleurait à chaudes larmes et son mari la serrait contre lui.

– Je ne peux pas y retourner, c'est trop dur, François ! gémissait-elle.

– Il faut que tu te soignes, Jeanne. Pense aux enfants.

Patrice contemplait ce spectacle sans dire mot. Cela faisait longtemps qu'il n'avait pas vu ses parents ensemble. Il en était heureux même si les circonstances étaient dramatiques.

François Martin leva les yeux et aperçut son fils, immobile sur le seuil.

– Ah ! te voilà enfin, toi... Où étais-tu passé ? On te cherche partout, tu sais ?

– Ben, par là, dit Patrice en s'essuyant le nez du revers de la main. Avec Karine, on révisait nos leçons.

– Ne mens pas, répliqua François Martin, je sais tout...

– Ne le gronde pas, dit Jeanne, tout ça c'est ma faute...

Le père s'approcha de Patrice et, le prenant par la main, l'entraîna au-dehors.

– Je peux monter dessus ? dit Patrice en désignant la moto.

François Martin hissa son fils sur l'engin. L'enfant, tout à sa joie, contrefaisait les gestes du motard en pleine course. Son père le laissa jouer un moment, puis l'arrêta.

– Écoute-moi maintenant !

Mais, grisé par sa vitesse imaginaire, Patrice poursuivait sa course folle à travers de vastes prairies de rêve.

– Arrête, j'ai dit !

Cette fois, la parole du père ne tomba pas dans l'oreille d'un sourd et Patrice redescendit brutalement sur terre.

– Patrice, ta mère va devoir s'absenter quelques jours.

– Où elle va ?

– À la clinique, comme la dernière fois...

Patrice fronça les sourcils, puis hocha la tête.

– Elle sera partie longtemps ?

– Jusqu'à ce qu'elle soit guérie.

– C'est toi qui vas t'occuper de nous alors ?

Le visage de l'enfant s'éclaira, il était radieux. Son père s'empressa de lui ôter ses illusions.

– Tu sais bien que c'est pas possible. Je bosse toute la semaine et à des centaines de kilomètres de Briey.

– Qui c'est qui va s'occuper de nous alors ? On

va nous mettre à la CASSE de Metz, c'est ça ? Ben, des clous, tiens... J'y crois pas, moi, à leur histoire de maison de vacances !

François Martin esquissa une ombre de sourire et releva une mèche rebelle du front de son fils.

– Demain, nous avons rendez-vous avec le juge, maman et moi. Nous allons discuter de tout ça. L'important, c'est que tu puisses continuer à aller à l'école normalement.

L'œil de l'enfant se mit à luire d'un éclat nouveau.

– Papa, pourquoi que je ferais pas grutier comme toi ? Tu pourrais m'apprendre ?

– Ben, t'es encore trop jeune pour apprendre à piloter une grue et puis, tu peux espérer mieux, pas vrai. Si t'étais pas fainéant comme une couleuvre, je suis sûr que tu pourrais être parmi les meilleurs de ta classe. Tu veux pas essayer, dis, ça ferait beaucoup de bien à ta maman.

Patrice, l'air à moitié convaincu, hocha la tête.

– Tu l'emmènes quand, maman ?

– Je ne l'emmène pas, c'est à elle d'y aller toute seule, de son plein gré. La guérison, il faut la vouloir, sinon on s'en sort pas.

– Et toi, tu repars quand ?

– Demain, après avoir vu le juge. Pardi, ils se construisent pas tout seuls les immeubles...

*
**

Ils furent introduits à dix heures dans le bureau du juge des enfants. Ils se sentaient impressionnés, mal à l'aise.

Un sentiment de crainte habite quiconque pénètre dans un palais de justice pour y être entendu. Jeanne avait les yeux rouges et gonflés d'avoir pleuré. François semblait timide, emprunté. Il finit par déposer à terre son casque de moto qui l'encombrait.

Claire Dumonteil les accueillit avec respect, puis commença à les interroger.

– Madame Martin, je vous ai posé une question hier, vous vous en souvenez ?

Jeanne secoua affirmativement la tête.

– Pouvez-vous me dire d'une manière plus précise pourquoi vous buvez ?

– Je me suis mise à boire après la naissance des jumelles. Mon mari venait de retrouver du travail après une longue période de chômage. Du jour au lendemain, je me suis retrouvée seule avec trois enfants à charge... Ce n'est pas facile de s'occuper de jumelles sans l'aide de personne...

– J'ai ici un rapport faisant état d'une cure de désintoxication entreprise il y a sept ans, c'est-à-dire bien avant la naissance des jumelles...

Jeanne Martin ne répondit rien.

– Ma femme est décidée à faire une nouvelle cure, expliqua François Martin.

– Oui, dit Jeanne, je ferai tout ce qu'on veut pourvu qu'on me rende mes enfants...

Claire Dumonteil consigna ce point important sur le dossier.

– Je ne souhaite pas que mes enfants aillent à la DDASS, dit François Martin. Je préférerais renoncer à mon travail pour les garder.

– Vous avez de la famille ? demanda le juge des enfants.

– C'est-à-dire... Oui et non... Mes parents sont morts et, du côté de ma femme...

– Ma mère a désapprouvé mon mariage, expliqua Jeanne, et je ne la vois plus.

– En ce qui concerne les petites filles, poursuivit le juge, elles ont besoin d'un suivi médical. Je maintiens leur placement en milieu hospitalier. Pour Patrice, je vais annuler l'ordonnance de placement à la DDASS puisqu'il a fugué pour revenir chez vous comme vous le savez. Le mieux serait qu'il soit pensionnaire dans un lycée. J'ai là toute une liste d'établissements qui pourraient lui convenir. Je vous laisse en prendre connaissance et choisir le plus rapproché de votre lieu de travail, monsieur Martin. Il faut l'inscrire dès demain et me tenir informée.

D'un sourire courtois, Claire Dumonteil leur fit comprendre qu'elle avait épuisé le sujet.

– Pas d'autres questions ?

– Non, dit François Martin, je vous promets que nous allons tout faire, ma femme et moi, pour récupérer le plus vite possible nos enfants.

– J'en serais la première ravie, dit le juge. Je vous souhaite donc du courage et, pour vous, madame Martin, de la persévérance.

*
**

Trois jours après leur admission à l'hôpital de Briey, les jumelles, Solène et Laura, furent transférées au centre hospitalier de Nancy où l'on s'empressa de pallier les carences alimentaires dont elles souffraient. En très peu de temps, elles étaient devenues les mascottes du service de pédiatrie que dirigeait le docteur Pierre Alric, un grand gaillard de trente-deux ans qui avait pour assistante sa propre épouse, Anne-Marie, du même âge. Ils appartenaient tous deux à la bonne société de Nancy et jouissaient d'une estime unanime, non seulement dans leur milieu, mais au sein même du service où leur compétence et leur humanisme étaient appréciés de tous.

Les époux Alric s'occupaient des jumelles avec un soin tout particulier et il ne s'écoulait pas d'heure sans qu'Anne-Marie ne vînt prendre des nouvelles de ses protégées, surtout de Solène, la plus faible des deux, qui souffrait d'anorexie.

La journée venait de s'achever et le couple regagnait son superbe appartement dont la vue plongeait sur un beau square.

– Laura va bien, expliquait à sa femme le docteur Alric, et il n'y a pas de raison de la garder plus longtemps en observation. J'en ai parlé au juge des enfants qui a ordonné son placement provisoire à la DDASS.

– Et Solène ? interrogea anxieusement Anne-Marie.

– Il va falloir prolonger son séjour à l'hôpital. Elle va avoir beaucoup plus de mal à remonter la pente.

À ces mots, pourtant peu rassurants, Anne-Marie se sentit soulagée. Elle ferma les yeux et soupira doucement car elle avait craint que son « rayon de soleil » lui soit retiré.

– Je ne comprends pas Dieu, dit-elle à brûle-pourpoint. Pourquoi a-t-il donné de si beaux enfants à des gens qui, de toute évidence, ne les méritent pas, alors que d'autres auraient pu, si la chance leur avait souri, les élever et les choyer comme...

Elle n'alla pas au bout de sa phrase car de gros sanglots roulaient dans sa voix. Son mari lui prit la main et la porta à ses lèvres. Les époux Alric s'aimaient profondément. Mais Anne-Marie ne pouvait avoir d'enfants et elle en souffrait terriblement. L'arrivée des jumelles dans sa vie avait ranimé des frustrations enfouies et son époux comprenait ce qu'elle ressentait, pour la simple raison qu'il partageait ses sentiments.

*
**

Jeanne Martin s'était présentée seule à la clinique du docteur Saron car il fallait en effet que la démarche émanât d'elle et d'elle seulement.

Une cure de désintoxication dure trois semaines environ. Elle consiste dans un premier temps en un sevrage complet.

L'éthylique en état de manque peut être sujet à des effets secondaires spectaculaires : spasmes, tremblements, hallucinations. L'adjonction d'antidépresseurs au sevrage est souvent prescrite. Lorsqu'il s'agit d'une rechute, le traitement dure plus longtemps. Deux mois, parfois plus. En tout état de cause, la volonté du sujet est la clef de sa guérison. Et pour que la réussite soit totale, l'adhésion à une association d'anciens buveurs est conseillée après la cure.

Jeanne Martin n'ignorait rien de toutes les difficultés qu'elle devait affronter car elle s'était déjà soumise une fois à ce « parcours du combattant » sans hélas atteindre le but. Sa volonté avait été déficiente car, en réalité, elle n'avait pas bien perçu les véritables enjeux d'un tel parcours. Aujourd'hui, sa démarche se fondait sur un désir profond, vital, celui de récupérer ses enfants.

*
**

Avant de repartir sur son chantier, François Martin avait dit à son fils :

– Tu pars demain matin en pension à Boulogne-sur-Mer. C'est un joli endroit, tu verras. Je suis certain que tu t'y plairas.

À la demande des parents, ce fut l'éducateur qui le conduisit à son nouveau collège. En voiture, la conversation s'engagea :

– Alors, Patrice, tu sais nager, j'espère ?

– Non, dit l'enfant, je n'ai jamais vu la mer.

– Tu ne vas pas être déçu.

*
**

Au collège, perdu au milieu d'une multitude de gosses venus de tous horizons, Patrice se sentit rapidement bien seul. Il était conscient que sa vie avait basculé d'un seul coup. Ces gamins braillards et querelleurs qui l'entouraient étaient de parfaits étrangers. Il craignait de ne plus revoir ceux qu'il aimait : ses parents, ses sœurs, Karine. Il se faisait du souci pour cette dernière : qu'allait-elle devenir entre une mère obtuse qui ne cessait de la réprimander et un père obsédé pour qui toutes les occasions pour la tripoter étaient bonnes ?

Au bout de quelques jours, Patrice sympathisa avec un garçon de son âge aux dents de lapin et aux oreilles de Mickey. Il s'appelait Jean Parnassier dit Jean-Jean et venait de Forbach où son père travaillait à la mine. Comme Patrice, Jean-Jean découvrait les rudesses de la vie d'internat. La cantine, le dortoir sont de bonnes écoles pour apprendre à se faire respecter. Ici, les plus forts ou les plus rusés l'emportent et nos deux novices ne mirent pas longtemps à le comprendre.

Jean-Jean était un bon élève, mais Patrice avait du mal à rester concentré et, très vite, son esprit fantasque s'évadait de la salle de classe pour suivre des pensées buissonnières. Il fixait plus souvent la fenêtre que le tableau noir et ses résultats, bien sûr, s'en ressentaient. En revanche, il adorait les livres, surtout les romans d'aventures et le temps que les autres passaient sur les terrains de sports, Patrice, lui, le consacrait à la lecture. Ses grands amis avaient pour nom Tom Sawyer, Oliver Twist, David Copperfield et il ne rêvait que d'une chose : partir comme eux sur les routes.

*
**

Karine s'était enfuie de sa maison en larmes. Sa mère, comme chaque samedi, s'était rendue à Metz au chevet de sa sœur malade. Et comme chaque fois, son père en avait profité. Elle avait crié, s'était débattue et, pendant toute la durée de la lutte, avait senti à quel point il était vain de vouloir résister. Plus vite elle se soumettrait et plus vite elle serait libre. À présent elle courait hors d'haleine, secouant la tête de droite à gauche, comme pour la vider de tous les mots hideux qu'il lui avait susurrés tout à l'heure sur le lit. Elle n'osait pas en parler à sa mère qui ne l'aurait pas crue, elle qui ne tarissait pas d'éloges sur son mari cheminot, que tout le monde au travail estimait. Pour elle, c'était un mari très bon, très doux avec les enfants. Bref, ne trouvant d'appui nulle part, elle avait dû se résoudre à subir les « bontés » de l'homme doux sans protester. Elle en souffrait horriblement, en silence, et sa vie de petite fille en était douloureusement affectée.

Elle atteignit à bout de souffle l'Abribus, s'assit sur le banc de bois et sortit de son cartable un crayon et trois feuilles blanches arrachées d'un cahier à spirale. Elle lécha la pointe du crayon et, après avoir cherché l'inspiration dans les nuages, écrivit à Patrice. Elle lui confia qu'elle pensait souvent à lui et que leur rue était devenue bien vide depuis son départ et celui de sa famille. Comme il n'avait pas plu depuis des jours, elle s'était appliquée à arroser les forsythias. *Mais il faut croire que les fleurs ressentent de la tristesse parce que, même arrosées, elles meurent. Exactement comme un chien qui aurait perdu son maître. Voilà pour les dernières nouvelles de Briey*. Sinon, Patrice lui manquait beaucoup et elle rêvait de lui rendre visite à Boulogne un dimanche, pour voir la mer avec lui. Elle se souvint alors de ce qu'elle venait de vivre avec son père et voulut lui en parler. Mais quels termes utiliser pour décrire ce qu'elle avait subi ? Elle tenta un timide, mais bien réducteur, *papa m'a encore embrassée*, qu'elle barra aussitôt, moins par pudeur que par peur d'importuner Patrice avec ses problèmes. Le pauvre en avait assez pour lui ! Elle biffa donc la phrase et la remplaça par une gentille réprobation : *je sais pas quelles boulettes tu as faites pour qu'on te retienne prisonnier tout un dimanche mais ça n'est pas malin. Moi qui comptais tellement qu'on irait à la kermesse pour manger des beignets. Ce sera pour une autre fois.* Elle signa sa missive d'un magnifique cœur percé d'une flèche.

*
**

Ce matin-là, Anne-Marie Alric bouda les deux traditionnelles madeleines qui constituaient l'essentiel de son petit déjeuner.

– Je n'ai pas le cœur à manger ! expliqua-t-elle à son époux qui, du coup, reposa la part de kouglof qu'il s'était goulûment préparée.

Un mois s'était écoulé depuis le placement de Laura à la DDASS et le moment était venu de dire maintenant adieu à Solène. Anne-Marie Alric, qui s'était attachée d'une manière un peu névrotique à l'enfant, n'en vivait plus. Tout au long de la semaine, elle avait compté les jours qui la séparaient du fatal enlèvement, et ses recherches pour trouver une solution moins déchirante avaient échoué.

– Allons, sois forte ! lui dit le docteur Alric, nous irons lui rendre visite de temps en temps.

La veille au soir, il avait téléphoné au juge des enfants pour l'informer de l'état de santé de Solène qui s'était un peu amélioré, mais nécessitait tout de même un séjour dans un établissement spécialisé. Le juge avait décidé par ordonnance le placement de Solène au centre La Charmerie, près de Verdun, réputé pour la qualité de son personnel et la couleur verdoyante de son environnement.

– A-t-on des nouvelles de la mère ? demanda anxieusement Anne-Marie Alric.

– Elle se soigne, répondit laconiquement son mari.

– Et si elle guérit, je suppose que la justice lui rendra ses enfants ?

– Oui, dit le médecin, l'important est de reconstituer cette famille que le destin a séparée.

– Je souhaiterais que Dieu permette à ces enfants de connaître autre chose, s'exclama Mme Alric. Je sais bien que c'est très mal de penser cela, mais je n'ai aucune pitié pour des brutes qui négligent ce qu'il y a de plus beau sur terre...

*
**

Sombre dimanche. Mme Martin rongeait son frein entre les quatre murs de sa chambre de cure. Elle était en manque et, pour se distraire, essayait d'écrire à son fils.

Mon petit Patrice, ici tout est dur, la nourriture n'a aucun goût, le ciel est jaune pâle et même les arbres ont l'air malades.

Au bout de deux lignes de cette prose morbide, elle déchira la lettre et pressa le bouton d'une sonnette. Une infirmière apparut.

– Vous avez appelé, madame Martin ?

– Le docteur Saron m'a permis deux verres de bière par jour et on ne m'en a donné qu'un...

– Deux verres de bière ? répliqua l'infirmière, incrédule.

– Oui, un à midi et l'autre à cinq heures du soir. Ma montre avance peut-être, mais il est cinq heures et quart...

L'infirmière eut un sourire compatissant et s'adressa à Mme Martin comme à une petite fille.

– Voyons, Jeanne, qu'est-ce que vous racontez ? Vous savez bien que le docteur Saron n'a jamais prescrit le moindre verre de bière. Je peux par contre vous apporter du Cacolac, vous aimez le Cacolac, n'est-ce pas ?

– Allez vous faire voir avec votre Cacolac ! hurla Jeanne, avec violence.

L'infirmière ne broncha pas sous l'insulte. Elle

s'approcha de Jeanne qui se laissa aller en pleurant dans ses bras.

*
**

En visite d'inspection au centre La Charmerie, Claire Dumonteil eut la surprise d'y rencontrer les époux Alric venus voir la petite Solène Martin. Ils venaient de lui offrir une magnifique poupée en tablier rose, aux cheveux noués en bretzel. La joie manifeste de Solène était la preuve éclatante que le juge avait pris la bonne décision en ordonnant son placement dans cet établissement. Quant au docteur Alric, qui avait pu constater de visu les progrès de la fillette, il tentait de convaincre sa femme que tout allait bien pour Solène et qu'il ne fallait pas s'en faire pour elle.

– Avez-vous des nouvelles de sa sœur, Laura ? demanda le docteur Alric.

– Oui, dit le juge, le dernier rapport de la DDASS ne signalait aucun problème particulier.

À mesure que l'heure tournait, l'angoisse d'Anne-Marie augmentait. Elle ne pouvait se résoudre à quitter Solène. Le docteur Alric entraîna Claire Dumonteil à l'écart et lui expliqua que l'attachement de son épouse pour Solène tournait à l'obsession.

– Vous comprenez, lui dit-il, ma femme ne peut pas avoir d'enfants et elle en souffre énormément.

– Pourquoi ne pas en adopter un ? suggéra le juge.

– J'y ai songé, dit le docteur Alric, mais n'est-ce pas un peu compliqué ?

– Il suffit de faire une demande et de répondre à certains critères. Mais passez donc à mon bureau un de ces jours, je vous en dirai plus long sur le sujet.

*
**

– Patrice Martin ?... Patrice Martin ?

Les têtes se tournèrent, les élèves s'interrogèrent du regard. Le surveillant qui venait de procéder à l'appel se tourna vers Jean Parnassier.

– Toi, tu ne sais pas où il est ?

– Il est parti, m'sieur.

– Parti où ça ?

– Ben, en Afrique, m'sieur... rejoindre sa famille...

Il pleuvait et Patrice marchait le long de la route nationale où régnait un trafic intense. De temps à autre, il levait le bras pour que quelqu'un s'arrête et le prenne en charge, mais il ne réussissait qu'à se faire éclabousser. Il s'était protégé la tête d'un sac en plastique trouvé dans la poubelle d'une aire de repos et il ressemblait, ainsi attifé, à un épouvantail ambulant. Finalement un routier s'arrêta et lui fit signe de monter.

– Vous allez à Lourdes, s'il vous plaît, m'sieur ?

– Pas à Lourdes même, mais je peux t'avancer.

Dégoulinant, le gamin s'installa sur l'énorme banquette. Il paraissait vraiment minuscule à côté du chauffeur.

– Qu'est-ce que tu vas faire à Lourdes, fiston ? demanda le routier.

– Je vais voir la Vierge Marie, répondit Patrice.

Le routier coula vers l'enfant un regard incrédule.

– Et tes parents, ils sont au courant ?

– Non, c'est pour eux que j'y vais justement. Et pour mes petites sœurs aussi.

Le routier lança un regard suspicieux à Patrice et dit :

– T'as pas faim ?

Le gamin secoua la tête.

– Moi, faut que je m'arrête, j'ai roulé toute la nuit. Tu me raconteras toute ton histoire devant un bon casse-croûte...

Il avisa un restaurant routier, en bordure de route, devant lequel stationnaient plusieurs camions.

*
**

Ce matin-là, Claire Dumonteil reçut un rapport favorable de la clinique où était soignée Mme Martin. La mère de Patrice, après une difficile période de désaccoutumance, allait beaucoup mieux et devait réintégrer bientôt son foyer. Le juge des enfants téléphona au médecin responsable pour lui demander des garanties :

– On ne peut jamais être sûr à cent pour cent, répondit le docteur Saron. Mme Martin a eu beaucoup de mal au début, elle a failli abandonner comme la première fois, et puis, à force de courage et de volonté, elle a prouvé qu'elle voulait à tout prix s'en sortir. Je crois que si elle pouvait retrouver ses enfants, elle guérirait complètement. Tout son être les réclame...

Claire convoqua l'éducateur pour l'informer de cette nouvelle :

– Tout cela est très fragile, répondit celui-ci, j'essaie de ne plus fumer depuis quinze ans... Je n'y suis jamais arrivé !

La sonnerie du téléphone retentit. Le juge décrocha :

– Allô ? La gendarmerie d'où ?

À l'autre bout du fil, un gendarme expliquait confusément qu'il avait auprès de lui un routier et un gamin de douze ans environ, Patrice Martin, qui pourrait bien être un fugueur.

Claire lui ordonna d'organiser immédiatement le retour de Patrice à son cabinet sous escorte.

*
**

François Martin sortit maussade de la baraque de chantier tenant lieu de bureau. Il avait tenté de négocier sa mutation à Metz, proche de Briey, mais son patron lui avait opposé un refus net et catégorique : « On a trop besoin de types solides en haut des grues. Allez, Martin, pas d'histoires et au boulot ! » François était contrarié. Il voulait se rapprocher de ses enfants.

Il pleuvait quand il gagna la tourelle de pilotage. Il gardait toujours dans sa poche la dernière lettre de Jeanne, celle où elle lui annonçait sa « victoire sur elle-même ». Il se réjouissait de la retrouver bientôt en bonne santé, mais il n'était pas totalement convaincu de sa guérison.

La pluie tombait serrée, mais pas assez pour l'empêcher d'apercevoir un ouvrier, qui n'avait pas mis son casque, jouer les équilibristes sur le rebord d'une fenêtre d'un immeuble en construction. François l'interpella avec rudesse, le sommant de se protéger la tête. Puis il se mit à manœuvrer son engin, en pensant à ses enfants.

*
**

Jeanne Martin, qui était sortie de clinique et avait regagné sa petite maison aux forsythias, fut stupéfaite de découvrir la propreté et le brillant qui régnaient dans son intérieur. Il y avait même un bouquet de fleurs sur la table, et dans le dressoir chaque assiette étincelait. Elle se rendit chez sa voisine pour la remercier d'avoir si bien entretenu son foyer durant son absence :

– Oh ! répondit Mme Belmont, toujours aussi aimable, j'y suis pour rien. C'est la petite qui a tout fait sans que personne lui ait rien demandé.

Mme Martin embrassa Karine et lui proposa de passer boire un Cacolac à l'occasion.

– Je me suis mise au Cacolac, expliqua-t-elle à Mme Belmont. Ça vous barbouille un peu l'estomac mais c'est tout...

– Alors c'est fini ? questionna la voisine.

– Fini pour toujours, répondit Jeanne, déterminée.

Karine la raccompagna chez elle. Elle lui demanda des nouvelles de Patrice.

– Je pensais que tu allais m'en donner, répliqua Jeanne.

– Il n'a pas répondu à ma dernière lettre. C'est pas dans son habitude.

– J'irai le voir à Boulogne, dès que possible, dit Jeanne. Tu le veux comment ton Cacolac, froid ou chaud ?

*
**

Patrice, qui s'était enfui du collège pour aller prier à Lourdes, avait été reconduit par un gendarme au cabinet du juge des enfants. Après sa première fugue, lors de l'achat de cigarettes par l'éducateur, Claire s'était longuement entretenue avec cet enfant, s'efforçant de gagner sa confiance et de le dissuader de recommencer. Elle comprenait que celui-ci, séparé des siens, arraché à son environnement naturel, ruât dans les brancards. Mais son devoir était de canaliser cette instabilité et de lui donner des raisons d'espérer. En lui parlant de Lourdes et de sa démarche pour obtenir un miracle pour sa famille, Patrice avait touché le cœur du juge.

La prière de l'enfant avait presque été exaucée car, aujourd'hui, Jeanne Martin semblait guérie. Elle n'avait plus remis les pieds dans les cafés de Briey et, dans le supermarché où l'éducateur l'avait aperçue par hasard, elle n'achetait pas de boissons alcoolisées. Par sa conduite exemplaire, elle avait réussi à faire oublier l'effroyable pocharde qui abandonnait ses enfants quelques mois auparavant. Devant de tels progrès, Claire Dumonteil décida de lui restituer la garde de son fils. Mais seulement pour une période d'essai. Elle signa donc une ordonnance aux fins d'assistance éducative en milieu ouvert au profit de Patrice, attribuant ainsi à l'éducateur le pouvoir de suivre l'évolution de la situation dans cette famille.

*
**

– Ce n'est pas possible, s'offusquait Anne-Marie Alric tandis que son mari, plus flegmatique, patientait dans les embouteillages, à l'entrée du centre ville.

On ne va tout de même pas lui restituer ses enfants. Enfin, tu l'as vue comme moi...

Ils étaient retournés voir Solène à La Charmerie et, par hasard, avaient rencontré Jeanne Martin qui avait été autorisée par le juge des enfants à venir voir sa petite fille. Le choc avait été violent ! Anne-Marie s'était tellement attachée à Solène qu'en voyant cette fillette si fragile, si mignonne, entre les mains de cette femme si vulgaire, elle s'insurgeait.

– On ne peut pas laisser faire une chose pareille, se révoltait-elle, rendre Solène à cette... cette créature, ce serait dangereux !

– Cette créature est sa mère, soupira le docteur Alric, et toi, tu n'es rien.

Anne-Marie Alric était angoissée.

– L'autre jour, le juge nous a conseillé d'adopter un enfant. Qu'en penses-tu ? demanda-t-il pour dévier d'un sujet à son goût trop chargé d'électricité.

Sans lui répondre, Anne-Marie tourna son beau visage outragé vers les magnifiques grilles de la place Stanislas.

***

Après sa fugue, Patrice fut reconduit à Boulogne-sur-Mer par l'éducateur. Il avait reçu d'excellentes nouvelles de Briey et s'apprêtait à rentrer définitivement chez lui où sa mère l'attendait. Son cœur débordait de joie.

– Je croyais qu'ils vivaient en Afrique, tes parents ? s'étonna Jean-Jean.

– Ils rentrent pour me chercher, répondit Patrice, perdu dans ses rêves. Ensuite, on ira rejoindre mes sœurs là-bas.

– Tu m'écriras ?

– Évidemment. L'ennui c'est qu'il n'y a pas de facteur dans la brousse. Enfin, je me débrouillerai...

– Patrice, dit Jean-Jean, les larmes aux yeux, tu vas me manquer...

*
**

Debout sur le perron de sa maison, Karine assistait à la scène, les yeux agrandis par l'épouvante. Il y avait des larmes, des hurlements, des appels au calme.

– C'est pas vrai... dites-moi que c'est pas vrai..., se lamentait Jeanne Martin.

Des voisins essayaient tant bien que mal de la maîtriser.

– Y a pas de Bon Dieu, criait-elle comme une possédée. Pourquoi, pourquoi a-t-il fait ça ?

À nouveau des pleurs, puis des hurlements :

– Foutez-moi le camp... Je veux être seule... toute seule...

Karine vit sa mère sortir de la maison aux forsythias en compagnie de quelques gens du quartier qui affichaient tous des mines consternées.

Mme Belmont, l'air déconfit, regagna son logis. Aussitôt Karine l'assaillit de questions.

– Maman, qu'est-ce qui s'est passé ?

– Quand le malheur s'acharne sur un toit... répondit Mme Belmont. François Martin s'est tué à moto en allant chercher Patrice à Boulogne...

Karine demeura muette de stupeur et de chagrin.

– C'est arrivé il y a une heure... Le brouillard... Il n'avait pas mis son casque...

*
**

Les obsèques de François Martin eurent lieu dans la plus stricte intimité. Patrice, très digne dans son petit costume sombre, regardait fixement la terre pleuvoir sur le cercueil de son père. Il ne pleurait pas. Karine se tenait derrière lui, triste, mais les yeux secs. La douleur les avait vieillis.

Il fallait soutenir Jeanne Martin pour qu'elle tienne sur ses jambes. La mine abrutie, les paupières closes, elle murmurait des paroles sans suite. Elle s'étranglait parfois dans un hoquet. Le chagrin n'expliquait pas tout. Elle avait bu et l'éducateur qui assistait à la cérémonie avait relevé ce détail accablant.

En sortant du cimetière, les deux enfants gagnèrent l'Abribus. Enfin seuls, ils avaient pu se donner la main. Celle de Karine était glacée. À dire vrai, ce qui l'impressionnait le plus, c'était l'attitude de Patrice que le malheur avait durci au point d'en faire presque un étranger. Elle ne disait rien, attendant qu'il parle :

– Tu connais Lourdes ? demanda-t-il en regardant droit devant lui. C'est la ville des miracles. Je dois y aller... sinon ma mère va se remettre à boire et elle reverra pas mes petites sœurs.

Karine accueillit cette déclaration par un silence. Puis elle se leva.

– Faut que je rentre, dit-elle, ma mère veut pas que je traîne.

– Elle m'aime pas trop ta mère, hein ?

– C'est pas ça, dit Karine, je crois qu'elle a peur.

– Peur de moi ?

– Pas de toi, du malheur...

Patrice hocha la tête.

– Et ton père, il t'ennuie toujours ?

– Ça va, dit Karine, la gorge serrée.

– Tu es sûre ?

– Oui, ne t'inquiète pas.

Ils restèrent encore un moment, sans parler. Que dire ? Ils avaient l'un et l'autre touché le fond. Karine lui caressa doucement les cheveux et partit en courant.

Patrice demeura assis sur le banc, les deux poings serrés l'un contre l'autre, le regard fixe, perdu. Et puis, d'un seul coup, il éclata en sanglots.

*
**

La petite Solène grandissait à La Charmerie. Les époux Alric étaient retournés la voir, juste après le décès de François Martin. Qu'allait-elle devenir maintenant ? Pour Anne-Marie Alric, Mme Martin n'était pas en état de garder ses enfants.

– Qui vivra verra, répondait avec lassitude le docteur Alric.

*
**

Claire Dumonteil reçut Jeanne Martin dans son bureau. L'atmosphère n'était pas du tout la même que lors de leur premier entretien. La mère de Patrice, sans doute abrutie de calmants, affichait un air morne, absent.

– Vous êtes abattue, déprimée, dit le juge.

Jeanne ne réagit pas à ces paroles. Elle avait repris son ancienne allure, celle d'une épave absolument incapable de s'occuper d'un foyer.

– Vous vous êtes remise à boire, poursuivit Claire

Dumonteil, et vous êtes maintenant trop faible et trop malheureuse pour résister à vos démons.

– Je souhaiterais récupérer mes enfants, finit par murmurer Jeanne, le regard implorant.

– Le mieux serait, je pense, de retourner dans cette clinique...

Au mot clinique, Jeanne releva la tête et fixa le juge avec un mélange de détresse et de haine.

– Mais j'en sors... Vous ne comprenez pas que...

Le téléphone sonna, Claire décrocha :

– Oui, c'est moi ? Quoi ?... La gendarmerie de Lourdes ?

Claire était visiblement inquiète, elle se mordillait l'index droit et ne prêtait plus la moindre attention à Jeanne Martin.

– Allô ? la gendarmerie de Lourdes ? Oui, juge Dumonteil à l'appareil. Le brigadier Ponsard ? Vous m'appelez à propos du jeune Patrice Martin... Ah ! il est chez vous... Bien, très bien... Voilà qui est déjà plus rassurant... Bon, il faut le conduire à mon cabinet sous escorte... Je peux compter sur vous ?

– Oui absolument, mais je vous avise qu'il a dérobé un cyclomoteur, dit le brigadier Ponsard.

– La situation s'aggrave de plus en plus ! soupira Claire.

Elle raccrocha et son regard croisa alors celui de Jeanne Martin qui n'avait pas perdu une miette de la conversation.

– Qu'est-il arrivé à mon enfant ? demanda-t-elle.

– Il est allé à Lourdes, répondit le juge.

– À Lourdes ? Mais pour quoi faire ?

Claire Dumonteil, qui connaissait la réponse, cherchait ses mots pour mettre Mme Martin au courant des louables intentions de son fils. Face à cette hésitation, Jeanne pensa que le juge voulait lui cacher quelque chose.

– Il n'a pas eu d'accident au moins ? cria la malheureuse en proie à une vraie panique. Répondez-moi...

– Il est vivant et il n'a rien, dit Claire en s'efforçant de sourire. Allez, rentrez chez vous et ne soyez pas inquiète. Si vous êtes d'accord, je vais appeler le docteur Saron pour qu'il prenne contact avec vous. Je me charge personnellement de Patrice et de ses sœurs.

Les traits de Jeanne avaient changé totalement : elle était redevenue la furie qui, quelques mois plus tôt, menaçait de tout casser si on ne lui rendait pas ses enfants. Elle bondit de son siège et vint placer son visage tout près de celui du juge.

– Qui vous êtes, vous, pour décider de la vie des autres ? Hein, qui vous êtes, Dieu le père ?

– Je vous prie de vous dominer, répondit Claire avec sang-froid.

– Me dominer ?... Mais j'ai tout perdu, moi, vous pouvez comprendre ça... Mon mari, mes gosses, on m'a tout pris... Et c'est vous qui êtes responsable...

L'accusation claqua comme un coup de fusil. Toutefois, Claire Dumonteil resta droite, imperturbable.

– Je ne suis en rien responsable de la mort de votre mari. Et en ce qui concerne vos enfants, je n'ai fait que mon devoir.

Jeanne Martin resta un instant comme assommée. Puis, reprenant ses esprits, elle déclara avec un calme impressionnant.

– Ne vous en faites pas, je ne vais pas faire de scandale. Vous n'entendrez plus jamais parler de moi.

Ce fut sur cette menace que la malheureuse quitta le bureau du juge. Décontenancée, Claire la regarda s'éloigner.

*
**

Cette fois-ci, Patrice ne s'était pas risqué à faire de l'auto-stop. Il avait voyagé clandestinement à bord d'un wagon de marchandises où il s'était glissé avec la complicité involontaire de M. Belmont, le père de Karine, qui était cheminot et assurait la garde du dépôt un jour sur deux. La tâche principale du bonhomme était de verrouiller chaque wagon après avoir vérifié, à l'aide d'une lampe torche, que personne ne se cachait à l'intérieur.

Ce soir-là, le père Belmont faisait sa ronde, comme d'habitude, lorsqu'une petite silhouette se faufila dans la pénombre, à quelques mètres de lui. « Halte, qui va là ? » cria-t-il d'une voix blanche en dirigeant le faisceau de sa torche vers l'endroit où l'on avait bougé. « C'est moi ! » répondit une voix qu'il connaissait bien. « Karine ? Mais qu'est-ce que tu fais là ? » s'étonna le cheminot. Nulle réponse. « Karine ? » appela l'homme. Un crissement de gravier dans son dos le fit sursauter. « Ah ! je vois, tu veux jouer au grand méchant loup avec papa. Attends un peu que je t'attrape. » Cette perspective l'excita tellement qu'il en oublia complètement son devoir. Patrice profita de son égarement pour monter dans un wagon à bétail à destination de Pau. Il avait déjà vu ce nom sur une pancarte en descendant à Lourdes et bénissait la chance qui le replaçait toujours sur la bonne route. Il pria seulement pour que Karine, qui s'était sacrifiée pour faire diversion, ne payât pas le prix fort son extrême connivence.

*
**

Les gendarmes qui avaient appréhendé Patrice couché sur un banc à Lourdes l'avaient observé, perplexes. Ils avaient reçu un avis de recherches du juge des enfants de Briey. Devaient-ils rire avec lui ? Devaient-ils le gronder ? L'enfant semblait tellement heureux d'avoir bravé tous ces dangers uniquement pour se retrouver dans cette localité. Au bout d'un moment, le brigadier Ponsard décida de mettre le holà à ses excentricités :

– Debout, mon petit ! s'exclama le brigadier.

Patrice sursauta et esquissa un geste comme pour protéger un cyclomoteur qui se trouvait à ses côtés.

– À qui appartient ce cyclomoteur ?

Patrice ne répondit pas.

Ils l'emmenèrent au poste avec le cyclomoteur, après l'avoir identifié.

– Patrice, mon p'tit gars, tes fugues ne nous plaisent pas du tout. On commence par voyager sans billet et on finit par voler un cyclomoteur... Alors, il va falloir que tu révises ta conduite et rapidement, parce que ça risque de se terminer très mal tout ça...

Patrice écoutait le brigadier, les yeux ronds, la bouche grande ouverte. Visiblement il ne comprenait pas du tout ce qu'on lui reprochait. Il lui paraissait tout à fait normal de traverser la France à pied, à cheval ou en wagon à bétail pour venir retrouver la ville des miracles. Et puis, sur son chemin, il y avait un cyclomoteur et il en avait besoin pour achever son parcours.

Patrice s'approcha du brigadier Ponsard et lui glissa un regard de cocker qui voulait dire : « s'il te plaît, garde-moi avec toi ».

Ce dernier, coupant court à toute discussion :

– Je te ramène à Briey. Ensuite, ce sera à la justice de décider ce qu'il convient de faire ou de ne pas faire. La loi est la loi et mon métier est de la faire respecter.

Cette réplique ne souffrant aucun commentaire, Patrice adopta un profil bas. Il esquissa une larme. En l'espace de quelques mois, on lui avait enlevé ses parents, ses sœurs et Karine. Enfin, il venait de perdre son père. Cela faisait beaucoup pour un gosse de treize ans. Le brigadier le consola comme il put en lui révélant qu'il existait une mystérieuse balance dans la vie et que les peines et les joies s'équilibraient.

– Ce que le sort t'a pris, il te le rendra au centuple, mon petit ! Mais il ne faut pas prendre ce qui appartient à autrui, il ne faut pas voler !... C'est grave, très grave !

*
**

Karine n'avait aucune nouvelle de Patrice depuis sa fuite à Lourdes. Elle ne savait pas pourquoi elle avait accepté de se prêter à cette évasion. C'était vraiment jouer avec le feu. Elle se souvenait de sa peur, mais bizarrement, tandis qu'elle courait entre les rails poursuivie par ce père-loup qui la terrorisait de ses hurlements, c'était à Patrice, et à Patrice seulement, qu'elle pensait, au risque qu'il prenait et non pas à ce qui l'attendait, elle, si jamais le cheminot la rattrapait. L'horreur de ce qui aurait pu se produire si elle n'avait pas réussi à filer ne la submergea que plus tard. Elle éprouva une irrépressible nausée en imaginant ce qui fort heureusement n'avait pas eu lieu.

*
**

Patrice était assis dans le train aux côtés du brigadier Ponsard. Les autres passagers les regardaient d'un drôle d'air d'autant plus que l'enfant s'amusait avec les menottes du gendarme.

– Allez, laisse donc ça, c'est pas un jouet.

– J'veux que tu me les passes ! J'veux que tu me les passes ! criait Patrice.

– Ah ! toi alors, quand tu as quelque chose dans le crâne.

Il lui mit les bracelets.

– Si madame Belmont me voyait, elle serait contente, elle qui raconte partout que je suis un voyou.

– Parle moins fort, on n'entend que toi avec ta voix de crécelle.

– T'as déjà arrêté des vrais assassins ?

– Non, j'ai arrêté des ivrognes, des braconniers et, tiens, une fois j'ai même arrêté un curé.

Le visage de Patrice s'illumina :

– Ah oui ?

– C'était une erreur, mais je ne pouvais pas savoir vu qu'il était en civil. J'aurais pourtant donné ma main à couper que c'était lui le voleur de pommes.

Patrice rit en se tenant les côtes et le brigadier ne put s'empêcher d'esquisser un sourire au souvenir de cette anecdote. Tout à coup l'attention du gamin fut requise par la sonnette d'alarme.

– C'est quoi ce bidule ? demanda-t-il.

– C'est pour arrêter le train en cas de pépin. Tu tires dessus et les essieux se bloquent instantanément. Mais faut pas y toucher. Allez, rends-moi mes menottes.

Patrice obéit docilement. Le train continuait sa route entre bois et champs de labour. Soudain, le brigadier Ponsard se leva.

– Ne bouge pas, faut que j'aille au petit coin !

Il remonta en tanguant le couloir du wagon vers les toilettes. Puis il s'introduisit dans l'étroite cabine et commença à ouvrir son pantalon. Ce fut alors qu'un violent coup de frein le fit basculer vers l'avant, le projetant sur la cloison.

Le train était arrêté en rase campagne. À bord régnait la plus totale confusion. Le brigadier Ponsard, de retour dans le compartiment, eut la désagréable surprise de ne plus y trouver Patrice. Les autres passagers lui apprirent que l'enfant avait actionné le système d'alarme et pris la clef des champs.

*
**

Karine rentrait de l'école en mangeant une tartine lorsque, en relevant la tête, elle aperçut Mme Martin qui regagnait son logis en portant un panier empli de bouteilles de bière ainsi qu'un carton à pâtisserie. Elle se précipita à sa rencontre pour l'aider.

– Vous avez des nouvelles de Patrice ? demanda-t-elle aussitôt.

– Oui, il a encore fugué ! Il est parti à Lourdes,

mais on doit le ramener. Il m'a envoyé une carte postale pour mon anniversaire, répondit Jeanne, d'une voix pâteuse. C'est ce soir ! J'ai même acheté un gâteau, une forêt-noire... pour cinq, poursuivit-elle, et puis des bougies, trente-trois qu'il y en a, plus les fusées que mon mari avait entreposées dans la cave. Tout le quartier va pouvoir profiter du feu d'artifice...

Un appel véhément de sa mère obligea Karine à écourter le dialogue.

– Ben, bon anniversaire alors ! Je vous cueillerai un bouquet demain.

– Apporte-moi des soucis. C'est pas que je les aime, mais eux m'adorent.

Karine revint chez elle et annonça triomphalement que leur voisine fêtait ses trente-trois ans.

– Trente-trois années pour rien ! marmonna Mme Belmont.

*
**

Patrice marchait le long d'un grand terrain vague. Il pleuvait et le malheureux gamin était transi de froid. Depuis combien de temps errait-il ainsi sur les routes ? Où dormait-il ? Comment se nourrissait-il ?

– Mince, dit-il tout haut, j'ai été trop cloche d'acheter des cartes, ça m'a bouffé tout mon pain.

Il ne s'était pas aperçu que, depuis un petit moment déjà, un chien le suivait sans faire de bruit. Patrice finit par remarquer sa présence.

– D'où tu sors, toi ? T'es comme moi, t'as pas de famille ?

Le chien le regardait en tirant la langue, puis il

poussa un court gémissement qui ne pouvait tromper.

– Tu as faim ? Moi aussi, figure-toi.

Tout à coup un hurlement lui fit tourner la tête :

– Et toi... c'est mon clebs... Rends-moi mon clebs ou je te casse la tête...

Il s'agissait d'un vagabond hirsute qui fonçait droit sur Patrice en brandissant une pierre. Pétrifié, le gamin regardait fixement cet épouvantail hurlant. Il allait se faire réduire en miettes lorsque, sans crier gare, le chien sauta sur le mendiant et le renversa par terre, lui et sa sacoche.

– Rappelle-le... il va me tuer... Au secours... Pitié...

Patrice s'approcha et dit froidement :

– C'est pas mon chien, c'est le tien !

– Non, c'est le tien... Dis-lui de me lâcher... Regarde ! Il me menace...

Patrice n'en fit rien et se mit à farfouiller dans la musette du type. Il en sortit un saucisson, une bouteille de vin rouge et un quignon de pain. Il cassa la bouteille et jeta la musette, vide, au loin. Puis il s'éloigna et ce fut seulement lorsqu'il se trouva très loin du mendiant qu'il siffla le chien, lequel, abandonnant sa proie, accourut immédiatement.

Le soir tombé, Patrice et le chien trouvèrent refuge dans une grange et partagèrent le pain et le saucisson. Une amitié toute neuve était née.

– Faut qu'on te trouve un nom, dit Patrice.

Il se mit à réfléchir.

– Tiens qu'est-ce que tu dirais de Cloudchef ? Comme le président des Russes...

Le chien remua la queue et donna un grand coup de langue à Patrice. Visiblement cela lui convenait.

*
**

À Briey aussi le soleil s'était couché. De gros nuages faisaient écran à la nuit. Karine sortit de sa maison pour secouer sa nappe. Elle sentit alors une odeur inhabituelle et, en tournant la tête, vit des flammes et de la fumée sortir de la maison aux forsythias.

– Maman, cria-t-elle, y a le feu chez les Martin !

Le quartier fut bientôt rassemblé autour du lieu du sinistre que les pompiers réussirent à maîtriser après des heures d'efforts. On sortit sur un brancard recouvert d'un drap le cadavre de Jeanne Martin.

Mme Belmont commenta à sa façon l'événement :

– Je ne sais pas ce qu'elle a fabriqué en soufflant ses bougies...

Elle soupira, puis elle ajouta :

– C'était vraiment la maison du malheur !

*
**

L'aube se levait sur la campagne endormie. Un train franchit un passage à niveau. Puis, il ralentit et s'immobilisa en arrivant à hauteur d'un signal rouge clignotant, indiquant des travaux sur la voie. Patrice ouvrit un wagon, y grimpa, puis fit volte-face et cria : « Allez, viens Cloudchef ! ». Le chien le rejoignit en poussant un jappement. Tous deux s'empressèrent de se réfugier dans les W.-C. du wagon.

Le soleil était déjà haut dans le ciel lorsque Patrice et Cloudchef arrivèrent dans une gare. Ils descendirent sur le quai. Patrice s'accroupit et caressa son chien :

– Regarde bien, c'est Lourdes : la ville des miracles !

Hélas, en levant les yeux, il put lire sur un mur : « Metz ».

Ils avaient pris la direction opposée.

Il sortit de la gare avec Cloudchef, et s'extasia devant cet édifice unique en son genre en Europe, témoignage architectural et historique de l'époque de Guillaume II, au temps où Metz était intégré au Reich allemand en même temps que l'Alsace.

Il entra dans un café et s'empara, à l'insu du tenancier du bar, de trois croissants que des clients n'avaient pas consommés.

Puis, il vola à nouveau un cyclomoteur et s'engagea en pleine campagne, via Briey. Il fut rapidement interpellé par des gendarmes qui trouvaient insolite la scène de ce jeune, pédalant lentement pour permettre à Cloudchef de le suivre.

Déféré devant le substitut du Procureur, puis devant le juge des enfants qui avait déjà lancé un avis de recherche, Patrice apprit le décès de sa mère.

Il sanglotait. Claire Dumonteil n'osait même plus lui reprocher ses infractions : voyage sans titre de transport et deux vols de cyclomoteur.

Elle était très émue et ne savait plus comment apaiser son chagrin. Elle lui caressait les cheveux :

– Calme-toi, mon petit. Il faut être courageux. Tu es un grand garçon maintenant. Je vais prendre soin de toi.

Aucune de ces paroles n'apaisait l'enfant. Claire Dumonteil enchaîna :

– Je vais demander à Mme Belmont si elle veut bien t'accueillir un ou deux jours chez elle, pour avoir le temps de te trouver une famille d'accueil. Je ne te placerai pas à la DDASS, je te le promets...

En retrouvant Karine, Patrice eut chaud au cœur. Mme Belmont lui servit un ragoût de pommes de terre. Affamé, et malgré le chagrin qui l'étouffait, il l'avala goulûment.

Il n'arriva pas à trouver le sommeil et, au petit jour, les yeux gonflés par les pleurs, il prit son chien et s'esquiva à l'insu des Belmont qui dormaient profondément. Il n'avait plus rien à faire à Briey.

*
**

– Nous n'avons pas d'enfants, nous serions désireux d'adopter la petite Solène Martin.

Le docteur Alric avait parlé d'une voix calme en regardant, non pas le juge des enfants qui lui faisait face, mais son épouse dont le visage exprimait une émotion intense.

– Solène Martin n'a plus de parents, dit Claire Dumonteil. L'enquête sociale a révélé que sa grand-mère maternelle s'en désintéressait totalement. Votre avocat a déposé une demande d'adoption et vous semblez, a priori, avoir franchi toutes les étapes de la procédure. Mais je ne suis pas compétente, comme vous le savez, en matière d'adoption. C'est le tribunal de grande instance, statuant en chambre du conseil, à huis clos, qui doit en décider.

– Pouvons-nous adopter également sa sœur, Laura ? demanda le docteur Alric.

– Pour Laura, il faudra formuler une seconde requête.

– Mais elles sont sœurs, dit Mme Alric, et de surcroît jumelles.

– Une autre procédure est nécessaire, répliqua Claire Dumonteil. C'est la loi.

– Nous avons déjà eu tellement de démarches à faire auprès de la DDASS et d'organismes multiples, dit Mme Alric. Personnellement, je ne me sens pas le courage de répéter l'opération.

– Que va devenir Laura ? demanda le docteur Alric.

– Elle pourrait être adoptée comme sa sœur, dit le juge, ou bien elle grandira à la DDASS.

Les époux Alric gardèrent le silence. Puis Anne-Marie Alric dit :

– Nous souhaiterions que Solène garde son prénom mais porte notre nom et que son adoption soit complètement occultée. Je ne veux pas qu'on sache que nous l'avons adoptée.

– Votre volonté sera respectée, dit Claire Dumonteil. Solène sera votre fille à part entière et la décision de lui révéler un jour sa véritable identité n'appartiendra qu'à vous seuls.

En sortant du tribunal, Anne-Marie Alric sauta au cou de son mari et déclara, dans l'ivresse du moment, que c'était le plus beau jour de sa vie.

*
**

Patrice marchait, la faim au ventre, dans les rues de Lourdes qu'il avait pu regagner en faisant du stop, après son départ de la maison des Belmont. La ville était pleine de paralysés et de personnes handicapées en fauteuil roulant, qui semblaient se diriger vers un seul et même endroit. Patrice et Cloudchef suivirent le mouvement. Ils parvinrent près de la grotte des miraculés et Patrice observa, assez ébahi, le curieux manège qui régnait tout autour. Un énorme autocar vint stationner en contrebas. Un brancardier en descendit et héla le gamin.

– Hep ! Toi, tu ne voudrais pas me donner un coup de main ? Mon collègue s'est fait une entorse et, pour lui, pas de miracle à espérer.

Patrice, un peu stupéfait et ne comprenant pas la nature de l'aide qu'il pourrait lui apporter, demeurait indécis.

– Si tu souhaites te faire un peu d'argent de poche, c'est l'occasion rêvée. Je paye un franc par fauteuil. Il suffit de m'aider à les pousser jusqu'à la grotte.

Tout devint nettement plus clair lorsque Patrice vit le brancardier descendre du car des fauteuils roulants vides qu'il poussait jusqu'à la grotte pour récupérer leurs propriétaires, sans doute en prières.

– Je les ai déposés ce matin à neuf heures, je suppose qu'à midi passé, à défaut d'avoir des fourmis dans les jambes, ils auront des crampes d'estomac et voudront regagner leur hôtel.

Patrice entreprit donc de faire ce que l'autre lui demandait, poussant un fauteuil vide jusqu'à la grotte, retournant à l'autocar pour chercher un autre fauteuil et ainsi de suite. Tout en travaillant, le brancardier essayait d'en savoir un peu plus sur son drôle de petit compagnon.

– Tu es en vacances ici ?

– Non, m'sieur, je campe dans la région.

– Tu es scout ?

– Oui, c'est ça, dit Patrice qui entendait ce mot pour la première fois.

– J'ai été dans les rangers trois ans. On faisait pas mal de camps un peu partout. Mon nom de guerre c'était Napoléon.

– Moi c'est l'Africain, dit Patrice, parce que mon père vit en Afrique.

En moins d'une demi-heure, tous les fauteuils furent garés devant la grotte. Le brancardier releva sa casquette et s'épongea le front. Puis il sortit une bourse de sa poche, mais ne paya pas tout de suite le gamin.

– Ben dis donc, t'es drôlement efficace. Un franc de plus par tête de pipe si tu m'aides à ramener ma bande d'éclopés à l'autocar.

Le jeu en valait la chandelle. Patrice accepta.

– Tu es doué, lui dit le brancardier, tu pourrais en faire un métier.

– Ah, non ! protesta Patrice, je veux être architecte comme mon père.

– Y a pas de sot métier, dit le brancardier.

Il sortit pour la seconde fois sa bourse, mais, là encore, tarda à payer ce qu'il devait :

– J'y pense, dit-il, un scout agit toujours bénévolement, tu es bien d'accord, n'est-ce pas ?

À ces mots, Patrice devint tout pâle. Il n'osait pas réclamer son dû car cela l'aurait forcé à avouer son mensonge. Il n'avait pas assez confiance en cet inconnu pour lui révéler qu'il était en fugue et n'avait rien mangé depuis deux jours.

– Je repars demain en Lorraine, dit le brancardier. C'est dommage car on formait une bonne équipe tous les deux.

Il rangea sa bourse et monta dans l'autocar qui démarra, laissant Patrice et Cloudchef plantés devant la grotte aux miracles.

*
**

Pendant ce temps, à Briey, l'ambiance n'était pas à la fête. Claire Dumonteil était toujours sans nouvelles de Patrice, disparu depuis une semaine, et elle se sentait vaguement mêlée à tous ces drames survenus en cascade. Elle ne pensait pas, en abordant cette carrière, qu'elle connaîtrait de tels revers et de telles déceptions. Elle essayait de se rassurer en se disant qu'après tout, les enfants Martin étaient un cas extrême, mais un seul regard aux dossiers qui s'empilaient sur ses étagères, la convainquit qu'il n'en était rien : chaque affaire était un cas extrême et, face à un si long cortège d'enfants délinquants ou maltraités, il n'y avait hélas que peu de moyens à sa disposition. Pour les enfants Martin, tout aurait pu s'arranger, si le destin ne s'en était pas mêlé. La mort accidentelle du père avait relancé le processus d'autodestruction chez la mère, ce qui, par ricochet, avait incité le jeune Patrice à obtenir un miracle céleste. De tout cela, il ressortait que la justice des hommes ne pouvait pas faire grand-chose face à la justice du ciel.

*
**

Une fois de plus, Patrice se réveilla sur un banc au milieu d'un parc aux pelouses recouvertes de gelée blanche. Cloudchef, couché à ses pieds, était si faible qu'il n'avait même plus la force d'aboyer.

Lourdes n'était pas la ville des miracles mais celle des mirages. Patrice n'avait pas mis longtemps à comprendre que rien de bon n'arriverait jamais ici.

Chaque matin, des gens malades ou handicapés débarquaient par autocars entiers, le cœur rempli d'espoir, et chaque soir ils repartaient, toujours aussi mal en point, mais avec l'illusion d'avoir été entendus par la petite sainte gardeuse d'oies.

Patrice, lui, avait cessé de croire en la foi qui soulève des montagnes et il ne comptait, pour se tirer d'embarras, que sur sa ruse et sa débrouillardise. Il avait d'abord essayé de dresser Cloudchef pour en faire un chien d'aveugle, mais devant le peu d'aptitude de la pauvre bête, il avait dû renoncer. Alors, il avait directement proposé ses services aux handicapés qui n'avaient personne pour les pousser, mais il s'était fait chasser par les brancardiers professionnels, furieux qu'on vienne ainsi envahir leur territoire.

Ayant en vain cherché à subsister par des procédés honnêtes, il fut contraint de recourir à des méthodes beaucoup moins recommandables. Il commença par voler les petites pièces de monnaie qui brillaient au fond de l'eau des fontaines sacrées, puis, comme ses pêches étaient loin d'être miraculeuses, il passa au registre supérieur. C'est en essayant de dérober à un paraplégique son portefeuille qu'il fut arrêté et ramené sous bonne escorte à Briey.

*
**

Après son séjour au centre hospitalier de Nancy, Laura, dont la santé s'était bien améliorée, avait rejoint le troupeau des enfants placés à la DDASS.

Sage et docile, avec son minois délicat, elle avait aussitôt attiré la sympathie des puéricultrices qui s'occupaient d'elle. Mais elle ne parvenait pas à s'intégrer franchement à la collectivité, se tenant à l'écart des autres enfants qu'elle regardait jouer de loin. Néanmoins elle ne semblait pas malheureuse et pouvait passer des heures, toute seule dans son coin, à empiler des cubes ou à vêtir des poupées, sans faire de bruit. Alors que la plupart des bambins de son âge pleuraient ou criaient, Laura, elle, n'émettait jamais aucun son. On la fit examiner à nouveau, craignant qu'elle fût autiste, mais ce comportement solitaire et réservé ne révélait en fait qu'une grande sauvagerie à mettre sans doute sur le compte du grave traumatisme qu'elle avait inconsciemment subi.

Le directeur de la DDASS songea un moment à la placer chez des parents nourriciers, mais désespérant de trouver des candidats susceptibles de s'occuper d'une enfant aussi fragile, se heurtant à la résistance du personnel qui s'était attaché à Laura, il renonça à ce projet.

Il fut donc décidé que Laura grandirait à la DDASS où elle serait nourrie et vêtue, à l'abri d'épais murs en briques rouges la protégeant du monde.

*
**

Patrice qui avait commis son troisième délit, le vol d'un portefeuille contenant mille francs, avait été appréhendé par la gendarmerie de Lourdes. Il avait été déféré devant le substitut du Procureur de la République de Briey, chargé de la répression des mineurs. Un dossier fut ouvert et transmis immédiatement avec les réquisitions d'usage au juge d'instruction, puis au juge des enfants.

Quand Patrice pénétra dans le bureau de Claire Dumonteil, accompagné d'un gendarme, il gardait le silence, les yeux baissés, prêt à tout endurer. En raison du contexte dramatique inhérent au décès de son père et à celui de sa mère survenus coup sur coup, le juge évita de se montrer trop rude. Mais les faits étaient là, incontournables : ce qu'on reprochait aujourd'hui à Patrice était un vol avec préméditation, commis de surcroît au détriment d'un infirme sans défense. Patrice répliqua, avec une candide insolence, qu'infirme sa victime ne l'était que partiellement et que, côté défense, elle en avait suffisamment pour lui tordre le poignet et se mettre à gueuler comme un putois.

Claire Dumonteil fut consternée par la désinvolture manifestée par cet enfant. Elle tenta de lui expliquer que ce qu'il avait fait relevait de la justice pénale, et qu'en raison de son comportement délictueux et de sa récidive, elle allait être obligée de le faire écrouer. Patrice, qui ne comprenait pas la signification de ces mots, tournait et retournait dans ses mains le bout de ficelle ayant servi de laisse à Cloudchef.

– Tu m'écoutes, dit le juge, c'est très grave ce que je te dis. Je vais te mettre derrière des barreaux ! Tu as commis trois vols en peu de temps et le Procureur a engagé trois poursuites successives contre toi !

Patrice releva la tête et adressa au juge un regard totalement désemparé.

– S'il vous plaît, supplia-t-il, laissez-moi mon chien, j'ai plus que lui à présent...

Claire Dumonteil, bouleversée par cette supplique, sentit une grosse boule lui serrer la gorge. Ce gamin n'était pas méchant. Son problème était d'avoir perdu ses parents et, par voie de conséquence, l'affection dont chaque enfant a besoin pour son équilibre. Mais si un tel deuil peut susciter une instabilité, elle n'engendre pas nécessairement la commission d'une infraction. Le juge n'ignorait pas que l'incarcération d'un mineur n'est pas la meilleure solution. Claire Dumonteil éprouvait un certain malaise à appliquer cette mesure pour la première fois. Cependant, le substitut du Procureur l'avait convaincue qu'en l'occurrence, elle serait peut-être salutaire compte tenu du fait que Patrice avait déjà à son actif trois délits.

– J'ai téléphoné au surveillant en chef de la maison d'arrêt de Briey pour essayer de t'installer dans une cellule individuelle, parce qu'il n'existe pas de quartier spécial pour mineurs dans cette prison.

– Combien de temps va-t-on m'enfermer ? demanda-t-il.

– C'est le tribunal pour enfants qui décidera.

– Et Cloudchef, qui va le garder ?

– On va bien trouver une solution, ne t'inquiète pas.

– Vous allez le foutre à la fourrière, la v'là votre solution. C'est comme pour moi et mes frangines, vous nous avez jetés à la CASSE !

– Écoute-moi bien, Patrice, je ne suis pas ton ennemie, mais je ne peux pas non plus te laisser faire n'importe quoi. Ce pays est régi par des lois et je suis, moi, en tant que magistrat, chargée de les faire appliquer. En ce qui te concerne, le problème est simple : soit tu prends conscience de la gravité de tes actes et tu acceptes de changer ta conduite, soit tu continues sur cette pente et tu peux t'apprêter à passer les meilleures années de ta vie en prison. Me suis-je bien fait comprendre ?

Patrice baissait le front, l'air buté.

– M'en fous d'aller en prison ! Tout ce que je veux, c'est mon chien !

*
**

Les Belmont avaient déménagé et habitaient dorénavant dans un immeuble de fonction, situé juste en face de la gare de dépôt. Ainsi, le père de Karine n'avait plus qu'une rue à traverser pour être sur son lieu de travail qu'il gagnait chaque soir en sifflotant comme si c'était un plaisir pour lui d'aller promener sa torche le long des voies.

– Il m'étonnera toujours, dit Mme Belmont à sa fille. Y a pas deux mois, il se plaignait du boulot, et voilà que maintenant c'est devenu une fête.

Karine ne répondit rien. Elle songeait à Patrice incarcéré dans sa cellule de la maison d'arrêt, lui qui aimait tant les arbres, les fleurs et la lumière. Cette pensée la détacha un moment de son cauchemar et elle en oublia presque sa démarche inaboutie de la veille lorsque, prenant son courage à deux mains, elle s'était rendue auprès de sa maîtresse d'école, qu'elle aimait bien, afin de lui révéler son secret.

Depuis la fuite de Patrice à Lourdes, son père n'avait eu de cesse de la relancer, et de la poursuivre de son abject manège. Elle était bien consciente que cette situation s'était encore aggravée et, chaque fois qu'elle voyait le visage rubicond de son père s'approcher du sien, elle se figurait une gigantesque pieuvre qui n'en finissait pas de gonfler, couvrant de son ombre hideuse toutes les zones encore saines de sa vie. Relayant son instinct, sa raison avait parlé : il fallait d'urgence qu'elle ose enfin dévoiler à sa maîtresse l'inceste dont elle était victime. Elle se hâtait vers l'école, tout en accomplissant cette gymnastique mentale qui consiste à transformer en phrases des images parfois indescriptibles, mais plus elle tentait de « décrire son mal », plus elle était frappée par le caractère irréel des scènes qui défilaient dans sa mémoire, comme si tout ce qu'elle cherchait à fuir n'était en fait qu'un flux périodique d'hallucinations qu'elle était capable d'endurer à défaut de pouvoir l'endiguer. De sorte que, parvenue devant la porte du bureau de sa maîtresse, elle s'était sentie tout à coup délivrée de l'obligation de parole et, sa présence en ce lieu n'ayant plus à ses yeux de raison d'être, elle avait purement et simplement rebroussé chemin, soulagée au fond de n'avoir pas eu à crever ce dégoûtant abcès. Ce n'est qu'en rejoignant la cour de récréation et ses petites camarades de classe, qu'elle sentit la nausée lui remonter dans la gorge et qu'elle s'en voulut de n'avoir pas été au bout de sa démarche. Elle eut à nouveau conscience de son désespoir et elle se retrouva à nouveau seule pour l'affronter et pour tenter de le vaincre.

*
**

Une vive agitation régnait dans le palais de justice. Dans la salle des pas perdus, des magistrats en robe commentaient avec répugnance les sévices dont avait été victime la jeune Karine. Ils en avaient eu écho par un représentant du parquet où venait d'être déféré son père, Maurice Belmont.

Ce jour-là, après avoir encore subi l'horreur de l'inceste, Karine avait rejoint ses camarades dans un centre aéré. Elle était très choquée et ne pouvait contenir ses larmes. À l'animatrice qui l'interrogeait, elle opposait un mutisme total. Elle sanglotait et se taisait. Elle restait prostrée, debout contre un arbre, refusant catégoriquement de prendre part aux jeux de ses petites camarades.

Consciente qu'un événement grave perturbait cette fillette, l'animatrice persista et, à force d'insistance, de patience, de tact, de douceur et de diplomatie, Karine s'épancha complètement, relatant les actes abominables auxquels se livrait son ignoble père.

Ce dernier, arrêté et interrogé par les services de la gendarmerie, avait avoué son crime. Le médecin expert, commis pour examiner Karine, avait du reste confirmé l'existence de rapports sexuels.

*
**

Claire Dumonteil sortait de son bureau lorsqu'un gendarme, accompagné de la jeune Karine et de sa mère, l'interpella :

– Bonjour, Madame le juge... le substitut des mineurs m'a chargé de vous remettre ce dossier et d'accompagner cette petite fille à votre cabinet.

Après avoir lu le rapport de gendarmerie, Claire Dumonteil interrogea Mme Belmont :

– Vous êtes au courant des agissements de votre mari... ?

Elle n'eut guère le temps de terminer sa phrase. Mme Belmont se leva et, pointant son index en direction de sa fille, elle cria :

– C'est une menteuse ! Mon mari n'a rien fait ! C'est un homme très calme et très gentil.

Et menaçant Karine, elle ajouta :

– Tu vas voir à la maison... Je vais te faire payer tes mensonges. Tu n'as pas honte d'accuser ton père. Tu veux l'envoyer en prison ! Tu n'es qu'une petite salope.

Claire Dumonteil la laissa s'exprimer librement, pour mieux comprendre la psychologie de cette femme et son comportement à l'égard de sa fille, après le drame survenu dans son foyer. Puis, elle la somma de se taire.

– Compte tenu de la situation, dit-elle, je décide de placer votre fille dans une famille d'accueil. Vous pouvez partir, je garde Karine.

Mme Belmont se dirigea vers la porte, en vociférant contre sa fille des paroles incompréhensibles. Elle hurlait de rage.

Un sentiment de culpabilité s'empara de Karine qui se mit à sangloter.

Le juge des enfants se leva, s'approcha d'elle et tenta de la consoler :

– C'est ton père le coupable. Ce qu'il a fait est très grave et tu as eu raison d'en parler. Calme-toi, mon enfant !

Puis Claire Dumonteil signa une ordonnance de placement de cette mineure, au foyer de M. et Mme Dufour à Hayange, après avoir recueilli téléphoniquement l'accord de ces derniers.

Il existe des familles d'accueil dans toutes les classes de la société. Ces personnes sont recrutées dans des milieux qui se proposent de recueillir, pour un certain temps, des enfants abandonnés ou placés à la DDASS. Il ne s'agit pas d'une adoption, mais d'un accueil provisoire. De bonne moralité, ces familles sont motivées, soit par leur amour des petits, soit parce qu'elles s'attendrissent sur leur triste sort, soit aussi par le pécule qu'elles perçoivent pour subvenir aux besoins des enfants qui leur sont confiés.

*
**

Le docteur Alric conduisait en silence, jetant de temps à autre un regard vers sa femme dans le rétroviseur. Anne-Marie, assise à l'arrière du véhicule, n'avait d'yeux que pour la petite Solène qui dormait dans ses bras. Ils venaient de l'arracher à La Charmerie et la ramenaient chez eux à Nancy. Mme Alric n'ignorait pas que le placement de Solène à leur domicile, en vue de son adoption, avait un caractère provisoire, mais cela n'était pour elle qu'un détail. En effet, l'enquête sociale leur était favorable et si la justice avait accepté de leur confier la garde du bébé, c'est qu'ils en étaient dignes, elle et son époux. Elle estimait qu'à l'expiration des délais de procédure, l'adoption constituerait une simple formalité.

Elle ne se trompait pas. La procédure étant close, le tribunal de grande instance de Nancy prononça l'adoption de Solène qui ne devait pas changer de prénom selon le vœu de ses parents adoptifs. Le jugement fut transcrit sur les registres de l'état civil de Briey, lieu de naissance de l'adoptée, à la requête du Procureur de la République de Nancy. Lorsque toutes les formalités judiciaires furent accomplies, les époux Alric reçurent, à leur demande, un extrait de l'acte de naissance de Solène portant leur nom.

Le bonheur d'Anne-Marie fut complet le soir où, pour saluer la venue de Solène dans son foyer, elle organisa une grande réception. Tandis que parents et amis faisaient honneur au champagne et aux petits fours servis dans le grand salon, la fillette dormait paisiblement dans la chambre décorée avec amour par sa nouvelle maman.

*
**

Claire Dumonteil avait été avisée par le surveillant en chef de la maison d'arrêt de Briey que Patrice supportait mal sa détention. Il avait déchiré les journaux et les livres qui lui avaient été remis pour combattre l'ennui et s'était mis les doigts en sang à force de bourrer de coups de poing la porte de sa cellule, réclamant à grands cris sa liberté. Puis, la révolte passée, il s'était résigné à sa condition de détenu et avait sombré dans la déprime, refusant toute nourriture et s'enfermant dans un dangereux mutisme. Le juge des enfants demanda au surveillant en chef de bien vouloir autoriser Patrice à pratiquer un sport au sein de l'établissement pénitentiaire mais, là encore, on se heurta à un refus catégorique de ce dernier. Claire décida alors de rendre visite à l'enfant.

– Madame le juge, je promets d'être sage et de ne plus voler les infirmes. S'il vous plaît, laissez-moi sortir d'ici, suppliait Patrice en sanglotant.

Claire était contrariée de l'avoir fait incarcérer, vingt-quatre heures plus tôt. Elle avait éprouvé un sentiment de défaite au moment où elle avait pris cette décision. Elle avait beaucoup hésité, mais elle s'était ralliée à l'avis du substitut du Procureur, chargé de la répression des mineurs, qui avait estimé que seule une peine privative de liberté pourrait amender ce jeune récidiviste. Et puis, à l'aube des années soixante, il y avait pénurie de centres spécialisés pour accueillir de très jeunes mineurs délinquants.

– Je veux bien accepter tes promesses, mais il faudra les respecter, dit-elle. Je vais te faire comparaître demain à l'audience pénale du tribunal pour enfants où tu seras jugé pour les deux vols de cyclomoteur et pour celui du portefeuille commis à Lourdes. Et puis, je vais réfléchir à ce que nous pourrons faire de toi par la suite.

– Oui, mais est-ce que je vais sortir de prison et retrouver mon chien ? demanda Patrice.

– Nous verrons cela demain matin, pendant l'audience, répondit le juge, mais le problème reste entier. Que vas-tu faire une fois dehors ?

– J'apprendrai un métier.

– Apprendre un métier, c'est bien, mais chez qui vas-tu vivre ?

Après quelques instants de réflexion, Claire Dumonteil ajouta :

– J'aurais bien une solution... Mais est-ce que tu accepterais ?

– De quoi vous parlez ?

– De vivre, avec Karine, chez une dame très gentille qui s'occupera de vous deux. Elle s'appelle Hélène Dufour.

Les yeux de Patrice devinrent deux énormes soucoupes.

*
**

Le lendemain, Patrice comparut à l'audience du tribunal pour enfants, accompagné d'un gendarme. Un avocat avait été commis d'office pour l'assister.

Face à Claire Dumonteil qu'il connaissait pourtant, mais qu'il n'avait jamais vue en robe noire, face aux assesseurs qui lui étaient étrangers, face au greffier et enfin, face au substitut du Procureur de la République, l'enfant avait peur. Il paniquait et bafouillait pour répondre à Claire Dumonteil qui présidait l'audience et qui l'interrogeait.

– Dans quelles conditions as-tu volé ce portefeuille ?

– Je l'ai volé à un infirme, à Lourdes, devant la grotte.

– Tu savais qu'en commettant cet acte, tu enfreignais la loi ?

– J'avais faim et je voulais aussi nourrir mon chien.

Après avoir donné lecture des trois procès-verbaux de gendarmerie, afférents aux trois délits de vol, le Président fit un résumé succinct de la vie du prévenu, énumérant les difficultés qu'il avait rencontrées avant et après le décès de ses parents. Le rapport du psychiatre expliquait que la fugue n'était qu'une parenthèse dans la vie de cet enfant. Il révélait que Patrice était un garçon intelligent et sensible dont le psychisme avait gravement souffert du drame familial qu'il avait vécu. Ce rapport concluait qu'il jouissait de toutes ses facultés mentales et qu'il était donc accessible à une peine pénale. Mais il préconisait le placement du mineur dans un milieu où il pourrait trouver l'affection qui lui manquait et une chaleur humaine nécessaire à son épanouissement.

Il ajouta que son goût de l'aventure et son désir d'évasion, générant son instabilité, pouvaient s'atténuer dans un milieu affectif approprié.

Les débats eurent lieu à huis clos, dans le calme et sans emphase. Le tribunal pour enfants délibéra sur le siège. Il prononça une peine d'admonestation.

Puis, Claire Dumonteil regagna son cabinet où elle signa une ordonnance de placement de Patrice dans le foyer des époux Dufour qui accueillaient déjà Karine.

L'éducateur, muni d'une levée d'écrou, accompagna Patrice à la maison d'arrêt où son extraction eut lieu sur-le-champ. Puis, il conduisit ce mineur à Hayange, chez Hélène Dufour où il fut reçu à bras ouverts.

Suivant son habitude, celle-ci avait préparé un gâteau au chocolat pour fêter l'arrivée de son nouveau protégé.

Patrice et Karine s'embrassèrent. Leur amitié se consolidait. Ils souriaient de bonheur, avec un air complice.

En cet instant, Patrice se sentait plus fort pour affronter sa nouvelle vie.

II

Les chemins de l'oubli

Depuis son placement chez les époux Dufour, Patrice n'avait plus fugué. Il s'était tout de suite senti à l'aise chez ces gens dont l'habitation jouxtait un vaste parc où il pouvait faire du sport, après l'école. Il était désormais rempli de bonnes résolutions et la présence à ses côtés de Karine, qui avait partagé son enfance à Briey, le stabilisait. Pour lui, le mal venait essentiellement de la disparition de ses parents qui avait créé un grave déséquilibre. Pour Karine, c'était la déviance de son père qui l'avait traumatisée. Tous deux vivaient aujourd'hui dans la culpabilité, car tous deux, pour des motifs différents, avaient déclenché le mécanisme foudroyant de la justice. L'un avait dénoncé sa mère alcoolique et l'autre accusé son père de sévices sexuels. Et c'était le même juge qui avait eu l'idée de les réunir dans cette famille d'accueil où ils tentaient plus ou moins de panser leurs plaies.

Patrice était devenu un jeune homme fort et vigoureux. Karine avait également grandi. Leurs études n'avaient guère été brillantes. Patrice avait été néanmoins reçu au brevet et, après un bilan effectué par une psychologue désignée par le juge des enfants, il avait été placé en apprentissage dans une entreprise de peinture. Karine avait mis beaucoup de temps à se remettre de son problème d'inceste. Selon le psychiatre qui l'avait suivie, elle porterait toute sa vie cette souillure. Au début de son placement, sa mère était venue lui rendre visite tous les quinze jours mais sans jamais manifester le souhait de la récupérer. Elle rendait sa fille responsable de l'incarcération de son mari.

Cette mère, fruste et vulgaire, avait expliqué au juge des enfants de Briey qu'ayant dû reprendre son ancien travail de femme de ménage, elle n'avait plus le temps de s'occuper de sa fille ou d'aller la voir.

Le père de Karine avait été condamné à dix ans de réclusion criminelle. Le jour de l'audience, à la cour d'assises, la petite fille avait dû relater, en détail, les contraintes et l'enfer qu'elle avait vécus. Néanmoins, elle avait été bouleversée par l'image de son père assis dans le box des accusés. Il ne la quittait pas des yeux. Souvent, la nuit, elle poussait des cris et se réveillait en sueur car son fantôme venait encore la hanter. Le psychiatre avait dit qu'il faudrait du temps, beaucoup de temps pour qu'elle réussisse à exorciser ce démon. Pour toutes ces raisons, Karine n'avait pu rattraper son retard aussi vite que Patrice. Grâce à l'affection de Mme Hélène Dufour, elle arrivait cependant, peu à peu, à sortir du chaos où l'avait plongée son enfance martyre.

C'était à présent une jeune fille presque comme les autres, douce et discrète, plutôt jolie, qui venait d'entrer à l'école de dactylographie et de secrétariat.

L'hiver passa, puis ce fut le printemps. La campagne était déjà verte et dans le parc saturé d'odeurs de lilas, les jeunes gens jouaient au ballon ou se promenaient, parfois sous le regard protecteur de Mme Dufour, qui se reposait sur un banc.

Patrice et Karine profitaient de ce beau dimanche pour se détendre, allongés dans l'herbe ensoleillée. Chaque fois qu'ils se retrouvaient seuls, ils évoquaient avec nostalgie leur enfance à Briey, pour ne retenir que les bons moments.

– Tu te souviens de ce vieil Abribus où nous nous retrouvions en cachette ? dit Patrice.

Étendu à plat ventre, il regardait une sauterelle aiguiser ses longues pattes sur les tiges gorgées de sève.

– Oui, dit Karine, je ne sais pas s'il existe encore aujourd'hui.

– Le quartier a dû changer, c'est sûr... Ce serait marrant qu'on y retourne... Tu sais quoi, tout nous semblerait soudain minuscule.

– Pourquoi ? dit Karine.

– C'est comme ça, quand on est gosse, on voit tout en grand, comme au CinémaScope et à mesure qu'on grandit, les choses se mettent à rapetisser.

Karine réfléchissait à cette observation qui lui paraissait juste. Elle aimait bavarder avec Patrice parce qu'il avait des idées originales sur maints sujets et que son esprit fantasque la faisait rêver. Patrice regardait la sauterelle sans y prêter vraiment attention, car, en réalité, il n'avait d'yeux que pour Karine couchée à ses côtés. Karine qu'il avait envie d'embrasser.

– Je peux te poser une question ? lui dit-elle

– Je t'écoute.

– As-tu des nouvelles de tes sœurs, Solène et Laura ?

– Non, dit Patrice en soupirant.

– Je pense souvent à elles, dit Karine.

– Moi aussi. Tout le temps. Je ne me sentirai vraiment bien que lorsque je les aurai retrouvées.

Chacun se plongea dans ses souvenirs. Patrice se retourna sur le dos et prit la main de Karine. Celle-ci eut un mouvement réflexe. Le contact des autres lui était insupportable.

– Lâche-moi, dit-elle.

Patrice obéit.

– Ne m'en veux pas, je n'aime pas qu'on me touche, c'est tout.

– Je comprends, dit Patrice.

– Tu n'es pas fâché, j'espère, dit Karine. Il me faut seulement un peu de temps...

– J'attendrai, dit Patrice, résigné.

De grosses larmes coulaient sur les joues de Karine.

– Pourquoi pleures-tu ? Tu n'es plus toute seule. Nous avons toute la vie devant nous.

– Oui, dit-elle, mais j'ai peur que tu te lasses d'une fille comme moi.

Patrice réfléchit, puis dit :

– Tu vois ces fleurs. J'aimerais toutes te les cueillir. Mais si je le cueille, elles mourront. Tu es comme ces fleurs, Karine, je te respecte.

*
**

Dans le superbe appartement des époux Alric, Solène jouait un concerto de Beethoven sur son magnifique piano à queue laqué blanc. Sa mère adoptive, Anne-Marie, assise à ses côtés, l'écoutait avec attention.

– Non, non, non et non, s'énerva soudain Solène, je bute toujours sur ce passage-là...

Elle recommença et cette fois, à force de volonté, en vint à bout.

– C'est mieux, dit Mme Alric.

– Oui, mais je voudrais que ça ne se reproduise jamais... *Do, ré, si, ré, si, fa*... c'est pourtant pas sorcier, mince...

Solène était très sévère à l'égard d'elle-même : elle détestait l'échec et voulait toujours être la première en tout. Mme Alric ne pouvait que s'enorgueillir du perfectionnisme de sa fille. Avec le concours de son époux, elle lui avait forgé ce trait de caractère, en soignant son éducation, faisant passer le devoir avant le plaisir. Au lycée, Solène brillait dans toutes les matières et elle faisait bien sûr l'admiration de son professeur de piano qui rêvait pour elle d'une carrière de concertiste. Or, le baccalauréat approchait et il allait être délicat d'opérer un choix entre les études et la musique.

La gouvernante, Dolorès, entra et demanda si elle pouvait préparer la table pour le goûter d'anniversaire.

– Quelle heure est-il ? demanda Mme Alric.

– Déjà trois heures, dit Dolorès. Et les invités de Mademoiselle ne vont plus tarder.

– Je dois me préparer, dit Solène en rabattant le couvercle du clavier.

– Oui, ma chérie, va te faire belle, je m'occupe de tout préparer avec Dolorès.

Un peu plus tard, quand Solène revint, parée d'une robe élégante pour accueillir ses amis, la table avait été garnie pour un goûter royal : des assiettes en porcelaine blanche, incrustées d'or, des verres en cristal de Bohème, des fleurs posées sur une nappe immaculée, brodée à la main. Mme Alric n'avait reculé devant rien pour célébrer dignement les dix-sept ans de Solène.

La jeune fille fut très gâtée. Chaque ami lui offrit un cadeau, choisi avec goût.

– Merci, Brigitte... Merci, Benoît... Merci, Guillaume...

Solène était heureuse, sans être étonnée toutefois, n'ayant jamais connu autre chose que le bonheur. Chaque anniversaire donnait lieu à des réjouissances de ce style et Anne-Marie veillait même à ce que l'on fit toujours mieux que l'année précédente. Rien n'était trop beau pour Solène ! Cette pensée ne la quittait pas depuis le jour où elle avait vu pour la première fois cette petite fille maigre et souffreteuse, victime des mauvais traitements d'une mère alcoolique. En adoptant plus tard Solène, elle s'était juré de tout faire pour conjurer ce passé sordide et, avec le recul, elle savourait aujourd'hui l'extraordinaire réussite de son projet. Solène resplendissait de beauté, d'intelligence, de dons et, grâce au ciel, ne portait aucune trace visible ou invisible de son fâcheux atavisme. Anne-Marie Alric l'avait façonnée à son image et, en la voyant paraître aujourd'hui, dans toute la splendeur de son adolescence, elle éprouvait la fierté de l'artiste contemplant son chef-d'œuvre.

Elle allait s'esquiver pour laisser les jeunes gens entre eux lorsqu'elle remarqua, tout seul dans un coin, en proie à une certaine mélancolie, Jérôme, un grand et beau jeune homme, fils d'un médecin, collègue et ami de son mari.

– Eh bien, Jérôme, lui dit-elle, vous me paraissez un peu contrarié !

– Non, madame, répondit-il, mais Guillaume et moi avons offert à Solène le même cadeau : un stylo avec plume en or.

– Cela lui en fera un de réserve, dit Mme Alric sans prendre cet enfantillage au sérieux.

– Non, dit Jérôme, j'aurais dû avoir une idée plus originale. Solène a fait la moue et elle a raison.

– Comment donc, elle a fait la moue ? Je suis certaine qu'il n'en est rien, Voyons ! Solène n'est pas capricieuse et elle est polie.

– Oui, mais je suis sûr que si elle a exprimé ouvertement ce qu'elle ressentait c'est parce que je suis son meilleur ami.

Mme Alric sourit devant cette charmante conclusion et répliqua :

– Je sais que vous êtes son meilleur ami et un cadeau n'a pas grande importance. Un ami est celui qui est toujours présent quand on a besoin de lui. Solène sait qu'elle peut compter sur vous en toute occasion. Il se trouve qu'aujourd'hui, le bonheur la comble. Aussi se permet-elle de laisser son ange gardien au repos. Mais vous verrez, dès qu'elle aura un souci, c'est vers vous et non vers quelqu'un d'autre qu'elle viendra chercher conseil et réconfort.

Tandis qu'ils parlaient, Solène dansait avec Guillaume.

Jérôme poussa un gros soupir, trouvant ingrat son rôle d'ange gardien. Mais les paroles de Mme Alric lui avaient un peu remonté le moral et, quand celle-ci lui demanda de venir dîner avec ses parents le samedi suivant, il retrouva pleinement son sourire.

*
**

Laura, qui avait grandi à la DDASS, était devenue une jeune fille mince et élégante. Contrairement à Solène, elle avait les cheveux courts mais c'était vraiment le seul détail qui la différenciait de sa jumelle. Elle ignorait qu'elle avait un frère et une sœur qui était son sosie parfait. Trop débordés, les services sociaux ne s'étaient pas souciés de l'en aviser. Elle savait seulement qu'elle était orpheline, mais de la même manière, elle n'avait jamais bénéficié de la moindre information au sujet de ses parents. Qui étaient-ils ? Comment étaient-ils morts ? Mystère.

Comme Patrice, Laura n'avait guère brillé à l'école. Très vite, elle avait été placée en apprentissage dans un salon de coiffure à Metz.

Par ce même après-midi de printemps où Solène fêtait son anniversaire entourée des siens, Laura célébrait le sien à sa manière. Entre deux shampooings, elle offrit le champagne à sa patronne et aux deux autres employées.

– Vous êtes folle, vous allez vous ruiner, lui dit sa patronne.

– L'important, dit Laura, c'est que je ne sois pas toute seule aujourd'hui.

Ce geste trahissait d'une part une grande générosité, d'autre part une profonde détresse. La patronne envoya aussitôt l'une de ses employées acheter un gâteau dans la pâtisserie voisine. Et pour la première fois de sa vie, Laura souffla des bougies.

Quelques mois s'écoulèrent durant lesquels Laura manifesta de moins en moins d'enthousiasme à se rendre au travail. Elle était là, mais on la sentait constamment ailleurs, perdue dans ses rêves.

Comme elle ne se confiait guère, il était très difficile de savoir ce que dissimulait sa mélancolie. La vérité est qu'elle ne supportait plus la DDASS et désirait quitter Metz. Un matin, on ne la revit plus au salon de coiffure. Avec l'argent des pourboires patiemment épargné, elle avait pu acheter un billet de train pour Paris et disposait d'un petit pécule pour y vivre quelques jours.

Elle prit place dans un compartiment occupé par une jeune femme et ses deux enfants. C'était son premier voyage et de voir défiler le paysage, à travers la vitre, lui procurait une sensation d'ivresse et de délivrance. Comme le monde était vaste et varié ! Qu'il était dommage de rester toute sa vie confiné au même endroit !

La jeune mère fit goûter ses enfants et offrit des gâteaux secs à Laura.

– Nous allons passer quelques jours chez ma mère, à Paris. Les enfants adorent leur mamie.

– Moi aussi, je vais chez ma grand-mère, répondit Laura. Nous nous aimons beaucoup. C'est même la seule personne qui me comprenne.

Seule au monde, sans amis, Laura, pour survivre, avait dû s'inventer des confidents imaginaires au premier rang desquels prenait place cette grand-mère mythique dont elle s'était persuadée, avec le temps, qu'elle existait vraiment. Combien de fois, dans son petit lit au dortoir, n'avait-elle pas fantasmé sur cette douce et bienfaisante « mamie » qui trouvait toujours les mots pour la réconforter. Bizarrement, elle n'était pas hantée de la même manière par l'image d'un père ou d'une mère, comme si son subconscient rejetait très loin d'elle ces fantômes pourtant plus proches.

En fin de matinée, elle arriva à Paris et fut aussitôt déconcertée par l'agitation et la saleté qui régnaient aux alentours de la gare de l'Est. Le Paris de ses rêves ne correspondait pas à cette ville trépidante et polluée qu'elle avait sous les yeux. Sans se laisser décourager par cette première impression, elle entreprit de faire le tour des salons de coiffure du quartier pour voir s'il n'y aurait pas une place d'apprentie. Elle avait conscience qu'elle ne pourrait vivre ici qu'à condition d'avoir un travail. Mais n'étant pas majeure et ne pouvant pas présenter d'autorisation de ses parents, elle dut perdre très vite ses illusions.

Elle acheta une baguette et s'assit pour déjeuner sur les marches de la gare. Juste à côté d'elle, se trouvait un groupe de jeunes gens, crasseux et débraillés, qui discutaient et riaient en se passant une bouteille de bière.

– Excusez-moi, messieurs, leur dit-elle du ton le plus ingénu. Connaissez-vous un endroit pas cher où je pourrais me loger ? Je viens de Metz et ne connais personne à Paris.

Les jeunes gens échangèrent des regards amusés. La pauvre Laura, avec ses vêtements bien propres et sa mine innocente, évoquait vraiment une oie blanche égarée dans une réserve de renards. Ému par tant de candeur et de vulnérabilité, un jeune homme aux cheveux longs s'approcha d'elle et la dévisagea avec bienveillance :

– Alors comme ça, tu débarques, toi ?

– Oui. Vous aussi ?

– Nous, on voyage sur place.

– Comment ça ?

– Pas besoin de bouger pour partir loin, lui

répondit énigmatiquement le jeune homme. Comment t'appelles-tu ?

– Laura. Et vous ?

– Moi, c'est Jacques. Tu veux boire un coup, p'tite sœur, ajouta-t-il en lui tendant la bouteille de bière.

– Oui, merci.

Jacques s'assit à côté de Laura.

– Tiens, lui dit-il en lui passant une cigarette qu'il avait lui-même confectionnée. Essaie-ça, c'est super.

N'osant pas la refuser, elle tira une bouffée et faillit s'étouffer.

– Recommence, l'encouragea Jacques. Tu vas voir la vie en rose ! Tu vas faire de beaux voyages !

Une heure plus tard, Laura, flanquée de ses nouveaux acolytes, se trouvait au pied de la tour Eiffel qu'elle voyait pencher comme la tour de Pise. Le haschisch avait produit son effet et il lui semblait, à chaque pas, faire un bond immense comme si elle se déplaçait sur la lune. Toute pesanteur l'avait quittée et elle avait l'impression d'être un ballon que l'on promène au bout d'une ficelle dans les rues de Paris.

Le soir, Jacques offrit de l'héberger dans la chambre de bonne qu'il partageait avec deux copains, au huitième étage sans ascenseur d'un immeuble délabré situé dans les bas-fonds du dix-huitième arrondissement, rue Championnet. L'endroit était sombre et plein de poussière. D'une vilaine lucarne tombait un rayon de lune éclairant trois matelas jetés à même le plancher. Jacques lui proposa de prendre le sien pour la nuit.

– Merci, dit Laura, mais je ne vais pas m'imposer.

– Il est un peu tard pour retourner à Metz, lui

dit Jacques fort justement. Allez, ne fais pas d'histoires. Ici, on partage tout.

Elle se coucha tout habillée et, jusqu'à l'aube, demeura sur le qui-vive, prêtant l'oreille aux ronflements de ces garçons dont le sort avait voulu qu'elle partageât l'intimité.

Le lendemain matin, Jacques et ses copains partirent à la recherche d'un petit boulot au noir pour payer leur drogue et leur pain quotidiens. Ils laissèrent à Laura une clef de la chambre. Elle sortit mais ne s'aventura pas loin du quartier, de crainte de se perdre. Elle passa devant deux ou trois salons de coiffure, mais n'y entra pas, sachant pertinemment qu'on la rembarrerait encore sur son âge. À midi, elle alla s'asseoir dans un square pour grignoter des gâteaux secs. Un homme d'une trentaine d'années, de type méditerranéen, vint s'asseoir sur le même banc, tout près d'elle. Il était vêtu avec distinction et sa moustache ainsi que son sourire lui donnaient des faux airs d'Omar Sharif. Il tenait un petit carton à pâtisserie où il puisait des loukoums. Il en proposa à Laura :

– Merci, dit-elle en montrant qu'elle avait tout ce qu'il lui fallait.

– Je vais me sentir offensé si vous refusez, dit l'homme en insistant.

Il était si pressant et en même temps si charmant que Laura finit par se laisser faire.

– Ils sont délicieux, dit-elle, la bouche encore pleine.

L'homme rit, découvrant des dents d'une blancheur parfaite. Il dévisageait Laura avec attendrissement.

– Je vous offre un café ?

– Non, dit Laura, je...

– Je vais encore me sentir offensé, dit l'homme en faisant semblant de faire les gros yeux.

Il rit de nouveau et cela suffit à apprivoiser complètement Laura.

Ils se rendirent dans une brasserie, proche du square. L'homme se montrait très prévenant avec elle, très bien élevé. Son léger accent plaisait à Laura.

– Quel est votre nom ? lui demanda-t-il.

– Laura Martin... et vous ?

– Abdelkader, mais pour vous c'est Lionel.

– Vous venez de quel pays ?

– Je suis né à Barbès.

Laura pensa qu'il s'agissait d'une ville d'Afrique du Nord comme Tunis ou Tanger.

– Et vous, d'où venez-vous, Mademoiselle ?

– De Metz. Mes parents sont morts. Je cherche du travail.

– Vous voulez travailler ? Je peux vous engager comme serveuse dans mon restaurant. Mille francs par mois, nourrie, logée. C'est à vous de voir.

– Eh bien, je peux toujours essayer, dit Laura, surprise de la facilité avec laquelle elle obtenait cette embauche, mais heureuse de n'avoir pas à fournir d'autorisation parentale.

– Y a pas de problèmes, dit Abdelkader, vous commencez tout de suite. Je vous emmène.

– Attendez-moi ici, dit Laura, je vais chercher mes affaires.

Elle regagna en courant la chambre de Jacques, prit son paquetage et laissa un petit mot bien en évidence sur le matelas où elle avait dormi. Puis elle rejoignit Lionel qui la conduisit en voiture rue de la Goutte-d'Or où se trouvait son restaurant.

Laura fut dépaysée en découvrant Barbès. Devant les boutiques aux devantures débordantes de vêtements orientaux en soie et en velours brodés d'or, des groupes d'hommes portant burnous ou boubou discutaient avec véhémence en agitant leurs doigts couverts de bagues ou, plus discrètement, dans de sombres redans, échangeaient de mystérieuses confidences. Les couleurs gaies, chatoyantes, des marchands d'étoffes ou de bijoux contrastaient avec l'éclairage cru des boucheries musulmanes où des morceaux de viande pendaient au bout de crochets métalliques. Il faisait chaud, une forte odeur épicée montait de tout ce souk où serpentait en permanence de la musique arabe. Laura, dont c'était la première plongée dans l'Orient de Paris, en avait le tournis. Lionel conduisait sans un mot. Son sourire avait disparu, il semblait soudain grave et pressé.

– C'est ici ! dit-il en garant sa voiture devant une enseigne délabrée annonçant « Couscousserie ».

Ils pénétrèrent dans un immeuble à façade lépreuse, traversèrent un long couloir sombre, au sol un peu gluant, descendirent quelques marches en bois grinçant, débouchèrent dans un entresol où quelques Maghrébins, assis autour d'une table, buvaient du thé à la menthe.

– Voici mon restaurant ! dit Lionel.

Ce n'était certes pas l'endroit que Laura s'attendait à trouver. L'équipement de cette gargote, pompeusement baptisée restaurant, était des plus sommaires : trois tables, un comptoir crasseux, quelques bouteilles d'alcool, quelques assiettes en verre. Il lui montra la cuisine où se trouvait une antique cuisinière à gaz supportant quelques marmites à couscous.

– Je vais vous montrer votre chambre, lui dit-il.

Ils montèrent quelques marches et se retrouvèrent à nouveau dans un couloir sombre dans lequel s'ouvraient cinq portes portant chacune un numéro.

– Vous faites aussi hôtel ? demanda timidement Laura.

– Non, dit Lionel, les autres chambres je les loue.

Il lui montra sa chambre à elle dont l'unique fenêtre donnait sur une cour où ne pénétrait jamais la lumière du jour. Un pigeon nichait sur le rebord de la fenêtre. Il était si vieux et si fatigué qu'il ne réagissait plus au va-et-vient des humains. Devant l'inconfort de l'endroit, Laura aurait pu regretter le dortoir de la DDASS. Mais son optimisme était tel qu'elle pensa que, bien arrangée, cette vilaine mansarde ferait un gentil nid.

Aussitôt Lionel la pria de descendre à la cuisine pour préparer le dîner.

– Vous m'avez engagée comme serveuse, pas comme cuisinière, protesta-t-elle.

– Oui, mais ce soir, c'est exceptionnel... Le chef est malade... Vous trouverez de la viande et des boîtes de petits pois. Débrouillez-vous avec ça. Les premiers clients arrivent vers 19 h 30.

Laura se débrouilla avec les moyens du bord. À l'heure annoncée, deux Maghrébins arrivèrent et s'installèrent pour dîner. Ils mangèrent ce que Laura leur servit, sans un mot et avec une totale absence d'esprit critique. Un peu plus tard, trois femmes maquillées à outrance, vêtues de jupes très courtes, firent leur apparition. Elles embrassèrent Abdelkader puis invitèrent les Maghrébins à les suivre à l'étage.

– Ce sont vos locataires ? demanda naïvement Laura.

Sans vergogne, Lionel répondit :

– Elles passent la nuit avec les clients, c'est tout.

Laura réalisa quel genre d'endroit était le restaurant de Lionel. Les clients ne cessaient de se succéder et, après s'être restaurés, rejoignaient les filles à l'étage. Ce manège se poursuivit assez tard dans la nuit. Son service terminé, Laura monta dans sa chambre. Elle était épuisée, la tête lui tournait. La fatigue, l'odeur de sueur et de graillon qu'elle avait respirée durant des heures, l'angoisse, tout cela lui donnait mal au cœur. Elle songea avec regret au logis de Jacques qui lui paraissait maintenant être un palais comparé à ce sinistre taudis. Elle venait à peine de se déshabiller pour se coucher qu'elle entendit une clef tourner dans sa serrure.

– Qui est là ? cria-t-elle, affolée, en couvrant sa poitrine de ses mains.

Une ombre se glissa dans la chambre.

– Qui êtes-vous ? hurla-t-elle cette fois, en reculant vers la fenêtre au vieux pigeon.

– Tais-toi, c'est Lionel.

– Que faites-vous là ?

– Je viens te dire un petit bonsoir !

Il la saisit par la taille et commença à l'embrasser.

– Non... Laissez-moi... Je vous en supplie...

Elle se débattit, il la frappa, la jeta sur le lit.

– Non... Non, gémissait-elle à présent.

Après une lutte sans espoir, des cris et des pleurs sans réponse, Abdelkader, dit Lionel, la viola.

*
**

Comme chaque jour, Patrice enfila sa salopette blanche et alla au chantier avec sa gamelle contenant son repas de midi.

On avait installé un échafaudage le long de la façade d'un immeuble en cours de ravalement. Mais Patrice, encore novice, ne devait sous aucun prétexte l'utiliser. Il aidait un ouvrier plus expérimenté, Manuel, à peindre les fers forgés des balcons. Les deux hommes gagnèrent le deuxième étage avec leurs pots de peinture antirouille. Le travail commença. Patrice était consciencieux, méthodique et manipulait le pinceau avec un réel plaisir. Il écoutait les conseils de Manuel qui lui montrait tous les trucs du métier. Ils formaient une bonne équipe, soudée, efficace.

Après le déjeuner, avalé sur place, Manuel l'invita à venir prendre un « jus » dans un café où il avait ses habitudes. Patrice déclina l'invitation, impatient de poursuivre sa tâche. Il commença à appliquer de la peinture antirouille sur les fers forgés des balcons. Il avait reçu mission de ne s'occuper que des barreaux intérieurs, mais, comme il travaillait vite et que Manuel ne revenait toujours pas, il eut envie de faire du zèle et, passant outre aux consignes de sécurité, décida de s'attaquer à la partie externe. Pour ce faire, il enjamba le balcon et, aussitôt, mit le pied sur l'échafaudage qui bascula sous son poids. Ce fut Manuel, en revenant du café, qui découvrit le jeune homme étendu sur la chaussée. On le transporta d'urgence à l'hôpital de Longwy où les médecins diagnostiquèrent un coma profond et une fracture du bassin.

*
**

Au lycée de Nancy, la fièvre régnait dans les couloirs où les élèves des classes de terminale attendaient avec anxiété les résultats du baccalauréat. Solène, qui avait été en toutes les matières première de sa classe, pensait qu'elle l'avait raté.

– Tu vas être reçue avec mention, dit Jérôme qui se faisait beaucoup plus de souci pour lui-même, mais ne le montrait pas.

– Non, dit-elle, j'ai été nulle en math et en philo.

– Bon, dit Jérôme, tu n'auras que 15 au lieu de 17.

– Ne dis pas ça, tu vas me porter la poisse !

– Les voilà ! s'écria Jérôme. Nous allons enfin être fixés ! Si jamais tu as la mention, tu m'offres le champagne.

Ils tentèrent de se frayer un chemin jusqu'aux panneaux où venaient d'être affichés les résultats. Jérôme, plus grand que tout le monde, ne tarda pas à repérer son nom. La jeune fille, noyée dans la foule, ne voyait rien. Jérôme revint vers elle et l'entraîna un peu à l'écart. L'embarras se lisait sur son visage.

– Alors ? demanda Solène.

– Je suis reçu, dit Jérôme, sans se départir de son air d'enterrement.

– Bravo, dit Solène dont le visage pâlissait à vue d'œil. Et moi ? ajouta-t-elle en s'étranglant.

Jérôme baissa la tête, visiblement très mal à l'aise. Solène n'en pouvait plus, elle sentait les sanglots affluer dans sa gorge.

– J'ai une mauvaise nouvelle, dit Jérôme...

Il fit durer encore un peu le suspense, puis, éclatant soudain de rire, il prit Solène dans ses bras.

– Tu as perdu le champagne, idiote ! s'écria-t-il. Tu as la mention « bien ».

Les nerfs de Solène lâchèrent d'un seul coup et, au lieu de se répandre en cris de joie, elle fondit en pleurs.

Chez les Alric, l'accueil fut triomphal. Des sanglots dans la voix, Dolorès fut la première à féliciter « Mademoiselle ». Non seulement Anne-Marie offrit le champagne à Jérôme, mais elle servit ce qu'elle avait de meilleur, du Dom Pérignon. Le triomphe de sa fille était son triomphe à elle. Des larmes coulaient sur son visage.

– Ah non ! dit Jérôme, en faisant mine de se fâcher, vous n'allez pas pleurer vous aussi.

– C'est de famille ! dit Solène, en embrassant très fort sa mère adoptive.

Elle ne pouvait mesurer l'impact de cette petite phrase dans le cœur de Mme Alric.

La porte d'entrée claqua.

– Voilà papa, dit Solène en se précipitant à sa rencontre. Je suis reçue !

Le docteur Alric eut du mal à contenir sa joie.

– Retenez-vous, dit Jérôme, on a déjà usé tous les mouchoirs !

– Alors, quels projets pour la rentrée ? dit Mme Alric à Jérôme. Avez-vous arrêté votre choix en ce qui concerne vos études ?

– Enfin, maman ! dit Solène, tu sais bien que Jérôme et moi avons décidé de faire médecine !

– Et ton piano ? demanda Anne-Marie, avec une sorte d'inquiétude dans la voix.

– Ce sera mon violon d'Ingres, répondit Solène, avec un délicieux sourire.

– Tu peux préparer tes valises pour les États-Unis, dit Pierre Alric à sa fille, ce voyage chez ta tante à Washington sera ta récompense. Nous allons nous occuper de réserver les billets.

– Oh ! Merci, papa chéri, s'exclama Solène en se jetant au cou de son père.

– Et vous Jérôme, que comptez-vous faire durant les vacances ? demanda Anne-Marie Alric.

– Je ne sais pas. Je pensais inviter Solène en Corse, dans la résidence secondaire de mes parents, mais je vois qu'il va falloir trouver autre chose.

– Pourquoi n'iriez-vous pas vous aussi à Washington, chez ma sœur ? Vous y seriez le bienvenu.

– Oh ! oui, ce serait génial à deux, réagit aussitôt Solène.

– Il faut que je voie cela avec mes parents, dit Jérôme.

– Téléphonez-leur, conseilla le docteur Alric, et invitez-les donc à venir boire une coupe. On réglera cette histoire de vacances tous ensemble.

– Tu comptes te faire inviter en Corse ? dit Anne-Marie Alric à son mari.

Ils éclatèrent tous de rire.

*
**

Adbelkader quitta la chambre sordide, laissant Laura sous le choc de ce qu'elle venait de subir. Il faisait encore nuit et la jeune fille était incapable de bouger. Elle avait tellement pleuré que sa gorge et ses yeux la brûlaient. Elle sentait encore le poids de son agresseur sur son corps. Elle se souvenait avec horreur du supplice de l'oreiller qu'il lui avait collé sur la figure pour qu'elle ne crie pas. Il l'avait battue, tout en étant assez habile pour ne pas laisser trop de traces.

Au petit jour, elle rassembla ses affaires et descendit dans la salle de restaurant qu'elle trouva vide. Elle remonta le long couloir et tenta d'ouvrir la porte qui donnait sur la rue. Elle était verrouillée. Laura se mit à tambouriner dessus à deux poings en hurlant :

– Au secours, au secours, ouvrez-moi... !

Les prostituées qui avaient passé la nuit dans les murs, descendirent avec leurs clients. Elles trouvèrent Laura en larmes, agenouillée devant la porte.

– Ouvrez-moi, je vous en supplie, gémissait-elle.

Abdelkader les rejoignit.

– C'est quoi ce chambard ? dit-il.

– C'est la petite, dit l'une des prostituées. Tu devrais la laisser partir.

– Elle est mineure, cette gamine, dit sa collègue, tu peux avoir de sérieux ennuis.

Abdelkader réfléchit rapidement, puis se pencha vers Laura qu'il aida à se relever.

– Écoute-moi bien, toi, lui dit-il. Si jamais tu racontes ce qui s'est passé, je te retrouverai et je serai beaucoup moins gentil cette fois, c'est compris ?

La menace était claire. Laura acquiesça. Son bourreau ouvrit la porte.

– Fous le camp, sale garce ! cria-t-il en la poussant dehors avec violence.

Laura se mit à courir, droit devant elle, sans réfléchir. Que faire ? Où aller ? Il fallait d'abord commencer par s'échapper de ce quartier cauchemardesque, puis essayer de rejoindre Jacques, rue Championnet. Dans sa course désordonnée, elle faillit heurter un gardien de la paix.

– Des ennuis, mademoiselle ?

– Non, non, dit-elle en se souvenant aussitôt des menaces de son violeur, je suis seulement perdue...

– Où courez-vous comme ça ?

– Je cherche la rue Championnet.

– Le plus simple est de prendre le métro Barbès, dit-il.

– Non, je préfère m'y rendre à pied, répliqua-t-elle, pâle et tremblante.

– Vous êtes certaine que ça va ?

– Oui, je dois me rendre chez ma grand-mère, rue Championnet.

Le gardien finit par lui expliquer la route à suivre et la regarda s'éloigner d'un air perplexe. Laura marchait comme un zombie dans les rues qui commençaient à s'animer. Sa détresse était immense, mais en même temps, elle ne voulait pas retourner à Metz. Plutôt mourir que de retrouver la DDASS.

Elle cogna à la porte de Jacques qui vint lui ouvrir, les yeux encore embrumés de sommeil.

– C'est toi ?... T'as pas l'air bien. D'où tu sors ?

Pour toute réponse, Laura se blottit en larmes dans ses bras.

– Allez, On va tout raconter à son grand frère Jacques ?

Elle frissonnait, avait du mal à tenir sur ses jambes. Jacques n'était pas plus brillant qu'elle. La drogue qu'il avait absorbée la veille expliquait son abrutissement. Il s'efforça néanmoins d'écouter le récit de ses mésaventures. Laura lui raconta tout, sauf le viol.

– Bon, dit-il, en essayant de se secouer. Un bon café bien noir et on aura les idées plus claires.

– Jacques, dit Laura en se cramponnant à lui, est-ce que tu veux bien me garder en attendant que je trouve du travail ?

– Bien sûr, dit Jacques.

– Tes copains seront d'accord ?

– T'en fais pas pour eux...

– Bouge pas, dit Laura, je vais préparer le café. Ensuite j'irai faire des courses...

Elle fut prise d'un étourdissement. Jacques l'aida à s'allonger sur le matelas.

– Tu ferais mieux de dormir un peu.

Elle fit oui de la tête et sombra dans un sommeil bien agité.

*
**

Laura avait dépensé toutes ses économies et désespérait de trouver du travail. Jacques la présenta à une copine qui gagnait sa vie en distribuant des prospectus dans les rues. Celle-ci lui proposa de lui faire rencontrer le directeur d'une entreprise spécialisée dans la vente d'autoradios. Rendez-vous fut pris et Laura se présenta à l'heure convenue pour passer son entretien d'embauche.

– Quel âge avez-vous ? demanda le patron.

– Dix-huit ans, mentit Laura, je suis étudiante...

– Bien. Vos études vous laissent du temps ?

– Oui, dit Laura. Enfin, je peux toujours m'arranger.

– Je vous donne le secteur compris entre la porte Saint-Martin et la porte Saint-Denis. Pour vingt francs par jour, vous devrez distribuer au moins deux cents prospectus. Cela vous convient-il ?

– Oui, dit Laura. Quand puis-je commencer ?

– Demain matin, neuf heures.

Le lendemain, un sac bourré de prospectus sur le dos, Laura entreprit sa tâche avec un formidable enthousiasme. Elle devait se poster sur les grands boulevards aux feux tricolores, et distribuer ses imprimés aux automobilistes. L'accueil était rarement chaleureux. La plupart des conducteurs, stressés par la circulation, fermaient leurs vitres à une publicité jugée importune et agressive.

Très vite, le métier lui parut ingrat et fatigant. Sans doute lui manquait-il encore l'art et la manière, et elle se consola en pensant qu'après quelques jours d'apprentissage, elle se montrerait nettement plus performante.

À midi, elle entra dans un café du faubourg Saint-Denis pour avaler un sandwich, accoudée au bar. Elle y rencontra une jeune fille de vingt ans environ, Agnès, qui mangeait également son casse-croûte en plaisantant avec le patron qui semblait bien la connaître. Elles échangèrent quelques mots.

– Il fait beau aujourd'hui, dit Laura.

– Oui, ça facilite le business, répondit Agnès dont la tenue vestimentaire n'aurait laissé aucun doute sur la nature de ses activités à toute autre que Laura.

– Moi, j'ai fait chou blanc, dit Laura qui pensait que son interlocutrice, comme elle, distribuait des prospectus.

– Tu es nouvelle, ici ? questionna Agnès qui, de son côté, prenait Laura pour une consœur.

– Oui, dit Laura, je débute aujourd'hui même.

– Et tu as choisi notre quartier ?

– En fait, dit Laura, on ne m'a pas donné le choix.

– Je vois, dit l'autre. Et alors, ça n'a pas mordu ce matin ?

– Non et je dois m'en faire deux cents dans la journée, tu te rends compte ?

Agnès écarquilla les yeux.

– Deux cents ?

– Oui. Pas toi ?

Agnès éclata de rire.

– C'est quoi ton travail exactement ?

– Je distribue des prospectus publicitaires dans les rues.

– Ah ! d'accord, tu m'as fait peur. Et combien te paye-t-on pour ça ?

– Vingt francs par jour.

– Moi je travaille dans cette rue depuis six mois et tu sais combien je gagne chaque jour ?

Laura restait dans l'expectative.

– Mille francs, ma cocotte.

Ce fut au tour de Laura d'ouvrir de grands yeux.

– C'est incroyable ça. Que fais-tu ?

– Je me prostitue, ma belle, déclara Agnès avec un formidable aplomb.

Laura comprenait enfin. Loin de s'en trouver diminuée, sa sympathie pour Agnès, au contraire, augmenta.

– Je viens de Toulouse, dit Agnès qui avait l'accent du Sud-Ouest. Je suis montée à Paris pour trouver du travail, mais ça n'a pas marché. Comme je passais mon temps à traîner dans les rues, un jour un type m'a abordée, me prenant pour ce que je n'étais pas encore. Et c'est comme ça que je le suis devenue...

– Et... Tu n'es pas trop malheureuse ?

– Pas du tout. Tu sais, c'est un métier comme un autre. Parfois, on tombe sur des clients sympa. Et puis, avec les autres filles, on se crêpe un peu le chignon, bien sûr, mais quand il faut se serrer les coudes, on est toutes là.

Agnès regarda sa montre.

– Excuse-moi, je suis en retard, dit-elle. Bonne chance à toi.

Laura rejoignit le boulevard où elle reprit son activité auprès des automobilistes hostiles ou indifférents. Elle avait beau déployer tous ses charmes, elle ne parvenait à aucun résultat.

Trois jours durant, elle persévéra, toujours dans le même secteur et avec le même insuccès. À l'heure de la pause, elle retrouvait Agnès au café et, de fil en aiguille, une amitié naquit entre ces deux provinciales, jetées dans la jungle parisienne.

Au matin du quatrième jour, alors que Laura passait prendre son lot de prospectus, le patron lui signifia qu'il n'avait plus besoin de ses services.

– Laissez-nous votre adresse au secrétariat. Nous vous ferons signe pour notre prochaine campagne de publicité.

Laura était déçue. Elle empocha son salaire et rentra à pied chez Jacques qui continuait à l'héberger. Elle le trouva assis sur le matelas, les yeux hagards, le corps secoué de spasmes, dans un état de manque épouvantable. Étant sans travail, il avait de plus en plus de mal à se procurer sa dose de

« came » journalière. Lorsqu'il vit Laura, il se jeta sur elle et la secouant avec violence, lui cria :

– File-moi du blé, vite. Je n'en peux plus.

Et sans lui laisser le temps de répondre, il la renversa sur le matelas et se mit à la fouiller rageusement. Au terme d'une courte lutte, Jacques la dépouilla de son maigre pécule et se précipita en courant dans l'escalier.

Toute seule, dans la pièce vide, Laura pleurait à chaudes larmes, la tête enfouie dans le matelas.

*
**

Une grande effervescence régnait à l'aéroport de Washington où Isabelle Lecomte attendait l'arrivée de sa nièce Solène et de son ami Jérôme. C'était l'été, la période des vacances, et les avions ne cessaient d'atterrir et de décoller. N'ayant pas revu Solène depuis plus de dix ans, Isabelle avait prié les hôtesses d'accueil de faire annoncer, au débarquement des passagers en provenance de Paris, qu'elle se trouvait dans la salle d'attente n° 3.

Isabelle Lecomte demeurait à Washington depuis douze ans. Elle y enseignait le français et ne s'était jamais mariée, considérant son métier comme un sacerdoce. Mais elle adorait les enfants et avait salué avec joie l'arrivée de Solène chez sa sœur et son beau-frère. Bien entendu, elle avait reçu des instructions pour garder le secret sur l'adoption. Elle était plongée dans ses réflexions lorsqu'elle vit venir vers elle une belle jeune fille accompagnée d'un jeune homme élégant et racé.

– Tante Isabelle ? questionna la jeune fille.

– Solène, ma chérie... Mais tu es une vraie femme à présent.

– Je te présente Jérôme... Jérôme Ledoux, un ami de Nancy.

– Welcome, comme ils disent ici, lança tante Isabelle en adressant un sourire chaleureux aux nouveaux venus. Avez-vous pris votre petit déjeuner ? ajouta-t-elle.

– Jérôme et moi avons mangé dans l'avion, dit Solène. Nous avons surtout hâte de prendre une bonne douche.

– Alors, allons récupérer vos bagages. Ma voiture nous attend au parking souterrain. Parlez-vous un peu l'anglais ?

– L'anglais, oui, répondit Solène, mais pas l'américain.

– C'est la même chose, dit tante Isabelle, mais en plus court.

– Tant mieux, dit Jérôme, je suis ici en vacances et je compte bien faire le minimum d'efforts.

– Désolée, dit tante Isabelle, mais à partir de maintenant plus un mot de français, nous ne parlerons qu'américain jusqu'à votre départ. *Okay, young man ?*

– *Okay, Miss,* répondit Jérôme en se piquant au jeu.

*
**

– Quel est votre diagnostic ? demanda Hélène Dufour au chirurgien qui s'était occupé de Patrice dès son admission à l'hôpital de Longwy.

– Les radios effectuées révèlent une fracture du bassin ne nécessitant aucune intervention chirurgicale. Une immobilisation d'un mois, suivie d'une bonne rééducation fonctionnelle, devrait suffire à le remettre sur pied. Ce qui m'inquiète davantage est son traumatisme crânien. Il est plongé dans un coma profond et nous l'avons fait transférer en service de réanimation où il reçoit des soins intensifs.

– C'est donc très grave.

– Je dirais que c'est sérieux, mais tout espoir n'est pas perdu.

Hélène Dufour regagna son pavillon où l'attendait Karine, très inquiète.

– Tu l'as vu ? Comment est-il ? demanda-t-elle, la gorge nouée par l'émotion.

– Il n'a pas encore repris connaissance. Le médecin a dit qu'il fallait attendre.

Le lendemain, après son cours de dactylographie, Karine se rendit à l'hôpital avec Hélène Dufour. L'état de Patrice n'avait pas évolué. Face à leur désespoir, la surveillante en chef se voulut confiante :

– Le coma ne veut rien dire. Il peut persister dix jours, même un mois et disparaître subitement. Ce garçon est très jeune et heureusement, il n'a pas de fracture du crâne. Il peut très bien se remettre.

Elles furent autorisées à voir Patrice qui reposait dans son lit, le teint livide, raccordé à des tas de tuyaux. Ce spectacle impressionna beaucoup Karine. C'était comme si son ami d'enfance était mort. Hélène prit une chaise et vint s'asseoir tout près de Patrice. Karine en fit autant et toutes deux restèrent immobiles, les yeux fixés sur le malade, guettant son réveil.

Une demi-heure s'écoula sans que personne ne bouge. Karine songeait à tous les moments heureux et malheureux qu'elle avait vécus avec Patrice. Deux larmes glissèrent sur ses joues...

*
**

Laura était retournée dans le faubourg Saint-Denis, à la recherche d'Agnès.

De nombreuses femmes traînaient sur le trottoir, seules ou en groupes de deux ou trois. Elles étaient vêtues légèrement, donnant aux clients un avant-goût de la marchandise. Laura s'approcha de deux prostituées, maquillées à outrance, qui bavardaient en se passant une cigarette tachée de rouge à lèvres.

– Vous connaissez Agnès ?

– On ne monte qu'avec des hommes ! répondit la plus grande en adressant un sourire goguenard à sa collègue.

– C'est ma sœur, rusa Laura, elle travaille ici... Elle porte des bottes blanches et une jupe mauve...

– Oui, je vois qui c'est ta frangine, dit la plus petite. Elle chasse à cent mètres d'ici.

Laura s'y rendit mais ne trouva Agnès nulle part. Elle eut l'idée d'interroger un marchand de lingerie féminine qui avait pignon sur rue. Elle lui fit la description de son amie que le riverain identifia aussitôt.

– Elle a dû monter avec un client.

– Où ça ? demanda innocemment Laura.

– Vous voyez l'immeuble en face, c'est là où elle travaille.

Laura se posta devant l'immeuble. Le soir tombait et les enseignes au néon s'allumaient, une à une, de part et d'autre de cette longue rue étroite, mettant en relief les vêtements qui se trouvaient en vitrines.

À la faveur de la nuit et des éclairages tapageurs, on sentait mieux l'interaction entre ce monde de la mode et celui des marchandes de plaisir. Une symbiose existait entre ces activités absolument différentes qui s'exerçaient dans le même périmètre, avec une harmonie tout à fait naturelle. En sortant de son repaire, Agnès fut surprise de voir Laura.

– Qu'est-ce que tu fais là ?

– Je te cherchais, répondit Laura, j'ai de gros ennuis.

– Viens, dit Agnès, tu vas me raconter tout ça.

Elles se rendirent dans un bar tout proche où Laura, qui n'avait rien mangé de la journée, accepta avec reconnaissance le sandwich et la bière que son amie lui offrait. Puis elle lui raconta ses mésaventures. Agnès, qui l'avait écoutée sans l'interrompre, commanda deux cafés et lui dit :

– Veux-tu travailler ici avec moi ? Bien sûr, les chasses sont bien gardées et on ne voit pas d'un très bon œil les nouvelles, mais tu es jeune, jolie, et tu devrais pouvoir très vite avoir ta clientèle.

À entendre parler sa copine, Laura aurait pu croire qu'elle lui présentait les risques et les avantages d'un métier comme tous les autres.

– Si tu piges bien le truc, poursuivit Agnès, tu peux te faire pas mal de blé, tu sais. Tu pourras loger chez moi et je te prêterai des vêtements pour commencer à travailler...

Laura se laissa guider par Agnès sans se poser de questions. Depuis des jours et des jours elle se sentait prisonnière d'un labyrinthe et quelqu'un, soudain, lui tendait un fil d'Ariane. Elle s'y agrippa.

Les deux jeunes filles prirent un taxi et se rendirent à Montparnasse où Agnès louait un petit studio.

L'endroit était agréable, décoré avec goût, et s'ouvrait sur un balcon garni de géraniums. Agnès fouilla dans sa garde-robe et entreprit d'habiller Laura, de la coiffer, de la maquiller, de manière à la rendre opérationnelle. Cela prit une heure et quand Laura, métamorphosée en fille des rues, se regarda dans la glace, elle découvrit une étrangère. Cela tenait de la magie, ou du théâtre, et un dédoublement de personnalité s'opéra aussitôt en elle.

– Voilà, dit Agnès, maintenant essaie de considérer que tu es une actrice et que tu viens de te costumer pour interpréter un rôle sur scène. Le spectacle fini, tu n'auras plus qu'à te changer, te démaquiller pour redevenir celle que tu as toujours été. Tu comprends ?

– Je ne sais pas, dit Laura, c'est tellement étrange pour moi tout ça. Que devrai-je faire exactement ?

– Je vais te montrer, lui dit Agnès.

Elles retournèrent au faubourg Saint-Denis et Agnès poursuivit son travail d'initiation.

– Tiens-toi ici, près de moi, lui dit Agnès en lui indiquant un endroit bien éclairé sur le trottoir, je vais t'apprendre comment racoler un client.

Un homme d'une cinquantaine d'années s'approcha, examinant les avantages qu'offrait chacune des prostituées alignées contre les murs, le long des vitrines. Aucune ne parut mériter son attention. Il parvint au niveau d'Agnès qui l'accosta :

– Tu viens, mon minou, c'est pas cher !

Mais, dédaignant Agnès, l'homme s'avança vers Laura qu'il se mit à détailler avec une minutie de marchand d'esclaves.

– Et toi, tu prends combien ? lui demanda-t-il.

Laura était pétrifiée. Agnès répondit à sa place.

– Pour elle c'est deux cents francs !

– C'est cher !

– T'es son premier client, expliqua Agnès, alors tâche de pas trop la brusquer.

– D'accord, dit l'homme en prenant Laura par le bras.

La jeune fille tourna vers Agnès un regard qui l'implorait de ne pas l'abandonner. Mais Agnès était déjà en pourparlers avec un autre client et ne pouvait plus s'occuper d'elle.

– Donc comme ça, lui dit l'homme, c'est la première fois ? Il faut que je t'apprenne ton métier alors ?

Il eut un grand éclat de rire et Laura se retrouva dans un escalier tout noir menant à une chambre sordide.

*
**

Solène et Jérôme poursuivaient dans l'euphorie leur séjour aux États-Unis.

Les journées étaient trop courtes pour faire le tour de toutes les splendeurs et richesses de Washington. Bâtie au bord du Potomac par l'architecte français Lenfant, la capitale fédérale offre aux visiteurs éblouis une succession de parcs et de jardins dont les mille nuances de vert contrastent avec la pâleur nacrée de monuments aussi prestigieux que la Maison Blanche, le Capitole, le Lincoln Memorial.

Ils visitèrent le musée de l'Espace, admirèrent les prouesses de la NASA, assistèrent à une reconstitution de la marche d'un cosmonaute sur la lune, s'émerveillèrent devant une énorme pierre rapportée d'une mission « là-haut ». Le lendemain, ils se rendirent à la National Gallery où ils passèrent une journée entière à arpenter des salles remplies de chefs-d'œuvre. Ils se tenaient par la main et, lorsqu'ils se penchaient vers une toile pour mieux voir les détails, leurs joues tièdes se touchaient. Ils répétaient souvent l'opération, par amour de l'art mais aussi pour satisfaire une sensualité naissante. Isabelle Lecomte était le témoin muet de cette idylle qu'elle voyait se développer, jour après jour. Le plus souvent, elle les laissait seuls, partageant de loin, à la façon d'une bonne marraine, les frissons et les joies des premiers émois.

Elle les emmena à New York, puis à Chicago et de là, les conduisit aux chutes du Niagara. Des expéditions en bateau sont organisées pour voir de plus près ces milliers de tonnes d'eau qui se déversent, avec un bruit de tonnerre, dans des tourbillons d'écume. Vêtus de cirés jaunes qu'on leur avait prêtés, ils ne pouvaient s'exprimer qu'en hurlant tant le vacarme était assourdissant. Au milieu des embruns, Jérôme se pencha vers Solène, sans doute pour lui confier son trouble et son ébahissement face à ce spectacle grandiose. La jeune fille se retourna un peu vivement et ce fut ainsi que, pour la première fois, leurs bouches s'unirent en un premier baiser.

*
**

Patrice était toujours dans le coma.

Durant trois semaines, Karine et Hélène Dufour vinrent lui rendre visite. Comme aucune amélioration ne se produisait, elles désespéraient de le voir revenir à un état normal. Et puis, un après-midi, elles crurent le voir bouger. Karine se précipita vers le médecin de garde :

– Docteur... Docteur... Venez vite, je crois qu'il se réveille...

Accouru au chevet de Patrice, le médecin ne put hélas constater aucun changement.

– Mais je vous assure qu'il bougeait, dit Karine, d'une voix étranglée.

– Il s'agissait peut-être d'une contracture musculaire. Je suis désolé... Il faut attendre encore et ne pas perdre espoir. Certains comas durent des semaines et soudain, tout s'arrange.

Les deux femmes partirent, découragées. Karine ne dormit pas. Elle se remémora le voyage que Patrice avait accompli à Lourdes afin d'obtenir un miracle pour sa mère et l'idée la traversa de tenter la même démarche.

Le lendemain, elle retourna à l'hôpital. Une heureuse surprise l'y attendait. Patrice s'était réveillé. Elle se précipita vers son lit et d'une voix tremblante d'émotion, lui dit :

– Patrice, tu me vois, tu m'entends ?

Il avait les yeux bien ouverts et la suivait du regard.

– Tu m'entends ? répéta-t-elle, craignant qu'il n'eût pas retrouvé toutes ses facultés mentales.

Incapable de s'exprimer encore, il bougea la tête en signe d'acquiescement.

– Oh ! c'est merveilleux... c'est un miracle ! s'exclama-t-elle.

– Vous pouvez rester auprès de lui, mais ne le fatiguez pas, dit le médecin qui venait de prescrire un nouveau médicament.

La joie qui envahissait Karine était si forte qu'elle

se pencha vers Patrice et couvrit son visage de tendres et rapides petits baisers.

*
**

Le voyage de Solène et Jérôme aux États-Unis touchait à sa fin. Ils se séparèrent d'Isabelle avec tristesse à l'aéroport de Washington.

– Vous allez me manquer tous les deux, leur dit-elle.

– Nous reviendrons, c'est promis, répondit Solène en l'embrassant.

– Oui, dit Jérôme, ce séjour est passé trop vite.

De l'autre côté de l'Atlantique, à l'aéroport de Roissy, Anne-Marie Alric les attendait pour les ramener en voiture à Nancy. Elle était impatiente de retrouver son enfant. Pour elle, ce séjour avait duré un siècle. Elle n'avait jamais été séparée de Solène depuis l'adoption et elle ne pouvait pas soupçonner que ce serait si douloureux.

Les deux jeunes gens arrivèrent au contrôle de police. Anne-Marie leva le bras pour signaler sa présence mais, trop occupés à présenter leurs passeports, Solène et Jérôme ne la remarquèrent pas. Du premier regard, Anne-Marie Alric trouva sa fille changée. Ses cheveux avaient poussé, elle avait une mine superbe... Mais ce n'était pas seulement ça... Et pour une observatrice aussi avisée qu'une mère, le secret de cette métamorphose crevait les yeux : Solène était amoureuse... Elle était partie en compagnie d'un camarade, elle revenait au bras d'un prétendant. Anne-Marie Alric en éprouva un sentiment mitigé de crainte et de joie. Sa petite fille n'était plus une enfant et, son cœur ayant fait son choix, elle allait lui échapper.

Leurs retrouvailles furent chaleureuses. Solène était heureuse de revoir sa mère et il n'était écrit nulle part que Jérôme allait sur-le-champ enlever la jeune fille à ses parents.

– Alors, ce voyage ? demanda Mme Alric.

– Génial ! répondirent en chœur les deux tourtereaux. Mais le décalage horaire nous a éreintés.

Ils rejoignirent Nancy dans la soirée. Jérôme dîna chez les Alric où ses parents l'attendaient. Dolorès avait préparé un jambon à l'américaine pour saluer le retour des conquérants du nouveau monde. Durant tout le repas, ils ne tarirent pas d'éloges sur les « States » et les « Yankees » et leur enthousiasme fut si communicatif que leurs parents décidèrent d'entreprendre le même voyage à Pâques.

Quelques jours plus tard, ils convièrent leurs amis de lycée à venir voir les quelques quatre cents diapositives qu'ils avaient ramenées de leur périple. Pendant la projection, Jérôme tenait tendrement la main de Solène qui revivait avec fièvre chaque étape de cette merveilleuse aventure.

– Voici le Capitole... Voici la cloche de Philadelphie, symbole de l'Indépendance... Et les chutes du Niagara...

Devant ce dernier cliché, Jérôme serra la main de Solène un peu plus fort. Eux seuls savaient que si l'énorme rideau d'eau de ces chutes pouvait se lever, comme au théâtre, on les verrait échanger leur premier baiser. Il y avait en fait deux voyages, celui qui se déroulait sur l'écran, et celui que, parallèlement, dans le plus grand secret, ils refaisaient dans leur cœur. Et cette dualité ajoutait un relief et un frisson supplémentaires à l'image. Un pot fut offert aux invités, puis, après leur départ, Jérôme prit à son tour congé de Solène en l'embrassant amoureusement.

Ce soir là, Solène dévoila ses sentiments à sa mère.

– Tu penses l'épouser ? demanda Anne-Marie Alric.

– Je ne sais pas, dit Solène, nous allons commencer par nous fiancer.

Les époux Alric approuvèrent avec joie le choix de leur fille. Jérôme était un garçon très convenable et ses parents d'excellents amis. En plus, les deux jeunes gens avaient décidé d'entreprendre les mêmes études, ce qui ne pouvait que les rapprocher davantage.

*
**

Patrice revenait à la vie. Il recommençait à marcher dans sa chambre et dans les couloirs de l'hôpital, avec l'aide de cannes anglaises.

Chaque soir, en sortant de ses cours de secrétariat, Karine courait lui rendre visite. Elle le trouvait ordinairement, assis dans un fauteuil, en train de prendre son repas.

– C'est pas pire qu'en prison, disait-il, mais c'est pas mieux non plus.

– Je t'ai apporté une surprise pour te consoler.

Elle lui tendit un carton à pâtisserie.

– Qu'est-ce que c'est ?

– Ouvre, tu verras.

Il défit le carton et découvrit un moka au café.

– Mon gâteau préféré ! s'exclama-t-il. Viens un peu ici, toi.

Il la prit par le bras pour la rapprocher de lui, la fit basculer sur ses genoux et l'embrassa fougueusement.

– Arrête, lui dit-elle, si quelqu'un entrait ?

– Je dirais que tu es la nouvelle infirmière !

– Tu les prends toutes sur tes genoux ?

– Seulement celles qui m'offrent du moka. Tiens, on va le partager.

– Ah ! non, c'est pour toi... Tu sais bien que j'ai horreur des sucreries.

– Tu dis ça à cause de ta ligne...

– Plains-toi, ça te plairait d'avoir pour copine une grosse dondon ?

– Pourquoi pas, on vivrait entre quatre murs d'amour et de moka.

Elle lui donna une gentille bourrade, puis un baiser.

– Je t'aime, lui dit-il plus sérieusement.

– Moi aussi je t'aime, Patrice. Je suis tellement heureuse de te voir revenir à la vie !

La peur de le perdre avait été si grande, qu'elle fondit en larmes. Mais cette fois, c'était de bonheur qu'elle pleurait.

*
**

Au tribunal pour enfants de Briey, Claire Dumonteil s'était replongée dans le dossier de la famille Martin.

Elle avait reçu chaque trimestre de la direction départementale de la DDASS et du service social, chargés de veiller sur Karine et Patrice, un rapport circonstancié sur leur vie et leur comportement jusqu'à leur majorité. Elle avait aussi été immédiatement mise au courant de l'accident de Patrice et avait souvent téléphoné à l'hôpital pour s'informer de son état de santé. À présent, pour Laura, à la suite de l'avis de recherche lancé après sa fugue, elle interrogeait régulièrement la gendarmerie afin de connaître le résultat de ses investigations.

– Non... Rien encore, Madame le juge, et ce n'est pas faute de nous démener. Nous avons pris contact avec les brigades de mineurs de plusieurs grandes villes de province qui devraient nous relayer efficacement. Nous ne désespérons pas de la retrouver.

– Je le souhaite, dit le juge en raccrochant.

Elle songeait avec compassion au sort de ces enfants qu'elle avait dû séparer de leurs parents quelques années plus tôt. Elle se consolait en pensant à Solène, dont le destin avait été plus clément.

– Il n'y a plus qu'à attendre les résultats des recherches de la gendarmerie, dit Claire Dumonteil à son greffier.

Et, en soupirant, elle lui demanda de classer le dossier.

*
**

Ignorant tout des efforts mis en œuvre pour la retrouver, Laura continuait à se livrer à la prostitution.

Elle gagnait maintenant bien sa vie et partageait le petit studio d'Agnès à Montparnasse.

Les filles du faubourg Saint-Denis qui l'avaient mal accueillie au début, rivalité oblige, s'étaient laissé finalement attendrir par sa candeur et sa bonté. Il y avait chez Laura tant de fragilité qu'on avait instinctivement envie de la protéger. Aussi, lorsqu'un gardien de la paix pointait le bout de son képi, Laura en était aussitôt avertie par ses consœurs solidaires.

– Cache-toi, la puce, lui disaient-elles.

Elle allait aussitôt se barricader dans la chambre qu'elle louait à la journée, dans le Sentier.

Laura commençait à s'accoutumer à sa nouvelle vie. Mais un jour, elle confia à Agnès ne pas se sentir bien.

– J'ai des nausées, c'est bizarre, expliqua-t-elle.

– Tu as consulté un gynécologue ?

– Pourquoi me dis-tu ça ?

– Tu es peut-être enceinte !

Effrayée et inquiète, Laura prit rendez-vous chez un spécialiste. Un rapide examen révéla qu'elle attendait bel et bien un enfant.

Laura revint chez Agnès, bouleversée.

– Tu n'a qu'à te faire avorter, lui conseilla celle-ci, je connais un médecin qui fait ça très bien et pour pas cher.

Un profond désarroi s'abattit sur Laura. Elle n'alla pas travailler et réfléchit longuement à son problème, enfermée dans le studio. Que faisaient les autres filles en pareil cas ? La solution proposée par Agnès paraissait inévitable.

Le lendemain, elle reprit le chemin du faubourg Saint-Denis, sans avoir pris de décision définitive. À peine avait-elle gagné son coin de trottoir qu'elle fut interpellée par une dame d'une soixantaine d'années, d'allure respectable.

– Ma chère enfant, lui dit-elle, connaissez-vous le

NID ? C'est une association de bénévoles fondée à Paris depuis très longtemps pour venir en aide à des personnes comme vous. Notre local est à deux pas d'ici. Voici l'adresse. Je ne saurais trop vous encourager à venir prendre un café avec nous, cet après-midi ou demain.

Un peu stupéfaite, Laura prit la carte que l'honorable dame lui tendait et balbutia quelques mots.

– Merci, madame... Je viendrai peut-être.

La journée se poursuivit avec son lot de vicissitudes. Laura était déprimée. Son problème la préoccupait. Elle sentait le besoin impérieux de se confier à quelqu'un, d'être conseillée. En se remémorant sa rencontre avec la militante du NID, elle pensa que c'était peut-être un signe que la Providence avait voulu lui envoyer. À dix-sept heures, elle refusa un client et se rendit à la permanence de cette association. Quelques prostituées l'avaient précédée. Elles discutaient avec deux conseillères. Laura fut accueillie chaleureusement. On lui offrit une tasse de café.

– Eh bien, lui dit une conseillère quand elle la vit s'asseoir à ses côtés, vous êtes très jeune.

– Oui... répondit Laura.

– Pauvre petite. Vous avez un métier, une formation ?

– J'étais apprentie coiffeuse.

– Je peux vous aider à trouver du travail, si vous le désirez. Je connais une personne âgée qui cherche une jeune fille pour lui faire ses courses et le ménage. Vous seriez logée et nourrie. Bien entendu, il s'agirait là d'un emploi temporaire car j'espère vous trouver une place dans un salon de coiffure.

Laura garda le silence. À vrai dire, son travail la

tracassait moins que sa grossesse. La conseillère comprit que, derrière ses airs timides, Laura cachait une certaine angoisse.

– Voyons, mon enfant, si vous avez un problème particulier, vous pouvez me le confier sans crainte. Je suis ici pour vous aider et non pour vous nuire. Rien de ce que vous me raconterez ne sortira d'ici. Personne n'en sera avisé.

Mise en confiance par ce discours, Laura expliqua qu'elle avait fugué parce qu'elle ne voulait plus vivre à la DDASS et que, pour son malheur, elle était enceinte.

– Avez-vous l'intention de garder votre bébé ? demanda la conseillère.

– Je ne sais pas du tout ce que je dois faire, répliqua Laura en éclatant en sanglots.

– Il faut garder votre enfant, lui dit avec fermeté la militante, une catholique fervente. C'est un crime de tuer un bébé qui doit naître. Et puis, il existe de nombreuses associations pour venir en aide aux mères célibataires. On pourra même prendre soin de votre enfant pendant que vous travaillerez.

Laura l'écoutait en pleurant. Comment dans sa situation pouvait-elle avoir un enfant ? Et si c'était pour que d'autres qu'elle s'en occupent, à quoi bon ? Elle ne donna aucune réponse mais promit de revenir pour poursuivre cet entretien.

Le lendemain, elle nageait dans la même indécision. C'était un peu pile je le garde, face je me fais avorter. Agnès lui avait dit de ne pas trop attendre, car il était préférable de pratiquer ce genre d'opération dans un délai minimum pour éviter toutes complications. Elle réfléchissait sur le trottoir quand elle fut abordée par deux gardiens de la paix. L'un d'eux l'interpella :

– Mademoiselle, je dresse un procès-verbal contre vous pour attitude sur la voie publique de nature à provoquer la débauche. Article R 34, paragraphe 13, du Code pénal. Donnez-moi vos papiers, s'il vous plaît.

– Quels papiers ?

– Votre passeport ou votre carte d'identité !

– Je n'en ai pas.

– Dans ce cas, je vous prie de bien vouloir nous suivre au commissariat.

Un car de police stationnait rue du Sentier. Laura fut embarquée immédiatement. Elle ne manifesta aucune résistance, mais éprouva au contraire un soulagement.

Elle déclina alors son identité et raconta sa fugue. Le commissaire du quartier prit contact avec la brigade des mineurs et Claire Dumonteil, avisée téléphoniquement, donna l'ordre de ramener Laura à la DDASS de Metz.

Sous la conduite d'un agent de la force publique, Laura fut présentée à la directrice de cet établissement.

– Pourquoi cette fugue, mademoiselle ? Vous n'étiez pas heureuse à la DDASS ?

– Non, madame.

– Pourquoi ? Racontez-moi un peu...

– Je me sentais très seule, je n'avais pas d'amis, j'avais l'impression...

Elle hésitait, semblant chercher ses mots.

– Quoi ? questionna la directrice.

– J'avais l'impression d'être une bête au milieu d'autres bêtes dans un troupeau...

La directrice mesura l'ampleur de la détresse de cette jeune fille privée de proches et d'affection.

– Je comprends ce que vous éprouvez. Mais, vous êtes mineure ! Vous ne pouvez pas avoir encore votre indépendance !

Laura l'écoutait en la fixant de ses grands yeux clairs et innocents.

– Qu'avez-vous fait depuis votre départ de la DDASS ? Racontez-moi comment vous avez vécu et avec quels moyens, demanda la directrice.

Laura fit un récit sincère de ses mésaventures. Mais elle hésita à dire qu'elle était enceinte.

La directrice l'écoutait avec attention, mais elle sentait bien que Laura ne lui disait pas toute la vérité.

– Vous êtes certaine de m'avoir tout dit ? Je ne suis pas là pour vous punir. Mon métier est de porter assistance aux mineurs en difficulté. Vous n'aurez aucune sanction. Mais il est important pour vous comme pour moi que vous me disiez tout...

Après quelques secondes de silence, s'étant convaincue de la bonne foi de son interlocutrice, Laura baissa la tête et déclara :

– J'attends un enfant.

La directrice n'en fut pas étonnée. L'exercice de la prostitution comporte parfois ce genre de risques.

– Vous avez consulté un gynécologue ?

– Oui, répondit Laura. Je suis enceinte d'un mois et demi environ.

– Vous avez eu raison de me le dire, lui répondit-elle en se gardant bien de dramatiser. Rassurez-vous, je ne vais pas vous garder à la DDASS. Je vais vous faire placer par le juge des enfants dans un centre approprié. Le Bon Pasteur de Metz me semble convenir parfaitement à votre état. Vous pourrez reprendre votre apprentissage de coiffeuse et les religieuses qui dirigent cette maison s'occuperont de vous durant votre grossesse. Après l'accouchement, nous pourrons envisager votre placement dans un foyer pour mères célibataires où l'on prendra soin de votre enfant pendant que vous irez travailler. Cela vous convient-il ?

Laura se sentit plutôt rassurée par ces paroles. Mais elle n'arrivait pas encore à prendre de décision : devait-elle suivre les conseils de son amie Agnès, et se faire avorter, ou bien garder son bébé ? La directrice de la DDASS avait toutefois fait naître une lueur d'espoir dans ses ténèbres.

Claire Dumonteil, informée téléphoniquement de toutes ces péripéties, approuva cette orientation et prit contact avec le Bon Pasteur. Une chambre venait justement d'être libérée. Le juge signa une ordonnance de placement, permettant l'admission de Laura dans cet établissement.

*
**

Solène et Jérôme Ledoux étaient maintenant étudiants en médecine. Les cours avaient commencé en octobre et ils y assistaient assidûment. Le soir, ils travaillaient ensemble, chez l'un ou chez l'autre.

Il faisait beau en cette fin d'après-midi d'automne : un soleil roux comme un écureuil jouait sur les reliures de livres de la bibliothèque des Alric où les deux jeunes gens s'étaient installés pour réviser. La fatigue intellectuelle commençait à se faire sentir quand Dolorès vint les informer qu'elle leur avait servi un chocolat chaud et quelques biscuits. Ils gagnèrent la salle à manger et firent honneur à ce goûter récréatif. Puis Solène se dirigea vers son piano et y entama un air de jazz. Jérôme, envoûté par le rythme, se pencha vers elle et l'embrassa dans le cou.

– Tu joues merveilleusement bien et tu sens délicieusement bon. Si on dansait, proposa-t-il, saisi par une allégresse inhabituelle.

– Je vais te faire écouter une cassette que je viens d'acheter, dit Solène.

C'était un rock endiablé.

Ils se mirent à danser au centre de la pièce sous le regard attendri de Dolorès qui débarrassait la table.

Ils riaient de bonheur.

*
**

Laura accoucha à la maternité de l'hôpital de Metz d'une ravissante petite fille. Elle tenait son bébé dans les bras avec fierté. Elle l'embrassait sur le front, sur la bouche, sur le nez.

– Relevez-lui un peu la tête, dit l'infirmière.

Laura, un peu gauche dans ses mouvements de jeune mère, suivit le conseil.

– La principale du Bon Pasteur a téléphoné pour vous féliciter de la naissance de la petite Éva, dit l'infirmière. Elle vous rendra visite demain après-midi.

Laura avait bien accepté son placement au Bon Pasteur. Elle partageait une chambre avec une jeune délinquante. Les religieuses l'avaient convaincue de renoncer à l'avortement et on lui avait trouvé du travail dans un salon de coiffure à Metz. Pour la première fois de sa vie, Laura se sentait entourée, protégée. Il était convenu, en accord avec le juge des enfants de Briey, qu'elle pourrait rester au Bon Pasteur avec son enfant jusqu'à sa majorité. Une chambre individuelle l'attendait, avec un berceau fourni par les religieuses. Ces dernières s'occuperaient de la petite Éva pendant que sa mère irait travailler. Laura ne savait trop comment témoigner sa gratitude. Il lui semblait qu'une vie nouvelle commençait.

*
**

Solène et Jérôme se marièrent un 15 juillet.

Il était prévu qu'ils iraient passer leur lune de miel au Japon. Ils vivaient déjà depuis quelques mois dans l'appartement modeste mais douillet que les époux Alric leur avaient acheté.

Selon le vœu d'Anne-Marie Alric, la cérémonie fut exceptionnelle. Dans la cathédrale, les orgues accueillirent Solène au bras de son père et Jérôme à celui de sa mère. Les membres de la famille et les proches amis suivaient majestueusement. Dolorès, en robe bleue, était au premier rang. Plus de trois cents invités avaient pris place dans ce défilé et sur les bancs.

Solène rayonnait de joie. Elle marchait lentement, avec grâce, sa traîne tenue par deux petits garçons, habillés en gris clair.

Pour Anne-Marie Alric, parée d'une robe en mousseline jaune pâle, coiffée d'une capeline en paille de soie noire, ce mariage était un conte de fées. Elle pensait à la première fois qu'elle avait vu Solène, cette petite fille fragile et maltraitée, et elle éprouvait une immense fierté à voir tout le chemin parcouru depuis qu'elle et son mari l'avaient adoptée.

Après la cérémonie, cette mère comblée se rangea auprès des jeunes époux pour recevoir les félicitations d'usage. Elle distribuait des dragées, enveloppées dans des petits sacs en tulle enrubannés, qu'elle puisait dans une corbeille en osier, recouverte de satin rose.

Puis les époux Alric conduisirent Solène et Jérôme dans une abbaye entièrement rénovée où le cocktail et le dîner avaient été organisés. Dans le parc aux mille fleurs, des buffets garnis de bouteilles et de plateaux débordant de canapés décorés avec art avaient été dressés sous les arbres.

Dans le soleil couchant, la mariée était resplendissante. Les invités la regardaient avec admiration ou la photographiaient.

Le dîner, finement composé, fut servi dans la salle capitulaire, sur une musique de Vivaldi.

Solène et Jérôme allaient de table en table dire quelques mots gentils aux convives. Un grand bal suivit le repas. À minuit, on éteignit toutes les lumières et la pièce montée arriva, illuminée. Et comme le veut la tradition, la mariée, aidée de son époux, en brisa le sommet, libérant des colombes blanches, symboles de bonheur et d'amour.

*
**

Mais où est donc Nara ? Loin... très loin...

Lieu béni du bouddhisme, capitale du Japon au huitième siècle, berceau des arts, des métiers et des lettres, cette cité merveilleuse, plus ancienne que Kyoto, présente de splendides temples et palais représentatifs de l'âge d'or ainsi que quelques-unes des plus anciennes constructions en bois du monde. C'est dans ce lieu incomparable que Solène et Jérôme achevaient leur voyage de noces après avoir visité Tokyo, Kamakura, Hakone, Nagoya, Kyoto et Osaka.

Ils traversèrent un parc verdoyant où des daims nullement effarouchés vinrent à leur rencontre pour quémander des petites galettes vendues à l'entrée par des marchands ambulants. Puis, soudainement, une magnifique pagode se dressa devant eux : c'était le temple Todaiji, gigantesque et solennel édifice enfermant le Grand Bouddha, une statue de seize mètres de hauteur, en bronze et or, lourde de cinq cent quatre-vingts kilos. Ils furent impressionnés par la taille, mais aussi par l'attitude de ce bouddha qui tient la main gauche tendue vers le fidèle et la main droite verticale, les cinq doigts ouverts. Symbole de sagesse et de compassion, il règne sur l'univers depuis son édification par l'empereur Shomu au temps de la splendeur féodale nippone.

La salle du Grand Bouddha était peuplée de personnages en bronze imposants disposés les uns à côté des autres en une ronde insolite. Il y avait Ashura, aux trois têtes réunies par le même chignon en pain de sucre et les six bras tentaculaires tendus ou pliés au coude, avec, pour ceux du milieu, des mains jointes en prière. Le Gigei Ten aux yeux clos, gonflant ses paupières asiatiques, faisait de la main droite un signe élégant et mystérieux. Le Jyu Ichi Men Kannon, au visage bouffi portant une couronne enchâssée de minuscules têtes, répliques exactes de la sienne, avec son vase à la main d'où sortait un bouton de rose semblable au fruit de l'aulne, symbolisait le printemps. Et puis le Gakko Bosatsu, bouddha en prières, exprimait l'illumination spirituelle. Le Kannon Bosatsu, debout sur son piédestal, paré d'une tunique plissée, avec son auréole de métal ressemblait à l'Aurige de Delphes. Le Bazara-Taisho évoquait Satan avec sa bouche ouverte, crachant l'effroi, ses yeux exorbités, exhalant la terreur. À ses côtés, le paisible Miroku Bosatsu à la beauté sereine offrait un contraste saisissant.

Après avoir admiré le temple Todaiji, Solène et Jérôme partirent en direction du sanctuaire de Kasuga, aux trois mille lanternes en bronze. C'était féerique.

La visite terminée, Solène et Jérôme remercièrent leur guide Chiaki (mille automnes), prirent un dernier bain de vapeur dans le sous-sol de leur hôtel et partirent faire un tour dans le centre commercial de Nara. Ils furent charmés d'y trouver un endroit digne du bazar d'Istanbul comportant une multitude de petites boutiques à ciel ouvert encombrées de porcelaines japonaises, de soieries multicolores et de petits objets très caractéristiques de l'artisanat japonais. Dans cet endroit bien touristique, ils purent faire moisson de souvenirs pour ceux qui les attendaient en France avec impatience.

*
**

Après son accouchement, Laura avait repris son travail de coiffeuse. Les religieuses du Bon Pasteur s'occupaient de son enfant durant la journée. Elle partait au salon le matin et récupérait le bébé le soir. Elle n'avait à se soucier de rien. L'angoisse revint lorsqu'elle atteignit l'âge de la majorité, vingt et un ans à cette époque-là. Il fallut quitter le Bon Pasteur, se loger, se vêtir, nourrir sa fille et se nourrir elle-même, sans d'autres ressources que son maigre salaire. Elle loua une chambre meublée au sixième étage d'un immeuble sans ascenseur. L'assistante sociale de la mairie, alertée par la directrice du Bon Pasteur, fit toutes les démarches nécessaires pour exonérer Laura des frais d'admission de sa fille dans un jardin d'enfants. Mais, malgré cette aide, elle avait un mal fou à joindre les deux bouts.

– C'est trop dur, je n'y arrive pas, se plaignait-elle à la directrice du Bon Pasteur lorsqu'elle lui rendait visite, avec la petite Éva, chaque dimanche matin.

– Il ne faut pas désespérer, ne cessait de lui répéter cette directrice.

Celle-ci lui donnait un peu d'argent et des vêtements pour elle et sa fille. Toutefois Laura était de plus en plus tentée, pour s'en sortir, de reprendre son ancienne activité. Elle avait envie de rejoindre Agnès à Paris mais la présence de sa fille rendait ce projet très compliqué. Laura ne voulait pas que sa petite Éva connaisse la même galère qu'elle. Elle était prête à tous les sacrifices pour lui offrir une vie décente et digne. En approfondissant sa réflexion, elle décida de confier son enfant à une nourrice et d'utiliser la chambre qu'elle louait pour y travailler à son compte. Elle entreprit des recherches et trouva, à Briey, une femme possédant toutes les qualités requises pour élever sa fille. Un contact fut pris qui s'avéra concluant. Ce ne fut pas de gaieté de cœur que Laura se sépara d'Éva, mais elle la savait en sécurité et suffisamment proche pour pouvoir lui rendre visite chaque semaine.

Sitôt ce problème réglé, Laura se mit en quête de clients sur la voie publique. Elle répugnait à refaire le trottoir mais elle ne voyait pas de meilleure solution. Avec l'argent qu'elle ne tarderait pas à gagner, elle pourrait acheter une boutique de prêt-à-porter féminin et se recycler définitivement.

*
**

Patrice et Karine, tous deux vêtus de blanc, s'étaient mariés en mai. Ils avaient trouvé à Longwy un logement dont le loyer était modique. Avec leurs deux salaires, ils ne manquaient de rien. Pour Patrice, une page de sa vie était tournée. Il ne faisait jamais allusion aux années noires. Un soir pourtant, en rentrant du travail, il déclara à Karine un peu surprise.

– Je compte entreprendre des recherches pour retrouver mes sœurs. Je ne te l'ai jamais dit, mais j'ai beaucoup souffert qu'elles ne soient pas là le jour de notre mariage. Et puis, je n'ai pas la conscience tranquille. Si je n'avais pas été voir ce juge, il y a des années, nous n'aurions jamais été séparés.

Karine savait ce que ressentait Patrice depuis longtemps. Elle approuva son projet puis, pensive, s'exclama :

– Moi, je ne vais pas rechercher ma mère. Elle sait parfaitement où je suis. Si elle veut me voir, je suis là, avec toi.

Ses yeux étaient brillants de larmes.

Sa mère ne lui avait rendu visite que huit fois dans la famille d'accueil. Elle invoquait comme prétexte qu'elle n'avait pas le temps de se déplacer à cause de son travail d'employée de maison à Briey. Dame, quand son mari était en prison, il avait bien fallu qu'elle se nourrisse. Ces paroles ne visaient bien sûr qu'à traduire le ressentiment que Mme Belmont vouait à sa fille.

– Tu vois, dit Karine à Patrice, chacun porte sa croix. Ta mère buvait, mon père me maltraitait et c'est nous qui nous sentons coupables.

Patrice comprit qu'il avait eu tort de faire allusion au passé. Pour chasser les mauvais souvenirs, il emmena Karine au cinéma. Mais au fond de son cœur, sa décision de retrouver ses sœurs était toujours vivace.

*
**

Jérôme et Solène poursuivaient brillamment leurs études. Ils travaillaient avec sérieux et ténacité, déjeunaient au restaurant universitaire et, le soir, dînaient chez les parents de l'un ou de l'autre selon les disponibilités de chacun. Ils ne désiraient pas avoir d'enfant tant que leurs études ne seraient pas terminées. Mais Solène tomba enceinte et la nouvelle fut accueillie avec joie tant par le jeune couple que par les futurs grands-parents.

– Je suis ravi, dit le docteur Alric à son épouse, tu vas pouvoir te remettre à pouponner.

Solène n'hésita pas à demander à sa mère de s'occuper du bébé dès qu'il serait né avec l'aide de Dolorès, la fidèle gouvernante.

Sa grossesse fut difficile. Ses études l'accaparaient totalement et son état la fatiguait. Mais le gynécologue qui la suivait affichait une grande sérénité. L'accouchement devait avoir lieu en juillet, après les examens, et tout le monde s'en réjouissait.

Ce fut un garçon qu'on prénomma Alexandre. À la clinique, les corbeilles et les bouquets de fleurs ne tardèrent pas à envahir la petite chambre de Solène.

– Vous êtes gâtée, ne cessaient de lui répéter les infirmières, un beau garçon, un bon mari, des parents et des amis qui vous adorent : vous avez de la chance !

– Oh oui ! répondait Solène, j'ai beaucoup de chance, c'est vrai.

Jérôme, qui avait tenu à assister à l'accouchement, ne quittait presque plus la clinique. Il était fou de son fils qu'il voulait toujours toucher malgré les consignes de Solène et des infirmières.

– Arrête un peu, tu vois bien qu'il dort ! Allez, va te reposer ! Ici, il n'y a pas de place pour un homme ! Alexandre n'a besoin que de femmes.

– Mais c'est mon fils autant que le tien. Pourquoi un homme ne pourrait-il s'en occuper, lui donner le biberon, changer ses couches... ?

– Je te prends au mot, lui rétorqua Solène en riant. On reparlera de tout ça dans un mois ou deux, quand il faudra que tu te lèves toutes les nuits pour nourrir ce petit monstre.

– Eh bien, je me lèverai, dit crânement Jérôme. Avec moi, il ne manquera jamais de rien.

– Viens m'embrasser, lui dit-elle, tu es complètement dingo et si notre fils te ressemble, on ne va pas s'ennuyer.

– Bien sûr qu'il me ressemble, c'est mon portrait tout craché n'en déplaise à belle-maman. En tout cas, tu es bien d'accord, ce n'est pas un Alric !

– Il n'a aucun trait commun avec mes parents, je

suis d'accord, mais il possède tout de même ma bouche et mon nez, ça tu ne peux pas le nier.

– Sans oublier tes doigts de pianiste, conclut Jérôme en embrassant sa femme tendrement.

À l'occasion du baptême, parents et amis se réunirent dans la cathédrale, puis le champagne coula à flots dans le grand salon des Alric pour célébrer l'événement, mais aussi le succès de Solène et de Jérôme à leurs examens. Ils nageaient dans le bonheur.

Anne-Marie Alric proposa à sa fille de venir s'installer chez eux, durant les grandes vacances.

– Tu pourras te reposer. Dolorès et moi prendrons soin de notre petit Alexandre.

Les jeunes époux acceptèrent. Ils avaient l'un et l'autre besoin de récupérer leurs forces et Solène manquait encore d'expérience pour s'occuper seule d'un bébé.

On installa l'enfant dans l'ancienne chambre de Solène. Pour Anne-Marie Alric, le doux souvenir de sa fille adoptive occupant le même berceau que celui d'Alexandre était vivace et la rajeunissait.

Et elle était très émue lorsque Dolorès lui parlait de son petit-fils, car ce mot avait pour elle une résonance magique.

*
**

Pour retrouver ses sœurs jumelles dont il n'avait plus de nouvelles depuis des années, Patrice pensa que le meilleur moyen était de contacter le juge des enfants de Briey qui avait ordonné leur placement.

Il se rendit donc au palais de justice, à l'endroit exact où il avait jadis forcé son destin et celui de ses sœurs. Il n'avait jamais pu effacer cet instant dramatique de sa mémoire et la démarche qu'il tentait aujourd'hui prenait un peu des allures d'exorcisme. Un greffier l'introduisit dans le bureau de Claire Dumonteil qui avait changé avec l'âge et portait quelques cheveux blancs. Mais elle avait toujours la même voix et surtout le même regard qui semblait fouiller le fond des âmes.

– Bonjour, Madame le juge, dit-il avec déférence, en s'efforçant de cacher son trouble.

– Bonjour, Patrice. Vous me permettez de vous appeler Patrice, n'est-ce pas ? Vous êtes un homme maintenant, mais j'ai encore le souvenir du petit garçon en culottes courtes qui n'osait pas frapper à ma porte...

– Peut-être aurait-il mieux valu que je ne frappe jamais à cette porte, dit Patrice sans agressivité mais avec beaucoup d'émotion.

– Ce qui est fait est fait, dit Claire Dumonteil, plus fataliste. Cela ne sert à rien de remâcher le passé. L'important c'est aujourd'hui, c'est demain. J'ai appris votre mariage avec Karine. Je m'en réjouis. Toutes mes félicitations.

– Merci, dit Patrice. Je viens vous voir, Madame le juge, car je désire savoir où se trouvent mes sœurs jumelles, Solène et Laura.

– Du temps a passé depuis votre séparation. Où sont-elles à l'heure qu'il est ? Je peux simplement vous dire que Laura a grandi à la DDASS de Metz, qu'elle a fait une fugue à Paris et a été recherchée, sur mes instructions, par la brigade de police des mineurs qui l'a retrouvée. Je l'ai maintenue ensuite au Bon Pasteur de Metz, où elle avait été placée par mes soins, et y a vécu jusqu'à sa majorité. Je sais qu'elle est maman d'une petite fille, mais à présent qu'elle est majeure, elle ne dépend plus de mon autorité. Je n'ai plus de nouvelles d'elle et son dossier a été archivé au tribunal.

– Et Solène ? demanda Patrice.

– Solène, c'est une autre histoire. Elle a fait l'objet d'une mesure d'adoption par un couple très honorable.

– Où se trouve-t-elle aujourd'hui ? Je veux dire, chez qui vit-elle ?

– Je n'ai pas le droit de vous en dire plus, répliqua le juge des enfants. Les gens qui l'ont adoptée lui ont donné leur nom. C'est leur fille désormais et je ne suis pas autorisée à divulguer ni leur identité ni leur adresse. Je suis tenue au secret professionnel, comprenez-vous. Je peux simplement vous affirmer qu'elle est très heureuse.

– Mais c'est ma sœur tout de même ! protesta Patrice. Elle a bien le droit de savoir que j'existe.

– Oui, c'est votre sœur, dit calmement Claire Dumonteil. Et je comprends parfaitement votre révolte, mais que puis-je faire ? Je suis assujettie de manière catégorique, par ma profession, aux exigences de la loi. La loi, c'est la loi ! Et mon premier devoir de juge, c'est de la respecter et de l'appliquer ! Je respecte donc le secret professionnel.

Patrice n'insista pas. Il réalisa qu'il avait une minuscule chance de revoir Laura mais, hélas, aucune en ce qui concernait Solène. Le juge des enfants comprenait son chagrin et comme pour l'aider et le consoler, elle ajouta :

– Vous devriez prendre contact avec le Bon Pasteur de Metz. Les religieuses vous diront peut-être où se trouve Laura.

Patrice hocha tristement la tête et prit respectueusement congé du juge. Karine l'attendait à la sortie du palais de justice. Elle le trouva dans un état d'anéantissement moral absolu.

– Je n'ai plus de famille, plus de racines, se lamentait-il.

Ils se rendirent dans un café où Karine l'écouta vider son cœur.

– Tout n'est peut-être pas perdu, lui dit-elle, Laura n'a pas totalement disparu. Si nous arrivons à la retrouver, ce sera déjà bien.

Le lendemain, Patrice alla au Bon Pasteur et demanda à rencontrer la directrice.

– Laura et sa fille Éva nous ont quittées depuis longtemps, lui dit-elle. Laura travaillait dans un salon de coiffure. Mais voilà plus d'un an que nous sommes sans nouvelles d'elle.

– Pouvez-vous me donner une piste, une adresse ?

– Je peux toujours vous donner l'adresse de son ancienne chambre et du salon de coiffure mais, comme elle a quitté son emploi, elle a peut-être aussi quitté la région.

Ce n'était pas vraiment la réponse que Patrice attendait à ses questions, toutefois il s'agissait tout de même de points de repères non négligeables. Il était fermement résolu à retrouver sa sœur, dût-il soulever des montagnes ou traverser des océans à la nage.

*
**

Comme chaque dimanche, Laura était allée voir son enfant chez sa nourrice.

Éva était devenue une douce et belle petite fille. Elle ressemblait beaucoup à sa maman et sa nourrice avait beaucoup d'affection pour elle.

Chaque retrouvaille de la mère et de l'enfant donnait lieu à des débordements de joie intense. Elles s'enlaçaient, s'embrassaient très fort. Laura apportait toujours un jouet et Éva, en contrepartie, lui offrait de magnifiques dessins très colorés. Elle était très habile de ses mains et, à l'école maternelle, étonnait la maîtresse par ses dons aussi bien en dessin qu'en musique.

– Elle passerait sa vie à écouter des chansons, dit la nourrice. C'est une petite fille adorable qui ne me donne jamais le moindre souci et fait l'admiration de tous.

– Merci de me dire tout cela, dit Laura, les larmes aux yeux. Vous ne pouvez pas savoir comme j'en suis heureuse.

Laura tendit à la nourrice une enveloppe contenant son salaire mensuel, puis elle emmena sa fille passer la journée avec elle. Elles se promenèrent, allèrent au restaurant. Éva racontait à sa mère toutes ses découvertes de la semaine. Elle semblait s'être habituée à ces rencontres hebdomadaires et y prenait goût. À la fin de la journée, en quittant sa fille, Laura avait le cœur serré.

Ce soir-là, elle prit le car comme d'habitude pour rentrer à Metz. Elle s'arrangeait toujours pour ne pas revenir trop tard car le dimanche est un bon jour pour les prostituées.

Elle monta dans sa chambre et changea son austère robe de sortie pour un corsage laissant apparaître ses seins et pour un short très court, mettant en relief ses longues jambes fines. Puis elle défit son chignon et laissa sa belle chevelure blonde tomber en boucles sur ses épaules.

*
**

Patrice avait choisi ce dimanche pour aller à Metz à la recherche de sa sœur. Il avait l'adresse de sa chambre et se rendit donc dans le quartier. Évidemment cette démarche ne manquait pas de soulever tout un tas de questions : vivait-elle toujours à cette adresse et, dans l'affirmative, comment allait-il l'aborder ? Devait-il tout lui raconter d'emblée ou fallait-il user de tact pour ne pas l'effaroucher ? Il s'apprêtait à lui faire des révélations tellement étonnantes sur ses origines qu'il valait peut-être mieux procéder par paliers pour amortir le choc...

Laura se tenait en bas de son immeuble, guettant le client, quand Patrice passa près d'elle.

– Tu montes, chéri, lui dit-elle en clignant de l'œil pour l'aguicher.

Patrice, trop absorbé par ses pensées, ne répondit pas. Ce fut à peine s'il prêta attention à cette prostituée qui appartenait simplement au décor de cette rue sordide au même titre que les lampadaires et les poubelles. Il s'engouffra dans l'entrée de l'immeuble sans même un regard pour Laura.

En gravissant les marches vétustes, il pensa que sa sœur ne devait pas être très fortunée pour vivre dans un tel endroit. Il grimpa les six étages et s'engagea dans un couloir étroit et sale. Il y avait quatre portes. Il frappa à chacune. La dernière seulement s'ouvrit. Il se trouva nez à nez avec une Portugaise.

– Je cherche Laura Martin, lui dit-il, savez-vous si elle habite ici ?

– Laura Martin ? Je ne vois pas... Ma voisine s'appelle Margot.

– Laura Martin, répéta distinctement Patrice, elle est coiffeuse.

– Il n'y a pas de coiffeuse ici. À part moi, et deux hommes en face, il y a cette Margot, une putain.

Patrice s'inquiéta. Il pensa que Laura avait déménagé. Il remercia la Portugaise et descendit voir la concierge dans sa loge.

– C'est dimanche, lui répondit-elle, je ne travaille pas aujourd'hui.

– Excusez-moi si j'insiste, dit Patrice, mais c'est très important. Je cherche Laura Martin, qui occupait une chambre de bonne, au sixième étage. Une Portugaise m'a dit qu'il n'y avait qu'une femme, Margot, et deux hommes dans les chambres de service. Savez-vous si Laura Martin a habité cet immeuble ?

– Vous êtes un client ? lui demanda la concierge.

– Un client ? Non, je suis son frère. Avez-vous sa nouvelle adresse ?

La concierge savait que Margot et Laura Martin ne formaient qu'une seule et même personne. Laura n'avait pu lui dissimuler sa véritable identité à cause du courrier qu'elle recevait sous son vrai nom.

– Son frère ? questionna la concierge avec suspicion. Elle n'a pas de famille.

– Ce serait trop long à vous expliquer, dit Patrice, donnez-moi simplement une adresse où je peux la joindre, je vous en serais très reconnaissant.

Son visage exprimait la bonne foi et il semblait réellement ennuyé. La concierge hésita à trahir le secret, puis se jeta à l'eau.

– Margot et Laura Martin... c'est la même personne.

Patrice demeura interdit. Il se souvenait brusquement de ce que la Portugaise lui avait dit quelques minutes auparavant, au sujet de Margot, mais son esprit ne parvenait pas à faire le lien avec sa sœur Laura. Une partie de son cerveau lui disait : « Ta sœur est donc une putain » et en même temps l'autre partie niait cette aberration. La concierge regrettait d'avoir parlé car elle mesurait, à la mine du jeune homme, l'ampleur du choc que ses aveux avaient suscité. Elle savait qu'il n'y avait que quelques mètres à faire pour rencontrer Laura qui tapinait devant l'entrée de l'immeuble, mais elle renonça à l'en informer.

– Elle n'est pas souvent chez elle, finit-elle par dire.

– Où puis-je la trouver ? demanda anxieusement Patrice.

– Je ne connais pas son territoire de chasse, dit la concierge, je me tiens le plus à l'écart possible de ces choses-là. C'est une maison bien, ici.

En sortant de l'immeuble, Patrice se souvint de la prostituée qui l'avait accosté auparavant et revint sur ses pas. Laura n'avait pas quitté son poste. En voyant revenir Patrice, elle crut qu'il avait changé d'avis.

– Bonsoir, mon cœur. Alors tu te décides enfin ?

– Je cherche quelqu'un, bredouilla Patrice, très mal à l'aise.

– Homme ou femme ?

– Femme, dit Patrice.

– Tu en as une devant toi, trésor.

– Celle que je cherche s'appelle Laura Martin.

Patrice la dévisageait tout en songeant à la petite fille blonde à qui il avait donné jadis le biberon.

– Comment as-tu dit ? demanda la prostituée.

– Laura Martin, articula Patrice, la gorge sèche.

– Je ne connais pas de Laura Martin, répondit la prostituée, visiblement troublée.

– Elle était coiffeuse et habitait dans cet immeuble, au sixième étage.

Laura était perplexe et méfiante. Qui était cet étranger qui connaissait sa véritable identité, son ancienne profession et qui la recherchait. Un flic ? Un proxénète ? Elle répéta avec aplomb :

– Je ne connais pas de Laura Martin.

– Pourtant on m'a dit qu'elle exerçait la même profession que vous sous le nom de Margot.

Laura ne put s'empêcher de sourire au vocable qualifiant son activité, lequel témoignait de la profonde délicatesse de son interlocuteur.

– Je ne connais pas de Margot non plus, se contenta-t-elle d'expliquer.

Patrice n'insista pas. Il ne voulait pas poursuivre ce dialogue qui le mettait profondément mal à l'aise. Il alla boire un café dans une brasserie, en face dudit immeuble. La tête lui tournait. En fait, son esprit n'était occupé que par une seule idée qu'il tentait vainement de chasser : ma sœur est une putain... Laura et Margot ne font qu'un... cette fille m'a menti... et si elle m'a menti, c'est que...

Force lui était de se rendre à l'évidence. Il mordit son poing et étouffa un cri. Maudit soit le jour où il était allé voir le juge des enfants. Si sa sœur aujourd'hui se prostituait, c'était à cause de lui. Son passé se remit à défiler à toute vitesse devant ses yeux et il prit conscience de toutes les conséquences désastreuses que son geste avait générées. Puis, soudain, il se ressaisit. De l'autre côté de la rue, un homme discutait avec la prostituée. Il les vit ensuite tous deux pénétrer dans l'immeuble d'où il était sorti bredouille quelques minutes plus tôt. Il régla en vitesse sa consommation et décida de les suivre. Il retourna dans l'immeuble, gravit les six étages à pas feutrés et, lorsqu'il les vit pénétrer dans la chambre que la Portugaise lui avait indiquée comme étant celle de Margot, il n'avait plus aucun doute...

Ma sœur est une putain. Ma sœur est une putain. Il n'avait que cette phrase à l'esprit dans le car qui le ramenait à Longwy. Il rentra chez lui et se coucha sans avoir le courage de parler à Karine de sa terrible découverte. Il lui dit simplement que Laura avait déménagé et qu'il n'avait pas pu obtenir sa nouvelle adresse.

*
**

Alexandre grandissait de son côté. C'était un petit garçon si sage, si docile qu'on se demandait parfois s'il était normal qu'un enfant de cet âge manifestât si peu d'énergie. Il ne se plaignait jamais de rien, pouvait passer des heures tout seul dans un coin à jouer avec ses petites voitures. Comme ses parents poursuivaient leurs études, il passait beaucoup de temps avec sa grand-mère Anne-Marie et Dolorès, sa gouvernante. Le jour de ses trois ans, on donna une petite fête chez les Alric où, bien sûr, furent conviés les parents de Jérôme. Alexandre, vêtu d'un petit costume bleu marine, avec une chemise blanche, se déplaçait au milieu des adultes sans avoir conscience que cette fête avait été organisée en son honneur.

Tout le monde avait pris place autour de la grande table où la porcelaine de Limoges s'harmonisait parfaitement avec le cristal Saint-Louis. Sur le piano blanc de Solène, de magnifiques roses jaunes garnissaient un vase chinois bleu. On sonna à la porte. Dolorès alla ouvrir et revint les bras chargés d'un superbe saint-honoré orné de bougies bleues. Les yeux d'Alexandre s'écarquillèrent de plaisir. Jérôme prit son fils dans ses bras et lui fit souffler les bougies. Anne-Marie Alric écrasa une larme. Par coquetterie, elle dit que c'était le champagne. Mais on savait qu'au fond d'elle-même, elle songeait au temps qui passe et au plaisir d'être grand-mère.

– Bon anniversaire ! lancèrent en chœur tous les convives.

Le docteur Alric se rapprocha de sa femme dont il avait perçu toute la secrète mélancolie et l'embrassa doucement dans le cou en un geste qui soudain ressuscita l'amoureux qu'il avait été naguère.

*
**

Patrice revint vite à la charge. Le dimanche suivant, il retourna à Metz et fit le guet devant l'immeuble où vivait cette prostituée qu'il identifiait à Laura. Quand celle-ci apparut avec sa robe de sortie, sobre et élégante, et son chignon un peu austère, Patrice crut qu'il s'agissait de quelqu'un d'autre, sans le moindre rapport avec cette créature aux seins apparents qui, la fois dernière, faisait le trottoir. Mais c'était bien la même femme, seulement métamorphosée, qui s'éloigna dans la rue aussi digne et respectable que ces gens qui vont à la messe.

Il la suivit jusqu'à la station d'autocars et la vit monter dans un bus assurant la liaison avec Briey. Il prit un ticket au guichet et monta par la porte arrière pour éviter qu'elle l'aperçoive. Le car démarra et roula une vingtaine de minutes à travers un paysage monotone et blafard. À une dizaine de kilomètres de Briey, il s'arrêta en rase campagne. Patrice vit la jeune femme descendre et s'engager dans un chemin bordé d'aubépines en fleur. Il la suivit jusqu'à un petit pavillon précédé d'un jardinet. Elle y entra et, au bout d'un quart d'heure environ, réapparut en tenant par la main une petite fille blonde. Toutes deux se dirigèrent à nouveau vers la route, du côté de l'arrêt d'autocars. Patrice poursuivait sa filature. Un bus arriva quelques minutes après, venant de Briey et se dirigeant vers Metz. La jeune femme fit signe au conducteur qui vint se garer à sa hauteur. Elle monta dans le car avec l'enfant. Patrice, surgissant d'un bosquet, en fit autant et eut la chance de trouver une place derrière le chauffeur. Ainsi la jeune femme ne pouvait voir que son dos.

Le car les laissa tous à la gare de Metz où Laura et Éva pénétrèrent. Elles s'installèrent dans la célèbre brasserie où on leur servit un petit déjeuner. En les observant, Patrice avait maintenant du mal à établir un lien entre la prostituée de la veille et cette gentille maman si distinguée qui ne savait qu'inventer pour plaire à son enfant. Ce qui le troublait par-dessus tout c'était la ressemblance de cette petite fille avec Laura enfant. Il croyait revoir sa sœur à trois ans et c'était bien la preuve que cette jeune femme était bien Laura. Le plus dur pour lui était d'entrer dans cette brasserie, de traverser la salle et de l'aborder. Comment s'y prendrait-il ? Et surtout, comment allait-elle réagir ? Soudain, mettant un terme à ses tergiversations, il poussa la porte à tambour, marcha vers elle et lui parla :

– Bonjour, madame, lui dit-il.

Laura leva la tête et le dévisagea avec contrariété.

– Encore vous ?... Vous cherchez toujours Laura Martin, c'est ça ?

– Oui.

– C'est une obsession. Je vous ai déjà dit que je ne la connaissais pas.

– Pourquoi mentez-vous ?

– Pourquoi me harcelez-vous ? Qu'est-ce que vous lui voulez à la fin à cette Laura Martin ?

– C'est ma sœur. Je suis Patrice Martin.

– Et après ? lança Laura encore plus inquiète. Vous seriez le pape, ce serait exactement la même chose. Je veux que vous nous laissiez déjeuner tranquillement, ma fille et moi.

– C'est votre fille ? Je m'en doutais. Elle vous ressemble, elle ressemble aussi à ma petite sœur.

– Décidément vous la voyez partout, vous êtes fou.

– Vous êtes Laura Martin, dit Patrice en enfonçant son regard dans celui de la jeune femme.

– Non, je n'ai pas de frère, je n'ai pas de famille, je vous le jure... Mes parents sont décédés. J'ai toujours été seule.

Patrice saisit une chaise et vint s'asseoir en face d'elle. Il adressa un sourire à la petite Éva qui mordillait un croissant en le regardant de ses grands yeux innocents.

– Je sais tout cela. Vous avez toujours été seule et pourtant je suis votre frère. Tenez, voici mes papiers d'identité... Lisez... Vous verrez bien que je ne mens pas...

Laura, de plus en plus craintive, saisit la carte et, après l'avoir parcourue des yeux, dévisagea longuement son interlocuteur.

– Et alors ? Nous portons le même nom, c'est tout ce que cela prouve. Des Martin, il y en a des milliers en France.

– Donne-moi ta main, lui dit-il.

Et comme elle ne réagissait pas, il lui saisit d'autorité le poignet droit.

– Tu vois cette petite cicatrice, là, c'est une brûlure avec un biberon quand tu avais un an. Veux-tu d'autres preuves ? Tu portes une tache brune sur l'épaule gauche, ta sœur a la même.

– Ma sœur ? balbutia Laura qui commençait à avoir chaud comme si elle allait se trouver mal.

Tout ce que venait d'affirmer Patrice était rigoureusement exact et cependant elle continuait à penser qu'elle était en face d'un fou ou d'un mythomane qui se faisait son cinéma.

– Nos parents sont décédés, lui dit-il, et nous avons été placés tous les trois dans différents endroits par le juge des enfants de Briey. Tu étais à la DDASS, moi dans des centres, puis dans une famille d'accueil. Quant à Solène...

– Solène ? balbutia Laura qui commençait à entrevoir un semblant de raison et de logique dans le discours de Patrice.

– Ta sœur jumelle, dit Patrice.

– Attendez, attendez, dit Laura dont le cerveau ne fonctionnait pas assez vite pour engranger cette foule de faits extravagants, vous dites que j'ai une sœur jumelle ?

– Oui, dit Patrice.

– Dans ce cas, allez la chercher et je vous croirai.

– Je ne peux pas faire ça, dit Patrice. Solène a été adoptée par des gens. C'est le juge des enfants de Briey qui me l'a dit. Ce juge a refusé de me révéler leur identité.

– Le juge de Briey ? questionna Laura à nouveau gagnée par la méfiance.

Patrice hocha la tête dans un sens affirmatif.

– Et ma sœur ? Elle est comme moi, je suppose, elle ignore tout ?

– Oui, dit Patrice.

– Voyons, dit Laura qui peu à peu se familiarisait avec cette histoire abracadabrante, pourquoi avez-vous attendu tant d'années avant de me rechercher ?

– J'ai eu beaucoup de problèmes, dit Patrice. Un jour, je te raconterai ma vie plus en détail. Disons que je viens de sortir du tunnel et que c'est seulement maintenant que je peux entreprendre des recherches.

– C'est bon, dit Laura, je vous ai écouté. Maintenant à vous d'ouvrir grandes vos oreilles : je ne sais pas qui vous êtes ni ce que vous me voulez. Je sais simplement que je désire qu'on me fiche la paix. J'ai payé très cher le droit de ne plus être ennuyée. Que je possède dix frères et sœurs aux quatre coins du monde ne pourra rien changer à ma vie. J'ai appris à me débrouiller seule et je désire continuer sans l'aide de personne. Voilà.. Pour le reste, bon vent.

Elle se leva, prit son enfant par la main et partit sans saluer Patrice qui eut seulement le temps de lui crier son adresse à Longwy.

*
**

En fin d'après-midi, Laura raccompagna Éva chez sa nourrice.

Dans le car qui la ramenait à Metz, elle ne cessait de penser à cet homme qui avait déboulé dans sa vie, en prétendant être son frère. C'était impossible. Elle n'avait jamais entendu quiconque à la DDASS lui parler d'un frère et d'une sœur jumelle. Si elle n'était pas fille unique, on le lui aurait dit de la même manière qu'on lui avait dit que ses parents étaient décédés. D'un autre côté, cet homme avait l'air sincère et honnête. Son histoire de juge des enfants tenait debout. Pourquoi aurait-il inventé une chose pareille ? Peut-être la confondait-il avec une autre ? Mais la cicatrice au poignet et la tache brune sur l'épaule ? D'où tenait-il ces informations ?

Laura rentra chez elle, en proie à un immense doute. Et puis soudain, dans la nuit, elle prit une décision. Le lendemain, très tôt, elle se rendit à la DDASS d'où elle s'était enfuie des années plus tôt.

– Je suis venue vous demander un renseignement, dit-elle à la responsable du service administratif. Je suis Laura Martin. J'ai vécu ici jusqu'à l'âge de dix-sept ans. Mes parents sont morts quand j'avais deux ans. C'est ce qui m'a été raconté lorsque je vivais chez vous. Mais pouvez-vous me dire si j'ai un frère et une sœur ?

– Voyons, dit la responsable, je vais sortir votre dossier des archives.

Quelques instants plus tard, le dossier en main, elle enchaîna :

– Vous avez été placée ici en vertu d'une ordonnance du juge des enfants de Briey à une époque où vos parents étaient encore vivants. Nous avons été avisés de leur décès par le même juge postérieurement, soit environ un an après votre placement.

– Comment cela ? Mes parents m'auraient abandonnée... Je ne comprends pas...

– Non, vos parents avaient des problèmes, mademoiselle Martin.

– Et alors... Pourquoi j'ai été placée chez vous ? Savez-vous si j'ai un frère et une sœur ?

– Votre dossier ne répond pas à ces questions. Si vous avez un frère et une sœur et s'ils ont été placés, à la même époque, dans une autre institution, il serait intéressant que vous preniez contact avec le juge des enfants de Briey. Lui seul pourra vous renseigner utilement. Mais attendez un instant, je vais tout de même consulter le fichier central.

Elle revint un quart d'heure plus tard et le sourire aux lèvres, déclara :

– En effet, il y a trace d'une ordonnance de placement dans notre établissement, à peu près à la même époque, d'un certain Patrice Martin. C'est tout ce que je sais.

Laura sortit de la DDASS très intriguée et prit immédiatement un car pour Briey. Elle se rendit directement au palais de justice et demanda à voir le juge des enfants. C'était très urgent. Claire Dumonteil la reçut sans difficulté dans son bureau.

– Bonjour, madame... Je suis Laura Martin... Vous me connaissez ?

En guise de réponse, Claire Dumonteil lui sourit et lui fit signe de s'asseoir.

– Oui, bien sûr, je me souviens de vous, lui dit-elle. Vous m'avez créé beaucoup de soucis lors de votre fugue de la DDASS. C'est moi qui vous ai placée au Bon Pasteur de Metz...

Laura l'interrompit :

– Savez-vous qui est Patrice Martin ?

Le juge hocha la tête.

– Alors il n'a pas menti, s'exclama Laura dont le cœur battait très vite.

– C'est bien votre frère. Il est passé me voir il y a quelque temps. Il vous cherchait.

– Mon dieu, dit Laura, c'est donc vrai.

– J'ai été dans l'obligation de vous extraire de votre foyer familial alors que vous n'étiez qu'un bébé. Votre mère buvait, votre père travaillait sur des chantiers éloignés, votre vie était en danger.

Laura l'écoutait stupéfaite.

– Patrice Martin, je veux dire mon frère, m'a parlé aussi d'une sœur jumelle ?

– C'est exact. Elle se prénomme Solène. Elle a fait l'objet d'une mesure d'adoption.

– Mais c'est épouvantable ce que vous me dites là ! Nous étions deux sœurs jumelles et vous avez ordonné qu'on nous sépare ?

– Je n'ai rien ordonné, les choses se sont faites malheureusement d'elles-mêmes, après vos placements respectifs. Sachez que nous manquons énormément de moyens et que la tâche d'un juge des enfants, pour réunir une fratrie dans une même unité, est compliquée, surtout lorsque chaque enfant présente, comme ce fut le cas pour vous trois, un placement spécifique, adapté soit à son état de santé, soit à son psychisme. Je ne pouvais m'abstenir d'en tenir compte.

– Je ne comprends pas, dit Laura, non, je ne comprends pas comment la justice peut se livrer à une telle cruauté.

Claire Dumonteil répliqua :

– Je pense que vous n'avez pas saisi la difficulté. Je vais être plus précise. Comme je vous l'ai déjà dit, votre vie et celle de votre sœur étaient en péril. Sur mes instructions, vous avez été hospitalisées. Vous étiez plus vigoureuse que votre sœur. Vous avez donc quitté l'hôpital plus tôt et je vous ai placée à la DDASS. En raison de son état, Solène n'a pas pu vous suivre. Elle a dû être admise dans un centre de convalescence, La Charmerie. Il fallait pourvoir, au coup par coup, à chaque situation, sans états d'âme et sans moyens. Le budget de la justice est maigre et les places pour les mineurs, dans des établissements spécialisés, sont rares !

« À la sortie de La Charmerie, j'espérais placer Solène avec vous, à la DDASS, mais vos parents sont décédés. La demande de son adoption, par un couple honorable, a été retenue par mes collègues du tribunal de grande instance qui ont estimé que c'était un bien pour elle. Malgré mon souhait de ne pas vous séparer, les événements se sont enchaînés, sans que je puisse les maîtriser.

– Cette sœur, Solène, où puis-je la rencontrer ? dit Laura en se ressaisissant.

– Je ne peux vous en dire davantage à son sujet. Je suis liée par le secret professionnel. Mais parlons de vous, Laura. De quoi vivez-vous ? Et comment va votre fille ?

– Je travaille dans un salon de coiffure et j'ai confié ma fille, Éva, à une nourrice.

Elle prit congé du juge des enfants en suffoquant. Une foule de pensées et de sentiments contradictoires l'assaillaient. Elle marchait à grands pas dans la rue, en ouvrant la bouche pour chercher son air. Elle en voulait à ses parents, à ce juge, au destin. Et en même temps, elle était heureuse d'avoir un frère et une sœur, une famille. Elle découvrait qu'il existait sur la terre une personne qui avait le même visage qu'elle, le même corps, le même grain de voix peut-être... C'était effrayant et magnifique ! Elle voulait la voir, la toucher. Laura voulait coûte que coûte retrouver Solène.

*
**

Laura se souvenait que Patrice habitait Longwy. Elle rechercha son adresse dans un annuaire. Vers dix-huit heures, on sonna chez les Martin. Karine alla ouvrir. Une femme se tenait dans l'ombre, en face d'elle.

– Je désire voir Patrice Martin.

– Mon mari n'est pas encore rentré de son travail. C'est à quel sujet ?

– Je suis Laura Martin.

– Oh ! vous êtes la bienvenue, dit aussitôt Karine en l'invitant chaleureusement à entrer chez elle. Quelle joie de vous revoir ! Patrice ne devrait plus tarder. Est-ce que je peux vous offrir quelque chose : un café ? Un apéritif ?

Laura pénétra dans l'appartement de son frère un peu gênée, l'air maladroit. À présent c'était à son tour de débouler dans la vie des autres, sans prévenir. Mais l'accueil familier de Karine, les efforts qu'elle faisait pour la mettre à l'aise, prouvaient qu'elle n'était pas une inconnue.

– Asseyez-vous, Laura. En fait, le mieux serait que l'on se tutoie, non ? Je m'appelle Karine. Tu ne te souviens pas de moi, mais je t'ai connue quand tu étais bébé. Mes parents habitaient la maison voisine de celle de tes parents. J'étais la petite copine de ton frère. Aujourd'hui, je suis sa femme.

Tout cela fut dit avec une telle candeur et un tel sourire que Laura se sentit d'emblée en confiance avec cette belle-sœur qu'elle venait de découvrir.

Karine revint de la cuisine avec des verres et une bouteille de jus d'orange. Elle servit Laura et se servit elle-même, puis elle proposa de trinquer à leurs retrouvailles. À cet instant la porte d'entrée s'ouvrit : c'était Patrice. Il pénétra dans le séjour et devint tout pâle en découvrant Laura, assise dans un fauteuil, en grande conversation avec sa femme.

– Tu es là, balbutia-t-il.

– Je crois que je vais lui servir un cognac, dit Karine en clignant de l'œil à Laura.

– J'ai vu le juge des enfants, dit Laura. Elle m'a tout raconté.

– Tu ne doutes plus que tu es ma sœur, dit Patrice, très ému.

– Non, il faut seulement que je m'y habitue...

Sa gorge se serra, Patrice n'arrivait plus à parler. Un silence lourd s'installa. Consciente qu'elle avait un rôle à jouer, Karine les attira l'un vers l'autre.

– Embrassez-vous, dit-elle.

Ce n'était pas facile. Autant demander à deux inconnus dans la rue de s'étreindre fraternellement. Mais l'élan du cœur chez Patrice était si fort qu'il balaya les dernières résistances de Laura. L'attirant contre lui, il la serra de toutes ses forces en pleurant. La jeune femme, pleurant elle aussi, s'abandonna dans ses bras.

Ils restèrent un long moment, blottis, serrés, sans pouvoir parler. Ce fut Karine qui finalement les aida à reprendre pied dans la réalité.

– Patrice m'a dit que tu avais une petite fille... Comment s'appelle-t-elle ?

– Éva, dit Laura en s'essuyant les yeux. Et vous, vous n'avez pas d'enfants ?

– Pas encore, dit Patrice en souriant tendrement à Karine.

– Tu vas rester dîner avec nous, dit Karine, j'ai fait un hachis Parmentier.

– Je ne veux pas vous déranger.

– Nous sommes ta famille, tu comprends ça, dit Patrice avec véhémence, tu es ici chez toi !

Laura dîna chez son frère et, comme il était trop tard pour prendre un car, elle passa la nuit chez lui.

Au cours du petit déjeuner, après les vives émotions de la veille, chacun raconta sa vie tout en laissant traîner quelques zones d'ombres. Karine s'abstint de parler de son problème d'inceste, Patrice glissa sur son incarcération, quant à Laura, elle passa sous silence le viol dont elle fut victime et la prostitution. On s'embrassa et on se quitta en se promettant de se revoir le dimanche suivant.

*
**

Perdre un membre de sa famille provoque un choc incommensurable. C'est une mutilation. Mais retrouver un être proche dont on a toujours ignoré l'existence génère aussi un choc, même s'il est de nature différente. Il faut un temps d'adaptation. Chaque dimanche, Laura prit l'habitude de venir chez son frère, avec Éva. Au début ils parlaient peu, se contentant de jouir du bonheur d'être ensemble et de savourer l'instant présent. Cependant Patrice ne cessait de se faire du souci pour sa sœur qui se prostituait. Par pudeur, il n'évoquait jamais cet aspect de sa vie. De son côté, Laura avait honte lorsqu'elle se souvenait qu'elle avait d'abord traité Patrice comme un vulgaire client. À l'idée qu'elle avait failli coucher avec son frère, un gros malaise s'emparait d'elle. Pourtant, un jour, Patrice estima qu'il ne pouvait plus occulter ce sujet. Il n'ignorait pas que ce faisant, il risquait peut-être de perdre à nouveau Laura. Mais il était décidé à prendre ce risque, conscient que sans une franche explication, il ne pourrait jamais aider sa sœur à retrouver une vie normale.

Comme chaque dimanche, Karine prépara le gigot et, pendant qu'elle épluchait des pommes de terre, elle suggéra à Patrice et Laura d'emmener Éva au parc. Le frère et la sœur s'assirent sur un banc alors que la fillette jouait dans un carré de sable. Ils demeurèrent un moment silencieux, puis Patrice engagea le dialogue :

– Laura, je n'ose pas te parler... Je voudrais te dire, oui... voilà... Tout au long de la semaine, à longueur de journée, je pense à toi, à ce que tu fais et j'en souffre pour toi.

Honteuse et résignée, Laura répondit.

– Je ne peux pas faire autrement.

– Tu te trompes, il existe sûrement d'autres solutions. Reprendre ton métier de coiffeuse par exemple.

– J'y ai déjà songé, dit Laura, mais je ne veux pas.

– Pourquoi ? Ce serait toujours mieux que...

Il n'alla pas au bout de sa phrase.

– Je ne suis pas coiffeuse, dit-elle, je n'ai jamais passé le certificat d'aptitude professionnelle. Je ne suis qu'une simple apprentie et tu sais ce que gagne une apprentie, de nos jours ? Rien qui permette d'élever décemment un enfant...

– Je peux sûrement t'aider, dit Patrice, je vais parler de ton cas à mon patron. Il connaît du monde. Il te trouvera peut-être un emploi !

– Je ne sais rien faire et je veux donner à ma fille de l'instruction. J'ai trop souffert moi-même de mon ignorance.

– Tu m'as mal compris, Éva restera chez sa nourrice, et plus tard, tu pourras lui payer ses études, répliqua Patrice.

– Je ne gagnerai jamais assez d'argent pour élever ma fille comme je le souhaite. Je veux lui offrir tout ce que je n'ai pas eu. Oui, elle fera des études et sera médecin ou avocat. Elle ne connaîtra pas la misère et l'échec comme moi.

Patrice n'insista pas. Il comprit qu'il valait mieux, pour l'instant, laisser le problème en suspens. Il se rassura, en espérant que la vie y apporterait elle-même une solution.

III

Le choc

Jérôme et Solène travaillaient tous deux à l'hôpital de Nancy. Jérôme était chirurgien et Solène, médecin anesthésiste. Une jeune victime de la route venait d'être amenée en hélicoptère pour être opérée d'urgence. Jérôme se brossait les mains sous le robinet, lorsque Solène arriva. Ils passèrent sans tarder dans le bloc opératoire où assistants et infirmières les attendaient. L'intervention dura deux heures. Un masque sur le visage, Jérôme officiait avec assurance. Solène surveillait les effets de l'anesthésie qu'elle avait pratiquée et de la sueur perlait sur son front. Le danger écarté, ils sortirent du bloc exténués mais heureux.

Ils se retirèrent dans le bureau de Jérôme où une infirmière leur apporta du café dans des gobelets en plastique. Aucun accroc n'était survenu dans le couple depuis leur mariage célébré vingt et un ans plus tôt. Le fait d'exercer leur activité dans le même service, loin de distendre leurs liens, les avait au contraire resserrés. Ils partageaient tout, les bons et les mauvais moments, avec la même complicité.

Solène ignorait que, bien des années auparavant, souffrant de malnutrition, elle avait effectué un séjour dans ce même hôpital. Elle était passée maintes fois devant la chambre 208 où elle avait été placée en observation. Dans cet établissement où le hasard avait voulu qu'elle retourne pour y exercer sa profession, personne ne se souvenait d'elle, pas même les infirmières qui l'avaient soignée et qui étaient encore à leur poste. Ayant bu son café, Solène pressa son mari :

– Nous devons partir tout de suite, le notaire nous attend.

Ils devaient signer ensemble l'achat d'un bel appartement situé en bordure du square où logeaient les époux Alric. Le vendeur qui prenait sa retraite à Menton leur remit officiellement les clefs. Quelques minutes plus tard, ils arpentaient les pièces vides de leur nouveau logis en faisant des projets d'ameublement. Dans la somptueuse réception, on pensait installer le piano de Solène qui envisageait toujours de refaire de la musique. Jérôme aurait son bureau et un billard : chacun son jardin secret. La chambre d'Alexandre était suffisamment vaste pour contenir tout son matériel : c'était un passionné d'électronique et d'informatique. Des pas dans l'escalier annoncèrent sa venue. Ses grands-parents Alric l'accompagnaient.

Alexandre était un grand et beau jeune homme de vingt ans, d'allure aristocratique. Il prit immédiatement possession de son domaine, décrétant qu'il souhaitait l'aménager tout seul, à son goût. C'était un garçon à l'esprit très indépendant, qui savait toujours parfaitement ce qu'il voulait. Hormis quelques maladies bénignes de l'enfance, il n'avait jamais donné le moindre souci à ses parents. Le seul défaut d'Alexandre, disait souvent sa grand-mère Anne-

Marie en le couvant du regard, c'est qu'il n'a que des qualités.

Pour fêter l'achat de cet appartement, ils allèrent tous dîner au restaurant.

*
**

Vingt ans plus tard, malgré les prières de Patrice, Laura continuait à assurer son existence et celle de sa fille en se livrant à la prostitution. C'était, selon elle, l'unique moyen de mettre Éva à l'abri du besoin. Une sorte de garde-fou ! Patrice s'était tristement résigné et fermait les yeux sur cette déviance. Il continuait à accueillir sa sœur et sa nièce chaque dimanche et pour rien au monde il n'eût risqué de casser ce rituel qui lui restituait pleinement ce qui lui avait tant manqué depuis toujours : une famille heureuse et unie. De plus, Patrice avait une totale adoration pour Éva qui était devenue une grande et jolie jeune fille. Jusqu'à l'âge de dix ans, elle était restée chez sa nourrice, puis sa mère l'avait inscrite au lycée de Nancy comme pensionnaire. Éva continuait à ignorer la vie secrète de sa mère qui semblait avoir fait du mensonge sa règle de conduite :

– Le prêt-à-porter féminin rapporte, je gagne bien ma vie, lui disait-elle, dis-moi ce que tu veux, je te l'achèterai...

Éva ne manquait de rien, elle avait tout, le nécessaire et le superflu. Son oncle aurait souhaité un peu moins de faiblesse, car il craignait que trop de facilité ne lui jouât des tours par la suite. Mais, devant sa nièce, il n'arrivait pas, lui non plus, à se maîtriser et il la comblait de cadeaux.

Après avoir obtenu de justesse son baccalauréat,

Éva passa le concours d'entrée à l'école d'infirmières. Le jour du dernier examen, l'inquiétude était vive chez Patrice qui attendait les résultats avec Laura et Karine. Les deux femmes se tenaient assises et tentaient, pour tromper l'angoisse, de faire des réussites. Lui tournait en rond comme un ours en cage. Au fil du temps, il s'était transformé en un véritable *pater familias* pour qui seule comptait la destinée des Martin. Tout à coup la sonnerie du téléphone retentit. D'un bond, Patrice se porta aux nouvelles et à son air jubilatoire, Laura et Karine comprirent qu'Éva était reçue. Elle les appelait de Nancy où elle allait faire la fête toute la nuit.

– Surtout, pas d'imprudences ! lui dit Patrice qui parlait déjà comme un vieux barbon.

Il passa l'appareil à Laura qui, les larmes aux yeux, félicita sa fille. Enfin elle la tenait sa victoire. Grâce à elle, Éva mènerait une vie normale. C'était suffisant pour oublier tous les malheurs et toutes les humiliations qu'elle avait dû subir. Suffisant pour pouvoir penser aujourd'hui en son for intérieur : j'ai réussi ! Seulement, les études coûtent cher, et il n'était pas question que Laura abandonnât son mètre carré de trottoir. Si pour Éva c'était le paradis, pour elle l'enfer continuait. Comme s'il lisait dans sa pensée, Patrice lui proposa de financer une partie de l'appartement qu'elle venait d'acheter à Nancy pour être plus proche de sa fille.

– Oui, dit Karine qui savait quel sacrifice une telle dépense représentait pour son mari, on se serrera un peu la ceinture, c'est tout.

Une fois de plus, Laura rejeta l'aide qu'ils voulaient lui apporter. Sa fierté naturelle n'admettait aucune ingérence de sa famille dans la gestion de ses affaires. Elle entendait assumer jusqu'au bout sa triste condition.

– Elle est têtue comme un âne, dit Patrice le soir en rejoignant Karine au lit.

– Tu es aussi têtu qu'elle, répliqua avec douceur Karine, d'ailleurs tous les ânes s'appellent Martin !

*
**

En rentrant chez eux, après l'hôpital, Solène et Jérôme trouvèrent leur fils, Alexandre, en train de jouer du piano.

– Je me décontracte un peu avant l'épreuve, dit-il.

– Tout va bien se passer, l'encouragea Solène.

– Il faut partir, c'est l'heure, dit Jérôme.

L'amphithéâtre de la faculté de médecine était comble : les amis d'Alexandre, ses professeurs, ses parents et ses grands-parents s'y entassaient. Dans la bibliothèque, un traiteur et ses aides garnissaient un buffet commandé par Solène. Il est d'usage, après la soutenance d'une thèse de doctorat, de sabler le champagne.

Alexandre était très tendu. Il devait lire devant une trentaine de personnes un exposé qu'il avait rédigé sur les conseils et sous la surveillance de son professeur. Après avoir remercié l'assistance de son amical soutien, il commença d'une voix claire sa lecture. Ses parents étaient très émus, ayant subi avec succès la même épreuve quelques années plus tôt, dans ce même amphithéâtre. Mais la plus bouleversée était sans conteste Anne-Marie Alric. Sa fille adoptive lui avait déjà apporté tant de satisfactions qu'elle trouvait miraculeux que son petit-fils pût lui en donner autant, sinon plus. Elle l'adorait, le chérissait, rêvait pour lui d'une réussite mirobolante.

Une heure et demie plus tard, des applaudissements jaillirent de tous côtés. Alexandre remercia puis salua à nouveau ses invités, et tout le monde passa dans la bibliothèque pour y boire la coupe de l'amitié et du succès.

– Quand partez-vous faire votre service national ? demanda un professeur

– À la fin du mois, répondit Alexandre. J'ai obtenu l'assurance d'être enrôlé à l'hôpital de Nancy, dans le service de pédiatrie.

*
**

– Maman, je viens de recevoir une lettre du ministère de la Santé. Je suis affectée comme infirmière à l'hôpital de Nancy, comme je l'avais souhaité.

Il n'était que onze heures du matin, mais Laura décida d'ouvrir une bouteille pour fêter le recrutement de sa fille.

Aussitôt, Laura téléphona la bonne nouvelle à Patrice.

– C'est formidable, s'exclama-t-il, Karine et moi devons faire des courses à Nancy. On pourrait se voir chez toi vers dix-sept heures ?

Rendez-vous fut pris. Laura et Éva passèrent leur après-midi à faire des achats de blouses blanches et autres accessoires spécialement adaptés au métier d'infirmière.

C'était un samedi après-midi, les rues débordaient de monde et Laura craignait de rencontrer un client lorsqu'elle sortait avec sa fille. Elle adoptait toujours dans ce cas une tenue de camouflage : lunettes noires, tailleur strict, chapeau qui la rendait totalement « rétro » aux yeux d'Éva. « Pourquoi ne pas t'habiller jeune, maman ? lui disait-elle, on dirait que tu prends un malin plaisir à te vieillir ! »

La pauvre enfant, si elle avait pu soupçonner ce que dissimulaient tant d'artifices... Elle avait de sa mère l'image d'une femme rangée, trop sévère, sans un gramme de fantaisie. Elle l'encourageait à sortir de sa coquille, à s'ouvrir au monde... Elle l'encourageait aussi à se trouver un homme ce qui, vu sa splendide quarantaine, ne paraissait pas utopique. Chaque fois qu'elles sortaient toutes les deux, leurs conversations prenaient un tour à la fois intime et complice qui les rendait plus proches.

Quand, pour la première fois, Éva lui avait demandé qui était son père, Laura avait répondu qu'il était mort un an après sa naissance. Il s'était noyé au cours d'une partie de pêche. Du reste, Patrice et elle avaient décidé de cacher leur passé à Éva pour ne pas la traumatiser et la perturber pendant ses études. Éva ne posa plus jamais de questions sur ce père disparu mais en revanche elle ne cessait de pousser sa mère à se trouver un compagnon. En pensant à l'impressionnant cortège de « compagnons » qu'elle avait trouvés dans la rue, durant ses chasses, Laura était partagée entre le rire et la nausée. Elle se disait qu'elle emporterait son secret dans sa tombe.

À dix-sept heures, elles se hâtèrent de regagner leur nouvel appartement pour recevoir Patrice et Karine. Celle-ci avait apporté une magnifique tarte aux pommes. Elle semblait heureuse mais curieusement fatiguée. Patrice semblait préoccupé. Ils venaient rarement à Nancy et Laura finit par leur demander l'objet de leur visite.

– Nous sommes venus voir un spécialiste pour Karine, dit Patrice. Notre médecin de Longwy a insisté pour qu'elle fasse une mammographie.

– Une mammographie ? Rien de grave ? demanda Éva.

– Eh bien, dit Patrice, hésitant à leur révéler la vérité, Karine...

– J'ai une petite tumeur au sein droit, acheva Karine. Il faut l'extraire. Je dois subir une intervention chirurgicale à l'hôpital de Nancy.

Les visages de Laura et d'Éva se tendirent sous le choc de cette révélation.

– Voyons, dit Éva, une tumeur n'est pas forcément maligne.

– Oui, dit Karine, seule une analyse après l'ablation permettra de dire si...

Le mot cancer ne fut pas prononcé. L'ambiance de fête s'était changée en un climat lourd, oppressant. On se força à boire du cidre. La tarte aux pommes resta dans l'assiette.

*
**

Alexandre travaillait à l'hôpital de Nancy dans le service de pédiatrie qu'avait dirigé son grand-père, le docteur Pierre Alric. Il avait la passion des enfants et souhaitait consacrer sa vie à les soigner. Comme chaque mercredi vers dix heures, il accompagnait le patron dans sa visite hebdomadaire. La surveillante en chef ainsi que l'interne de garde les assistaient. Tous les bambins les accueillaient avec le sourire. Les moins diminués se mettaient debout, les mains agrippées aux barrières métalliques de leur lit. Les plus malades restaient allongés, leurs grands yeux fixant avec espoir ces hommes en blanc qui les examinaient.

– Leucémie, lâcha froidement le patron en désignant un petit garçon de cinq ans environ, très pâle, assis dans son lit, l'air épuisé.

– Comment vas-tu, mon poussin ? lui dit la surveillante avec douceur.

L'enfant se raccrocha à son nounours, surpris de voir tant de monde autour de lui.

– C'est mieux, dit le patron après l'avoir ausculté, continuez le traitement, ajouta-t-il.

Sans perdre de temps et gardant toute sa concentration, il s'approcha d'une fillette de quatre ans, atteinte d'une pneumonie.

– Stoppez les antibiotiques, dit-il, mais surveillez la température.

Tant d'années d'études pour aboutir à ces petites phrases sèches et coupantes, pensait Alexandre. Et pourtant, ces petites phrases, prononcées à bon escient, fruit d'une longue expérience, pouvaient sauver des vies humaines. Alexandre ne pouvait voir un enfant malade ou mourant sans penser à une injustice du ciel. Il ne savait pas trop ce que signifiait l'expression « injustice du ciel » mais c'était celle qui lui venait à l'esprit devant tous ces gamins malheureux.

– Ne soyez pas trop sensible, lui conseilla le patron, nous ne sommes ni des saints, ni des prestidigitateurs, mais des scientifiques et la science a ses limites !

La visite terminée, Alexandre se dirigea vers son

bureau. Il remontait la galerie en se remémorant les paroles du patron lorsqu'une surveillante l'interpella.

– Docteur Ledoux, dit-elle en pressant le pas derrière lui.

– Oui, madame Duval ? répondit-il avec son plus courtois sourire.

– Je désire vous présenter mademoiselle Martin, infirmière, qui vient d'être affectée dans notre service.

– Enchanté de vous connaître, mademoiselle Martin. Si vous aimez les enfants, vous aimerez travailler ici.

– Je ne sais pas encore, répondit timidement Éva, c'est mon premier poste.

– Moi aussi, je viens d'arriver, dit Alexandre.

La présentation fut brève. Chacun reprit son chemin. Alexandre se rendit à son bureau et Éva poursuivit ses contacts dans le service.

*
**

Patrice saisit la petite valise de Karine et tous deux partirent en car à l'hôpital de Nancy. Éva les accueillit et les conduisit dans le service de chirurgie que dirigeait Jérôme, le mari de Solène.

– Je vous présente ma tante, dit Éva à la surveillante.

– Nous allons prendre soin d'elle. Venez, madame, nous allons déposer votre valise dans la chambre 404, et ensuite nous constituerons votre dossier.

Éva et Patrice accompagnèrent Karine jusqu'à sa chambre, puis, les formalités administratives accomplies, un interne vint les rejoindre pour compléter un dossier. Ce fut ensuite le tour d'un anesthésiste qui posa quelques questions avant l'opération.

Solène qui bénéficiait de plusieurs jours de récupération, était absente ce jour-là.

L'angoisse pétrifiait Patrice. Il craignait le pire et son entretien avec Jérôme, la semaine précédente, ne l'invitait guère à l'optimisme. Ce dernier refusait de se prononcer avant l'extraction de la tumeur et son analyse.

– Elle est ce que j'ai de plus cher au monde avec ta mère et toi, ne cessait-il de répéter à Éva.

– Ne t'inquiète pas, tout va bien se passer, s'efforçait de le rassurer sa nièce.

– Pourquoi le destin s'acharne-t-il ainsi sur nous ? se lamentait-il. J'avais enfin trouvé le bonheur, l'équilibre. Qu'ai-je fait au ciel pour mériter tout ça ?

Éva l'écoutait en silence. Elle se sentait impuissante face à sa détresse.

Il devait retourner à son travail. Éva lui promit de passer voir Karine chaque fois que son emploi du temps le lui permettrait. Elle rejoignit son service, fit quelques piqûres, administra des médicaments à ses petits patients, puis gagna la cafétéria pour déjeuner. Après avoir garni son plateau, elle alla s'asseoir seule, devant une fenêtre. Elle venait à peine de s'installer qu'un beau jeune homme en blouse blanche l'aborda. C'était Alexandre, avec son plateau.

– Vous permettez que je m'asseye ici ? demanda-t-il.

– Je vous en prie, docteur !

– Alors, comment allez-vous depuis hier, mademoiselle Martin ?

– Très bien, docteur, répondit Éva, intimidée mais ravie d'avoir la compagnie de ce beau médecin.

– Le service vous plaît-il ?

– Beaucoup, dit Éva, j'ai l'impression d'être retournée au jardin d'enfants. Le seul ennui c'est que tous ces charmants petits sont malades.

– Mais nous sommes là pour les guérir, dit Alexandre, et, pour ma part, je ne connais pas de plus belle tâche. Voyez-vous, ajouta-t-il en poursuivant sa profession de foi, nous autres médecins et infirmières possédons un pouvoir formidable. J'aimerais aller exercer ce pouvoir partout où des enfants souffrent : en Inde, en Afrique, devenir une sorte de missionnaire de la pédiatrie.

Éva l'écoutait, comme fascinée. Elle partageait pleinement ses idées. Une étrange connivence naissait entre ces deux jeunes gens qui ne se connaissaient presque pas.

Chacun avait dans son plateau un éclair au chocolat.

– Gourmande, mademoiselle Martin ?

– À peu près autant que vous, docteur.

Ils éclatèrent de rire.

*
**

Le lendemain de l'intervention chirurgicale, couchée dans son lit d'hôpital, Karine subissait une perfusion intraveineuse. Elle était pâle, diminuée et psychologiquement durement atteinte. Assis à son chevet, Patrice ne lâchait pas sa main. Ils auraient pu rester ainsi des heures, sans échanger un mot, leurs regards reflétant l'amour et la tendresse.

Laura, accompagnée d'Éva, entra avec un bouquet

de roses. Elle avait mis des vêtements gais. Elle souriait. Par cette attitude résolument confiante sans doute souhaitait-elle effacer la morosité ambiante.

– Éva m'a dit que l'opération s'était parfaitement déroulée.

– Oui, dit Patrice en se levant, elle doit seulement se reposer.

Tous les trois embrassèrent Karine et quittèrent la chambre. Une fois seuls, ils devinrent beaucoup plus graves.

– Quand aurons-nous les résultats ? demanda Laura

– Dans une huitaine de jours, répondit Patrice. Je crois que j'ai déjà commencé le compte à rebours. Chaque heure, chaque minute d'attente désormais, va être un vrai supplice.

– Veux-tu que je vienne m'occuper de toi ? dit Laura.

– Je te remercie, dit Patrice, je vais essayer d'être le plus souvent possible à ses côtés.

– Elle pourra se lever demain matin, lui dit Éva, et il faudra qu'elle marche pour éviter une phlébite.

– Quand pourra-t-elle sortir ? demanda anxieusement Patrice.

– Dans une huitaine de jours. Allons, mon oncle, ne t'inquiète pas. Il y a de fortes chances pour qu'elle n'ait rien.

– Avec notre chance à nous, je m'attends au pire.

– Quel rabat-joie ! dit Éva en s'adressant à sa mère. Dans huit jours, Karine sera hors de danger et nous boirons le champagne, n'est-ce pas ?

Patrice ne demandait qu'à la croire mais quelque chose lui disait que l'astre sous lequel il était né ne pouvait lui apporter que des désastres.

Laura aurait pu croiser sa jumelle, anesthésiste dans ce service de chirurgie, ou une surveillante ou encore une infirmière. La ressemblance était telle que les retrouvailles auraient pu avoir licu, mais le hasard ne le permit pas. Conduite directement par Éva dans la chambre de Karine, elle ne vit personne, ni à l'entrée ni à la sortie. À ce moment précis, sa sœur Solène savourait quelques jours de repos à l'île d'Oléron.

*
**

Un gamin de dix ans qui avait fait une mauvaise chute et s'était fendu l'arcade sourcilière venait d'arriver dans le service de pédiatrie. La surveillante voulut l'envoyer en chirurgie, mais Alexandre intervint :

– Je m'en occupe, dit-il, ce n'est pas très grave.

On fit entrer l'enfant dans une salle de soins. Éva tenait une compresse appuyée contre la blessure.

– Il faut l'allonger ici, sur cette table, ordonna Alexandre.

Éva obtempéra. Le gamin, traumatisé par sa chute et la vue du sang, pleurait et se débattait.

– Calme-toi, lui dit Éva, ce n'est rien du tout... Nous allons te mettre un beau pansement et dans cinq minutes tu rentreras chez toi.

La mère de l'enfant attendait derrière la porte.

– Tu joues au foot ? lui dit Alexandre en s'approchant avec ses instruments de couture.

Le gamin, pas très rassuré, hocha la tête.

– Quel est ton joueur préféré ?

– Platini, répondit l'enfant.

– C'est marrant, on a le même ! répliqua Alexandre.

Tout en continuant à distraire l'enfant, il lui posa trois agrafes pour suturer la plaie. Éva le secondait dans sa tâche. L'opération ne dura pas cinq minutes et l'enfant put rejoindre sa mère.

– Venez, je vous offre un café, proposa Alexandre à Éva.

– Ce n'est pas de refus, dit Éva, la journée a été longue.

– Toutes les journées sont longues, heureusement, on travaille, dit Alexandre, sinon quel ennui !

– C'est une manière de voir les choses, dit Éva en riant.

– Que faites-vous quand vous ne travaillez pas ? questionna-t-il.

– À votre avis ?

– Je ne sais pas, vous sortez avec votre petit ami ?

– Et vous, vous voyez votre fiancée ?

– Je n'ai pas de fiancée. Alors les dimanches et jours fériés, que faites-vous ?

– Je prends l'autocar...

– Comment cela ?

– J'ai toujours fait ça, depuis toute petite...

– Mais vous allez où ?

– N'importe où. Vers les villes, à travers la campagne. Quand un village me plaît, je descends.

– Mais c'est dingue de faire ça !

– Non ! Vous avez envie d'essayer ?

Ils se dirigèrent vers la cafétéria en poursuivant cette converstation.

*
**

Il faisait froid, le ciel au-dessus de Nancy était gris, il neigeait sur le trottoir où Laura attendait le client.

Pourquoi continuer ? Elle avait à présent un appartement et une importante épargne à la banque. Sa fille était élevée et gagnait correctement sa vie. Alors, que faisait-elle, cet après-midi encore, à se geler les sangs sur le trottoir où, poussée par des vents contraires, elle avait jadis échoué ? Qu'est-ce qui pouvait bien la forcer à exercer cette activité infamante dont elle n'avait plus besoin ? Était-ce la force de l'habitude, la peur de manquer d'argent, l'ennui ou bien une névrose qu'elle n'avait cessé de développer depuis sa plus tendre enfance et dont elle ne parvenait pas à guérir ?

La vie est courte, elle pouvait tomber malade comme Karine. Mourir sans avoir profité de la vie, voilà ce qui la guettait. Ou alors, un jour si, par hasard, Éva la croisait en train de racoler dans la rue ? Comment justifierait-elle sa conduite ? Elle en avait des frissons !

À mesure qu'elle tournait et retournait ces pensées, un plan s'échafaudait dans sa tête : partir, quitter cette ville froide et grise et gagner une île au soleil. Les Antilles, Bornéo, Java... Elle commençait à faire l'inventaire des paradis terrestres lorsqu'un homme l'accosta :

– Vous n'avez pas froid comme ça ? lui demanda-t-il.

– Et vous ? lui dit-elle, l'instinct reprenant aussitôt le dessus. Vous ne voulez pas venir vous réchauffer avec moi ?

– Oui. Vous prenez combien ?

– Très cher. Les bonnes chaufferettes sont rares par les temps qui courent.

– Je vous suis, dit l'homme.

Laura le conduisit dans l'immeuble, ils gravirent les marches et gagnèrent le troisième étage. Elle se déshabilla..., tout cela de façon mécanique en pensant aux Antilles, à Bornéo, à Java...

*
**

En se rendant à l'hôpital, ce matin-là, Alexandre pensa qu'il venait autant pour les enfants que pour Éva. Il la trouva en train de changer le pansement d'un petit garçon qui portait un chapeau de shérif.

– Eh bien voila un sacré bleu, lui dit Alexandre en riant. Comment a-t-il fait son compte ? demanda-t-il à Éva.

– Il jouait au petit train et il n'a pas vu la locomotive, répondit-elle, espiègle.

– Non, c'est pas vrai, dit le petit garçon, j'ai tombé de vélo.

– Je suis tombé de mon vélo, rectifia Éva.

Un peu plus tard, Alexandre retrouva Éva à la cafétéria. Ils avaient désormais leurs habitudes.

– Que faites-vous dimanche ? demanda Alexandre. Ah oui ! j'oubliais, vous prenez l'autocar.

– Pourquoi, lui dit-elle, ça vous intéresserait de m'accompagner ?

– Je veux bien, dit Alexandre, vous choisissez la destination et moi le restaurant.

– Ce serait une idée, dit Éva en rougissant un peu.

Le dimanche, ils se retrouvèrent comme prévu, devant l'entrée de l'hôpital.

– Où allons-nous ? dit Alexandre. J'ai ma voiture à proximité.

Ils prirent la route de Briey en passant devant l'arrêt où, plus d'une fois, Éva avait attendu le car avec sa mère. Bien sûr, elle ne révéla rien de sa jeunesse à Alexandre qui se laissait d'ailleurs guider docilement. À quelques kilomètres de Briey, ils descendirent en rase campagne, dans le froid et la neige, et marchèrent une centaine de mètres avant de trouver un petit restaurant habituellement fréquenté par des routiers où Éva et sa mère aimaient venir déjeuner le dimanche. Il y avait peu de monde. La neige n'incitait personne à sortir.

– Voulez-vous cette table ? demanda Alexandre.

– Plutôt celle-ci, dit Éva en désignant un coin auprès de la fenêtre donnant sur la route.

Ils s'installèrent devant une cheminée où flambait un joli feu. Cela sentait bon l'âtre et la pierre humide. On leur apporta le menu.

– Je prendrai une escalope à la crème, j'adore ça, dit Éva.

– Moi aussi, dit Alexandre, je prendrai comme vous.

Ils sourirent. Tout était si calme autour d'eux, la neige avait mangé tous les bruits, on se sentait hors du monde, hors du temps.

– Nous sommes bien ici, dit Éva.

– Oui, dit Alexandre en adoptant la même simplicité de langage. Vous êtes déjà venue dans cet endroit ?

– Oui, il y a longtemps.

Elle porta son regard vers la fenêtre, coupant

court à l'interrogatoire. Pour Alexandre, ce qui faisait le charme d'Éva, en cet instant, c'était son attitude quelque peu mystérieuse. Ils se mirent à manger en silence. Ils n'avaient pas besoin de boire pour se sentir gais, pas besoin de parler pour se dire des choses. Il leur suffisait d'être ensemble.

Après avoir réglé la note, Alexandre aida Éva à enfiler son manteau et ils rejoignirent la voiture. Il était encore tôt quand ils rentrèrent à Nancy. Ils décidèrent d'aller au cinéma. À l'affiche *Brève Rencontre*, un classique indémodable. L'un et l'autre l'avaient déjà vu, mais ils souhaitèrent le revoir pour la musique de Rachmaninov.

– Vous aimez la musique ? demanda Alexandre.

– Oui beaucoup.

Dans la salle obscure, ils se tenaient la main comme des collégiens. Et puis, au beau milieu du troisième concerto, Alexandre se pencha vers Éva et l'embrassa.

*
**

Le lendemain, Éva arriva en retard à son travail. Comme c'était le jour de sortie de Karine, elle craignait que sa tante ait déjà quitté l'hôpital. Durant toute la semaine, elle lui avait rendu visite chaque jour, l'encourageant à espérer, à tenir bon. Et puis, la veille du week-end, les résultats, que tous attendaient avec impatience et inquiétude, tombèrent : Karine avait bel et bien un cancer.

En pénétrant dans la chambre 404, Éva poussa un soupir de soulagement : sa tante était toujours là et attendait que Patrice vienne la chercher pour la ramener chez elle.

– Je préfère ma maison à un centre de convalescence dit-elle.

Elle était très courageuse et avait pris la nouvelle avec calme et détermination. Elle se savait gravement malade et ferait tout pour guérir.

– Quand dois-tu commencer la chimiothérapie ?

– Le docteur doit me revoir la semaine prochaine. Il attend que je me rétablisse. Il a précisé que le traitement serait très fatigant et que je perdrais mes cheveux.

– Ils repousseront, dit Éva en embrassant tendrement sa tante.

– Oh ! ça j'en suis sûre, dit Karine, je t'avouerai franchement que je me fais davantage de souci pour Patrice que pour moi. Le pauvre ne vit plus.

La distance qui sépare Nancy de Longwy n'est pas très importante, mais ce jour-là, le trajet parut interminable à Karine. Patrice conduisait sans desserrer les lèvres. Sa mine sombre engendrait un profond malaise. Il s'efforçait tout de même de répondre au sourire de Karine mais, de toute évidence, le cœur n'y était pas. Durant le séjour de son épouse à l'hôpital, il s'était soudain retrouvé seul et les mêmes sentiments déjà éprouvés tout au long de son adolescence, après la mort de ses parents et le départ de ses sœurs, recommençaient à l'assaillir. Si Karine disparaissait, ce serait affreux, il ne s'en remettrait pas. Et bien qu'elle fût toujours à ses côtés, il ne pouvait empêcher son esprit d'anticiper un vide qui, dans quelques mois, en mettant les choses au pire, risquait de l'envahir.

Karine retrouva sa maison avec joie et décida d'inviter Laura et Hélène Dufour à venir déjeuner avec elle le lendemain. Elle avait besoin d'une présence autre que celle de Patrice pour chasser les idées noires et envisager son combat avec plus de sérénité. Elle pria pour que Patrice redevienne le lutteur qu'il avait toujours été, afin de l'aider à remonter la pente.

*
**

Solène et Jérôme déploraient de ne plus voir leur fils qui passait tout son temps libre avec Éva. Le jour de la Saint-Alexandre, ils organisèrent une petite fête où ils convièrent les grands-parents Alric. Alexandre ne put faire autrement que de s'y rendre et s'en excusa auprès de celle qu'il aimait.

– C'est bien normal de voir un peu sa famille, dit Éva. Je profiterai de l'occasion pour rendre visite à ma mère que j'ai un peu négligée, moi aussi, ces derniers temps.

Alexandre fut ravi de retrouver ses grands-parents qu'il aimait beaucoup. Il ne les avait pas revus depuis sa soutenance de thèse.

– Alors, la pédiatrie te plaît ? lui demanda Pierre Alric qui avait jadis dirigé le service où travaillait son petit-fils.

– Beaucoup, grand-père, répondit Alexandre. J'essaie de te ressembler mais ce n'est pas facile, car tu es une sorte de légende pour tous ceux qui t'ont connu.

– Tâche d'être un bon médecin, ce sera déjà bien, dit modestement le vieil homme.

– Je crois que la plus belle chose que nous t'avons léguée, intervint sa grand-mère, c'est l'amour des enfants. À propos, n'as-tu pas envie d'être papa ?

– Envie sûrement, dit Alexandre, mais laissez-moi d'abord trouver une maman.

Ils passèrent à table. Dolorès, qui commençait à être aussi vieille que les meubles qu'elle continuait à épousseter avec le même soin méticuleux, s'était surpassée en leur concoctant un canard à l'orange, des plus fameux. Au cours du repas, profitant de la bonne humeur générale, Alexandre se hasarda :

– À l'hôpital, j'ai fait la connaissance d'une infirmière qui débute comme moi... Elle est très sympathique...

– Elle est jolie ? questionna son grand-père avec malice.

– Oui, grand-père répondit Alexandre en riant. Enfin, pour moi, elle l'est...

– Alors bravo ! Je ne veux pas que tu nous amènes un laideron, grommela le patriarche en tendant son verre pour qu'on lui resserve du bordeaux.

– Elle est surtout très timide, poursuivit Alexandre, et très secrète.

– Nous la connaissons ? demanda Solène.

– Vous l'avez peut-être croisée en chirurgie.

– Comment s'appelle-t-elle ? s'informa Jérôme.

– Éva.. Éva Martin.

– Je ne vois pas, dit Jérôme.

– Et quand penses-tu nous la présenter, ton infirmière ? demanda le grand-père, revenant à la charge.

– Je ne sais pas. Lorsque je la connaîtrai mieux...

– Ne tarde pas trop, lui conseilla le vieil homme, c'est que nous ne sommes pas éternels, ta grand-mère et moi...

– Laisse-le tranquille, voyons, s'impatienta sa

femme qui voyait d'un assez mauvais œil qu'un futur mandarin comme Alexandre épousât une infirmière. Ce n'est sans doute qu'une amourette, n'est-ce pas, mon chéri ?

– Oui, grand-mère, une amourette, répondit Alexandre, pour ne pas la contrarier.

*
**

Ce mercredi-là, Alexandre arriva plus tôt à l'hôpital, désirant parler à Éva avant la visite du patron. Il la trouva occupée à renflouer son stock de compresses et de médicaments.

– Bonjour, ma chérie, dit-il en l'embrassant.

– Tu es tombé du lit ce matin ? s'étonna-t-elle.

– Je voulais t'inviter à la soirée costumée donnée par les internes. Elle a lieu samedi soir.

– Très bien, dit-elle, en quoi allons-nous nous déguiser. Roméo et Juliette ou Adam et Ève ?

– Que dirais-tu du docteur Frankenstein et de sa fiancée ?

– C'est une idée géniale...

Ils rirent.

– On pourrait se voir ce soir pour mettre au point nos déguisements ? proposa Alexandre toujours à l'affût du moindre prétexte pour voir Éva.

– Non, ce soir je suis invitée à Longwy.

– Ah ! dit Alexandre déçu et vaguement jaloux. Qu'est-ce qu'il y a de beau à voir à Longwy ?

– Mon oncle et ma tante.

Son service fini, Éva rejoignit sa mère au buffet de la gare de Nancy. Elle patientait depuis dix bonnes minutes lorsqu'elle vit avec stupéfaction Laura arriver au volant d'une superbe voiture.

– Allez monte, lui dit-elle en ouvrant la portière, ce sera ton cadeau quand tu auras passé ton permis.

– Mais, maman, tu es folle, dit Éva en s'installant à ses côtés, l'air ébloui.

– La vie est courte, ma petite fille, et ceux qui n'en profitent pas aujourd'hui le regretteront demain.

En voyant Karine deux heures plus tard, Éva mesura mieux la portée de cette philosophie. Sa tante avait beaucoup changé en quelques semaines de traitement. En proie à une grande fatigue, elle tenait à peine debout et la pâleur de son maigre visage exprimait à lui seul l'aggravation de son état. Laura et Éva l'aidèrent à regagner son lit où elle passait ses journées à lire ou à somnoler. Toute la vie de la maison tournait autour de ce lit.

– C'est la chimiothérapie qui me détruit, expliqua Karine. J'en suis à ma sixième séance et, à chaque fois, c'est un peu plus dur.

– Courage, ma tante, lui dit Éva, dans quelques mois ce ne sera plus qu'un mauvais souvenir.

– C'est gentil de dire ça, mais tu sais, j'ai bien peur que...

Elle n'acheva pas sa phrase car des sanglots lui emplissaient la gorge.

La porte d'entrée claqua. Patrice rentrait après une journée de travail. Lui aussi avait changé. Il avait les tempes grisonnantes et son regard jadis si brillant s'était terni. Du soleil avec de la brume autour, pensa Éva en l'embrassant. Il s'efforça tout de même de sourire.

– Je suis heureux que vous soyez venues, dit

Patrice à sa sœur et à sa nièce. Vous ne savez pas comme c'est bon, dans certains moments, d'avoir une famille.

À chaque instant sa voix était sur le point de se briser. Il s'assit sur le lit, tout près de Karine, et la serra contre lui en fermant les yeux.

– Je vais préparer le dîner, dit Éva comme si elle voulait fuir ce spectacle.

– Tu trouveras du chou-fleur et des côtelettes dans le réfrigérateur, dit Karine, c'est la voisine qui les a achetés.

– Nous avons apporté une charlotte aux framboises, dit Laura.

Ils dînèrent tous les trois. Karine garda le lit. Au café, l'atmosphère se détendit un peu, on parla de la voiture que Laura avait offerte à sa fille et des films récents qu'Éva avait vus au cinéma.

En rentrant à Nancy, dans le brouillard nocturne, les langues se délièrent enfin.

– Elle va s'en sortir, tu crois ? demanda Laura à sa fille.

– Elle doit avoir des métastases, répondit Éva.

– C'est grave ? questionna sa mère qui n'y connaissait rien.

– Elle a un cancer, maman, s'énerva-t-elle, c'est une vacherie, tu le sais ça...

– Et Patrice, est-ce qu'il sait ?

– Je pense que oui. Mais peut-être y a-t-il encore de l'espoir. J'irai parler au médecin qui la soigne.

*
**

Éva se préparait pour le bal costumé des internes. Finalement, ils avaient décidé d'incarner, Alexandre un samouraï et elle une geisha blonde. Alexandre avait emprunté à sa mère, pour le déguisement d'Éva, un kimono noir, orné de broderies mauves et dorées, ramené de son voyage de noces au Japon. Éva essayait de se confectionner devant la glace un beau chignon soutenu par deux baguettes en bois vernis.

Le bal devait débuter à vingt et une heures, elle devait y retrouver son beau samouraï, chacun voulant faire à l'autre la surprise de son déguisement. Elle était prête, ravissante et sûre d'elle-même.

En pénétrant dans la salle de garde où affluaient les invités, elle mit son masque noir et, de ce fait, devint franchement méconnaissable. Or, à peine avait-elle franchi le seuil de la grande pièce, qu'un jeune homme, portant la toge et le masque en plâtre blanc de Cicéron, lui sauta au cou :

– Coucou, Éva, devine qui je suis ?

– Tu m'as reconnue ? répondit-elle vexée.

– Bien sûr, des filles avec ta chute de reins et ta chevelure, ça ne court pas les couloirs d'hôpitaux.

– Tandis que les dragueurs de ton espèce, il n'y a que ça.

Il voulut la saisir par la taille mais elle le repoussa, mi-narquoise, mi-énervée.

– Bas les pattes, Cicéron. Tu t'es trompé de siècle et de civilisation.

– Ce soir tous les genres et toutes les époques se mélangent. Et puis, dis, une geisha appartient à tout le monde !

Il voulut revenir à la charge lorsque Alexandre arriva dans son costume de samouraï. Aussitôt, Éva courut se réfugier dans ses bras.

– J'ai compris, dit Cicéron, préviens-moi quand

il se sera fait hara-kiri. C'est ma seule chance de danser avec toi, ce soir.

Alexandre et Éva se joignirent aux nombreux couples qui remuaient dans tous les sens, de façon anarchique. Ce n'était ni des rocks, ni des javas, ni des tangos mais un peu tout à la fois. Après deux ou trois heures de gesticulations ininterrompues, la geisha et son samouraï n'en pouvaient plus. Ils se frayèrent un chemin jusqu'à la buvette où on leur servit un jus de fruit. À cet instant, la musique s'arrêta et leur ami Cicéron, juché sur une table, entonna une chanson de garde dans la plus pure tradition des fêtes carabines. Passé cet intermède décapant, la musique reprit et ordre fut donné à chacun de changer de cavalière. Tout le monde s'exécuta, à l'exception d'Alexandre qui n'entendait pas partager Éva.

– Tu restes avec moi, lui dit-il d'un ton possessif.

Et il se serra un peu plus contre elle, moins pour la protéger des assauts d'autres soupirants que pour la garder jalousement à lui tout seul.

Vers minuit la fête commença à dégénérer en strip-tease sauvage. C'est à ce moment-là qu'Alexandre prit Éva par la main et l'entraîna vers la sortie.

– Il est tard, nous rentrons.

– Hé ! je ne suis pas Cendrillon.

– Allez, ne fais pas l'enfant, la fête est finie.

Il la raccompagna en voiture jusque devant son immeuble.

– J'ai passé une excellente soirée, dit Alexandre. Pas toi ?

– Si, bien sûr, dit-elle, c'était amusant.

Il se pencha vers elle et lui donna un baiser.

– Demain, à dix-huit heures, rendez-vous à ton bureau. Je t'invite à venir prendre l'apéritif chez mes grands-parents.

Un peu stupéfaite, Éva ne put qu'acquiescer.

*
**

– Tu t'es coupé les cheveux ? s'étonna Laura, encore mal réveillée, en faisant réchauffer du café de la veille. Elle avait mal dormi songeant à Karine, et de voir Éva qui lui rendait visite si transformée ajoutait à son étourdissement.

– Non, dit Éva en décortiquant un pamplemousse, j'ai fait un chignon. Tu n'aimes pas ?

– Si, si, enfin ça te donne un air plus... sévère.

– Tant mieux, j'avais peur justement de paraître frivole. Maman, puis-je t'emprunter ton tailleur gris ?

Cette fois Laura ne comprenait plus. Sa fille avait toujours critiqué ce tailleur triste et démodé.

– Qu'est-ce qui t'arrive, lui demanda-t-elle, tu vas à un enterrement.

– Non, répondit Éva, je fais mon entrée dans la bonne société de Nancy.

Elle ignorait en réalité à quoi pouvait ressembler la famille d'Alexandre mais elle se la représentait comme pétrie de bonnes manières et de vieux usages. Elle avait vaguement peur de commettre une faute de goût ou un impair, n'ayant jamais appris à évoluer dans le monde bourgeois. Elle considérait l'apéritif du soir, auquel elle était conviée, comme un véritable examen dont dépendait son avenir. Elle voulait à tout prix plaire aux grands-parents d'Alexandre et, au lieu de laisser parler sa nature, elle se fabriquait un genre en prenant pour modèle la femme guindée des années cinquante qui semblait avoir avalé son parapluie.

Fort heureusement, sa tenue et son look plurent à Alexandre qui vint, comme convenu, la prendre à dix-huit heures.

– Tu es magnifique, je ne t'ai jamais vue aussi belle, lui dit-il.

– Vraiment ?

– Tu vas beaucoup plaire à mon grand-père !

Un malaise indescriptible s'empara d'Éva. Dans l'ascenseur, elle fut secrètement prise de panique et faillit déguerpir. À quoi pouvait ressembler ce terrible grand-père ? Et les parents ? Comment était leur appartement ? Lui baiserait-on la main ? Quelle attitude devrait-elle adopter si une telle chose se produisait ? Elle se sentait laide et inculte. Si l'on se mettait à parler musique ou littérature, elle serait aussitôt démasquée. Elle appartenait à un autre milieu et, en songeant à son oncle et sa tante, elle eut soudain honte de penser qu'elle ne pourrait jamais, absolument jamais, les présenter à cette famille Alric qui mangeait probablement dans de la porcelaine et buvait dans du baccarat. Mon Dieu, aidez-moi, pensa-t-elle quand Alexandre sonna à la porte.

Ce furent les grands-parents qui vinrent leur ouvrir.

– Bonsoir, mon Alexandre, dit Anne-Marie Alric en l'embrassant.

Le grand-père, lui, n'avait d'yeux que pour Éva qu'il scrutait avec un mélange de curiosité et d'amusement.

– Grand-mère, je te présente Éva, dit Alexandre.

– Et moi, mille tonnerres, on ne me présente pas, rouspéta le vieil homme.

– Éva, je te présente une légende, le docteur Alric dont tu as sûrement entendu parler.

– Bonsoir, monsieur, bredouilla Éva en lui tendant une main tremblante.

– Ravi de vous connaître, mademoiselle. Et ne vous laissez pas emberlificoter par ce chenapan, chaque fois qu'il me traite de légende c'est qu'il a besoin d'argent.

Tous quatre éclatèrent de rire. Éva avait perçu la très grande complicité qui unissait le grand-père et son petit-fils. Elle était presque sûre de pouvoir entrer dans leur jeu. Intuitivement elle avait aussi compris qu'elle plaisait à ce vieux monsieur aux cheveux blancs, courbé en deux, qui trottinait devant eux en direction du salon.

Le confort et l'élégance de cette grande pièce surprirent Éva qui s'émerveillait de tout ce qu'elle voyait. C'était encore plus beau que ce qu'elle avait imaginé. Comme elle restait plantée comme un piquet, Alexandre la pria de s'asseoir dans une bergère Louis XV. Tout le monde s'installa autour d'une table thaïlandaise dont le plateau transparent reposait sur trois têtes de cerfs en métal doré.

La chaleur et la simplicité de l'accueil rassurèrent Éva qui se sentit très vite à son aise. Pour elle qui n'avait jamais connu ses grands-parents, ceux d'Alexandre, si humains et si distingués, représentaient une deuxième chance. Dolorès servit l'apéritif en jetant sur la nouvelle venue des regards si pénétrants que la pauvre se sentit fouillée jusqu'au tréfonds de l'âme.

– Eh bien, Éva, dit le grand-père, Alexandre nous a dit que vous étiez jolie. Il n'a pas menti...

– Je vous remercie, monsieur.

– Ce n'est pas moi qu'il faut remercier, mais vos parents ou celui qui nous regarde, si vraiment la beauté est un don du ciel. En tous les cas, vous illuminerez nos repas de famille.

Cette dernière parole ne pouvait faire plus de plaisir à Éva qui se mit à rougir comme une écrevisse. C'était comme une première place dans un examen.

– Ainsi donc vous êtes infirmière, enchaîna la grand-mère sur un ton beaucoup plus mesuré.

– Oui, madame.

– Vos parents sont de Nancy ?

– Oui, enfin tout près... de Briey, s'embrouilla un peu Éva qui n'arrêtait pas de regarder Alexandre comme pour réclamer son aide.

– Ils travaillent dans quelle branche ?

– Dans... Dans le prêt-à-porter...

– Vraiment, dit Mme Alric qui semblait avoir décidé de tout passer au crible.

– Voyons, est-ce qu'on te demande ce que faisaient tes parents ? intervint, un peu rogue, le vieux médecin qui s'empressa de passer à un autre sujet. Avez-vous toujours Mme Duval comme surveillante générale ?

– Oui, dit Éva, ravie de pouvoir s'accrocher à cette perche, mais elle part à la retraite à la fin de l'année.

– Nous vieillissons tous, dit le grand-père en avalant son verre de porto.

Alexandre l'imita et regarda sa montre.

– Bien, nous allons vous quitter.

– Déjà, dit Anne-Marie Alric. Mais je pensais vous retenir pour dîner avec nous.

– Pas ce soir, grand-mère, nous allons au cinéma.

– Ah ! *Les Lanciers du Bengale*, vous aimez ce film ? demanda le grand-père à Éva.

– Oui, dit-elle sans savoir de quoi il parlait.

– Eh bien, alors... à samedi prochain, dit Mme Alric, j'inviterai aussi tes parents. Ce sera l'occasion pour Éva de les connaître.

En rejoignant sa voiture, Alexandre ne cachait pas sa satisfaction. Selon lui, ce premier contact avait été très prometteur.

– Comment les as-tu trouvés ? Sympathiques, n'est-ce pas ?

– Très sympathiques, dit Éva, j'espère seulement ne pas les avoir déçus !

– Déçus ?... Tu plaisantes... Grand-père était conquis, il t'adore...

– Et ta grand-mère ?

– Pour elle, tout ce que je fais est merveilleux. Elle t'a adoptée, c'est sûr ! D'ailleurs, tu as bien vu, elle nous a invités samedi. Ce sera là une excellente occasion pour annoncer à tous nos fiançailles. Qu'en penses-tu, ma chérie, me trouves-tu un assez bon parti pour toi ?

Il jubilait. Elle sentit son cœur battre à toute vitesse.

– Tu parles sérieusement ?

– Quelle question ! Je t'ai demandé si tu voulais être ma femme. J'attends ta réponse.

– Mais c'est... c'est oui, bien sûr ! dit-elle à la fois émue et folle de joie. Je t'aime Alexandre...

– Moi aussi je t'aime, Éva, dit-il en la serrant tendrement dans ses bras, et mes parents aussi t'aimeront. Ce sera un grand, un très grand mariage.

*
**

D'un caractère secret, peu enclin aux épanchements, Éva n'avait jamais parlé de ses sorties avec Alexandre. Personne dans sa famille n'était au courant de sa merveilleuse idylle. Elle préférait attendre de voir quelle tournure prendrait cette aventure pour en parler. Mais là, le moment était venu de tout révéler aux siens.

– Maman, je vais me marier, lança Éva sans préambule.

– Avec qui ? Tu ne m'en as jamais parlé ! feignit de s'étonner Laura qui soupçonnait sa fille d'avoir une vie sentimentale et n'attendait en fait que ses confidences.

– Un jeune pédiatre qui a deux ans de moins que moi et appartient à l'une des meilleures familles de Nancy. Je travaille dans son service.

Sa mère était émue mais en même temps inquiète. Mille interrogations l'assaillaient, au premier rang desquelles sa situation sociale avec, bien sûr, en arrière-plan, ses dégradantes activités.

– Je suis très heureuse pour toi, ma chérie, dit-elle, mais ce jeune homme, heu...

– Alexandre, maman.

– Cet Alexandre... enfin... lui as-tu parlé de moi et... de Patrice.

– Un peu, maman... Mais tu sais, il ne me pose pas beaucoup de questions. Une fois ou deux j'ai dû lui parler de toi, oui.

– Il sait que je suis mère célibataire, que...

La panique s'était emparée de Laura à la pensée de devoir décliner ses origines devant ce jeune homme d'un milieu supérieur.

– Mais enfin, maman, cela n'a aucune importance pour lui... Il sait que tu existes, que tu habites Nancy et que tu es représentante en lingerie féminine, point. Je lui ai dit que je n'avais pas de père et il n'a pas cherché à en savoir plus. Il m'aime, je l'aime et le reste passe loin derrière.

Éva savait bien qu'au fond d'elle-même les choses n'étaient pas si simples et que le problème de la différence sociale soulevé par sa mère ne pouvait être éludé aussi facilement.

– Tu connais ses parents ? demanda Laura, revenant à la charge.

– Je connais ses grands-parents et je dois rencontrer ses parents samedi soir, au cours d'un dîner.

– Que font-ils exactement ?

– Son grand-père et sa grand-mère étaient pédiatres à l'hôpital de Nancy. Son père est chirurgien et sa mère anesthésiste.

– Tu nous imagines à leurs côtés... dit Laura, complexée.

– Mais arrête avec ça ! s'emporta Éva. Nous sommes aussi respectables qu'eux que je sache. Je t'aime telle que tu es et je te présenterai Alexandre bientôt.

Elles partirent en voiture pour Longwy. Une bonne occasion pour Éva, qui venait d'obtenir son permis de conduire, de s'entraîner. En cours de route, elles parlèrent de Karine.

– Elle ne va pas bien, dit Laura. Avant hier, nous

avons déjeuné ensemble. Elle sortait de sa dernière séance de chimiothérapie. Elle a encore maigri et n'a plus de cheveux.

Bien que préparée, Éva eut un choc en voyant sa tante. La pauvre femme avec son crâne rasé, ses joues hâves et sa silhouette squelettique évoquait une déportée. Il fallut immédiatement composer avec cette terrible image et dissimuler le chagrin que la maladie, à travers ce corps supplicié, inspirait.

– Je suis si heureuse de vous voir, dit Karine. Patrice ne rentre jamais à midi et j'avoue que c'est le moment de la journée qui est le plus dur à passer. Heureusement, Hélène Dufour vient souvent me tenir compagnie.

– Je t'ai apporté une perruque, dit Éva, du même châtain que tes cheveux et en plus, tu vas voir, la coupe est celle que tu aimes.

Karine se plaça devant une glace et enfila la perruque.

– Merci, dit-elle, c'est peut-être idiot mais la perte de mes cheveux m'a totalement exclue du monde des humains.

Le visage de Karine, avec cette perruque, devint instantanément plus doux, plus facile à regarder.

– Nous avons une grande nouvelle à t'annoncer, dit Laura pour détendre l'atmosphère.

– Laissez-moi deviner, dit Karine. Éva va se marier.

– Comment le sais-tu ? dit Éva, un peu interloquée.

– Je l'ai lu dans tes yeux, mon ange, dit-elle. Viens que je t'embrasse.

Éva s'approcha et frissonna légèrement quand Karine la prit dans ses bras.

– C'est Patrice qui va être heureux ! Sa famille, c'est sacré.

– Tu ne demandes pas qui elle épouse ? demanda Laura.

– C'est un médecin, dit Éva, un jeune pédiatre de Nancy.

– Il faudra nous le présenter, dit Karine. Attends, je dois avoir du champagne. On va fêter ça tout de même.

– Ne bouge pas, ma tante. On le boira une autre fois, avec Patrice...

– Non, dit Karine, tout de suite... Pour moi, rien ne peut être remis à plus tard...

*
**

Éva avait pris rendez-vous chez le coiffeur, le samedi suivant, en fin de matinée. Cette fois-ci, plus de chignon austère, mais une coiffure floue, moderne sans être provocante. Toute la nuit elle s'était identifiée à une princesse faisant ses premiers pas à la cour. Un mélange de conte de fées et de cauchemar. Elle avait tellement envie de leur plaire et elle avait tellement peur de commettre la faute irréparable qui compromettrait définitivement son mariage.

Quand Alexandre vint la chercher, elle resplendissait de fraîcheur et de jeunesse. Son discret maquillage mettait en relief ses yeux pervenche et son teint de rose. Le jeune homme fut ébloui par tant de féminité alliée à tant de grâce.

– Mon grand-père va faire une crise cardiaque en te voyant, dit-il.

– Et tes parents, ne seront-ils pas choqués ?

– Choqués dans quel sens ? Je ne comprends pas, dit Alexandre.

– Je veux dire... ne suis-je pas trop sophistiquée ?

– Tu te poses trop de questions, lui dit-il, sois naturelle et tout se passera bien...

Dans la salle à manger des grands-parents, une table d'apparat avait été recouverte d'une nappe fine, brodée à l'ancienne, et décorée de petits bouquets de roses jaunes, les fleurs préférées de Solène.

Tout le monde était réuni dans le salon quand les jeunes gens sonnèrent à la porte.

– Ne bougez pas, dit le grand-père à Dolorès, je vais ouvrir.

À petits pas, le vieux docteur Alric traversa une enfilade de pièces et vint accueillir son petit-fils et sa bien-aimée. Il n'y avait plus de barrière entre eux. Il prit Éva dans ses bras et l'embrassa en l'appelant « ma petite-fille ». Cette marque de distinction donna du baume au cœur d'Éva qui appréhendait beaucoup cette seconde visite.

Elle pénétra dans le hall de l'appartement, avec Alexandre, suivie du grand-père, avança un peu plus, puis davantage, jusqu'aux portes vitrées du salon où elle se trouva soudain face à face avec Solène, laquelle venait par politesse à sa rencontre, accompagnée de Jérôme.

Éva faillit s'évanouir. Elle chancela, tendit la main vers Alexandre qui la soutint tout en faisant signe à ses parents de s'écarter pour la laisser respirer. On l'étendit sur un divan, et les paroles des uns et des autres lui parvenaient comme au travers d'un épais brouillard.

– Elle est souffrante ?... Du calme, ma chérie, respire... Que s'est-il passé ?... Elle était très bien, il y a un instant...

La ressemblance de Solène avec Laura était si extraordinaire qu'en voyant pour la première fois la mère d'Alexandre, Éva en avait eu le souffle coupé. Elle revint peu à peu à elle et ce qu'elle aurait très bien pu prendre pour une hallucination se tenait toujours devant elle, en chair et en os... et non seulement elle avait le corps et le visage de sa mère mais, chose encore plus troublante, elle avait aussi sa voix.

– Vous allez mieux, lui dit Solène, dites-nous où vous avez mal ?

Éva la fixait sans pouvoir articuler un mot. On aurait pu penser, en la voyant dans cet état, qu'il s'agissait d'une idiote. Bien entendu, elle ignorait que sa mère avait une jumelle, sujet tabou, un passé volontairement occulté par les siens pour éviter de la traumatiser. La découverte de ce clone parfait avait un effet renversant. Cependant, malgré tout, son cerveau continuait à fonctionner et tentait confusément d'analyser la cause de cette fantastique ressemblance. Pendant ce temps, les Alric cherchaient toujours à comprendre ce qui se passait.

– Il fait si lourd aujourd'hui, dit Solène, moi-même je supporte assez mal les premières chaleurs.

– Tenez, Éva, buvez un peu d'eau, dit la grand-mère en lui tendant un verre.

– C'est sûrement la trop grande émotion, elle est très timide, dit le grand-père, plus pragmatique.

Jérôme attira son fils à l'écart et lui dit sans détours :

– Dis-moi, elle n'est pas enceinte au moins ?

– Non, mon père.

– Tu en es sûr ?

– Certain. Nous n'avons jamais eu de rapports. Je pense qu'elle est surmenée, les dernières semaines ne nous ont pas ménagés...

Éva ne retrouva son souffle que pour dire d'une voix étouffée en s'adressant à Solène :

– Madame... Vous êtes comme ma mère.

– Comment cela, dit Solène, vous voulez dire que je lui ressemble.

– Non... oui... enfin je veux dire que vous êtes la même personne.

Solène éclata de rire.

– Nous nous ressemblons à ce point ?

Éva sentait bien que Solène tombait des nues. Aussi, rassemblant toutes ses forces, elle s'exclama très fort comme pour donner plus de poids à son affirmation.

– Non... Ce n'est pas seulement une simple ressemblance. Vous êtes vraiment des jumelles.

Sans prêter le moindre crédit à ces paroles insensées, Solène se demandait si cette jeune fille que son fils leur présentait était vraiment saine d'esprit. Seuls dans leur coin, les grands-parents gardaient le silence. Le grand secret de leur vie allait éclater et ce, dans des conditions dramatiques.

Finalement, Anne-Marie Alric, après avoir échangé un rapide regard avec son mari qui l'encourageait à sortir de sa réserve, s'approcha d'Éva et, les larmes aux yeux, lui dit :

– Mon enfant, ce que vous dites est vrai...

Puis se tournant vers Solène, elle enchaîna :

– Ma chérie, j'ai un terrible aveu à te faire : ton père et moi ne sommes pas tes vrais parents.

Cette révélation fut accueillie par un profond silence. Ni Jérôme, ni Alexandre ne réagirent. Quant à Solène, elle demeura interdite. Anne-Marie Alric la prit par le bras et l'entraîna dans la pièce voisine pour faire toute la lumière sur ce ténébreux secret.

Éva revenait lentement à elle. Par ses déclarations, la grand-mère d'Alexandre venait de chasser le doute dans son esprit : Solène et sa mère étaient bien sœurs jumelles. Pourquoi ? Comment ? Elle l'ignorait, mais les faits étaient là. Elle se tourna vers Alexandre et lui dit :

– Tu es mon cousin... Mon cousin germain.

– Quoi ? dit Alexandre, l'air hébété.

– Nos mères sont sœurs. Comment ont-elles été séparées, je n'en sais rien.

Jérôme se taisait. Il était incapable de répondre à toutes les questions que se posait son fils. Il tourna son regard vers son beau-père à la recherche d'une explication.

– C'est un très grand malheur, se contenta de soupirer le vieil homme.

Anne-Marie Alric revint dans le salon. Les yeux rouges, elle dit à Jérôme :

– Solène se repose. Elle tient à rester seule pour le moment.

– Mais enfin, explosa Jérôme, que signifie cette mascarade ?

– Ce n'est pas une mascarade, répondit Anne-Marie Alric, les masques sont tombés voilà tout.

Et d'un air grave, elle ajouta, en ravalant ses sanglots :

– Asseyez-vous tous, je vais vous dire la vérité.

Elle raconta en détail dans quelles conditions elle avait connu les jumelles à l'hôpital de Nancy où elles avaient été admises sur décision du juge des enfants de Briey. Ensuite, elle révéla dans quelles circonstances ils avaient adopté Solène.

– Si nous avons tenu à garder le secret sur cette adoption, poursuivit Pierre Alric, c'est que nous souhaitions que Solène soit notre fille à part entière. Nous n'avions aucune raison de lui révéler ses véritables origines. Elle portait notre nom, elle grandissait sous notre toit, à quoi bon la perturber avec une histoire qui ne la concernait plus.

Puis, face à un auditoire abasourdi, se sentant soudain placé dans la situation d'un accusé, il se mit à hurler.

– Mais vous me comprenez, n'est-ce pas ? À notre place qu'auriez-vous fait ?

– Je crois, dit Jérôme après un silence, je crois que j'aurais cherché à adopter l'autre jumelle, en l'occurrence la mère de cette jeune fille.

– Le destin a été plus fort que nous, puisqu'il a mis Éva sur notre chemin, répondit un peu cyniquement le vieil homme.

– C'est vrai, grand-père, dit Alexandre, mais tu n'as pas répondu à la question : pourquoi n'avez-vous pas aussi adopté la sœur de maman ?

– Nous avons essayé, dit Anne-Marie Alric, relayant son mari, mais notre demande d'adoption, faite après le décès des parents des jumelles, a été mal formulée. Il fallait engager une autre procédure. Nous devions déposer une autre requête, pour l'autre jumelle, mais nous avons été découragés... La justice est trop longue et trop compliquée, et moi, je ne pouvais plus attendre...

– Ma femme souffrait de ne pouvoir avoir d'enfant, expliqua Pierre Alric.

– Oui, dit Anne-Marie Alric, et puis, je ne sais pas pourquoi, ma tendresse s'était fixée sur Solène. Peut-être aussi qu'inconsciemment j'avais peur de ne pas avoir assez d'amour pour deux.

– Mais c'est incroyable ce que vous dites là ! ne put s'empêcher de lancer Éva.

– Oui, je sais, dit Anne-Marie Alric, et si quelqu'un doit se sentir coupable, c'est uniquement moi.

– Il ne faut pas dire cela, ma chérie, dit Pierre Alric. Je me sens aussi responsable que toi.

Un grand silence s'installa dans l'immense pièce. De multiples pensées se bousculaient dans la tête d'Éva et, parmi elles, surnageait un sentiment : son amour pour Alexandre. Qu'ils fussent cousins germains ne changeait finalement rien.

Alexandre quitta le salon et alla voir sa mère. Il trouva Solène allongée, en état de choc. Il tenta de la raisonner.

– Voyons, maman, c'est sûrement moins grave que tu le penses. J'essaie de me mettre dans ta peau. Si toi et papa m'annonciez que je ne suis pas votre enfant, après tant d'années, cela ne modifierait en rien mon attachement envers vous. Grand-père et grand-mère t'aiment comme leur propre fille et tu les aimes aussi, n'est-ce pas ?

Sa mère ne répondit pas. Elle respirait de façon oppressée.

– Allez, lève-toi et, s'il te plaît, pense qu'il y a sûrement eu plus malheureux que toi dans cette histoire.

Elle tourna vers lui un regard incrédule.

– Ta sœur n'a pas eu la chance d'être adoptée.

Elle a grandi à la DDASS. Quant à ton frère, je pense qu'il a dû beaucoup souffrir lui aussi...

– Mon frère ? questionna Solène qui ignorait l'existence du troisième élément.

– Oui, l'oncle d'Éva. Il s'appelle Patrice. Ta sœur, c'est Laura. Maman, n'est-ce pas formidable d'avoir un frère et une sœur ? Viens te dis-je, nous allons boire à leur santé...

– Laisse-moi seule, dit Solène. J'ai besoin de réfléchir.

Alexandre rejoignit le reste de la famille et pour détendre l'atmosphère, s'exclama :

– Toutes ces émotions m'ont creusé l'appétit. Si nous passions à table ?

Le repas ne fut pas des plus gais malgré tous les efforts déployés par Alexandre pour le rendre agréable. Éva dut se forcer pour avaler le gateau au chocolat de Dolorès. Au café, Alexandre se tourna vers elle et, le plus naturellement du monde, lui demanda :

– Quand comptes-tu nous présenter à ta mère et à ton oncle ?

– Je ne sais pas. Je dois d'abord leur parler...

*
**

Il était plus de minuit lorsque Éva regagna son studio. Malgré l'heure tardive, elle téléphona à sa mère.

– Maman, maman !

– Éva ? Mais que se passe-t-il ? s'affola Laura.

– Je dois te parler maintenant... Tout de suite...

Surprise dans son premier sommeil, Laura était à mille lieues de se douter de ce qui agitait sa fille.

– Je suis contente pour toi, mon enfant. Je suis certaine que vous serez très heureux, toi et ton Alexandre.

– Non, maman, il ne s'agit pas de ça... C'est... comment t'expliquer... La mère d'Alexandre...

– Quoi ? La mère d'Alexandre ?

– C'est ta sœur... Ta sœur jumelle !

Il ne fallut pas longtemps à Laura pour mesurer l'importance d'une telle découverte. Interloquée, elle ne cherchait même pas à donner une explication à sa fille.

– Je téléphone immédiatement à Patrice, dit-elle, quel bonheur ! Nous avons retrouvé Solène !

– Mais alors, tu savais que tu avais une sœur jumelle ? Tu ne me l'avais jamais dit !

– Je t'expliquerai tout cela plus tard.

– Maman, que vais-je devenir maintenant ? Alexandre est mon cousin germain. Je l'aime et j'ai peur de ne pas en avoir le droit. Que va-t-il se passer ?

– Calme-toi, lui dit Laura, on peut très bien aimer son cousin, on peut même l'épouser, tout va s'arranger, tu vas voir...

Puis, après avoir composé le numéro de Patrice :

– Allô, Patrice ? C'est Laura. J'ai une nouvelle extraordinaire à t'annoncer...

*
**

Patrice ne put fermer l'œil de la nuit. Enfin le rêve de sa vie se réalisait : la fratrie était reconstituée. Il était partagé entre un immense bonheur et une très grande détresse. Comment allait réagir Solène en apprenant son existence et celle de Laura ? Cette jeune fille, élevée dans un milieu bourgeois, devenue médecin, refuserait peut-être de les voir. Il existait entre eux un tel gouffre social. Karine qui n'avait pas beaucoup dormi non plus à cause de ses souffrances l'encouragea à se présenter sans plus tarder à Solène. Ainsi, il serait fixé, il saurait.

Aussi le lendemain qui était un dimanche, Patrice décida-t-il de partir avec Laura à la rencontre de cette deuxième sœur qui l'intimidait tant. Il aurait souhaité que Karine les accompagne, mais celle-ci, trop affaiblie par la maladie, jugea plus sage de rester couchée. Et puis, ce problème ne concernait que les Martin.

Laura avait eu toute la nuit pour comparer son destin à celui de cette sœur jumelle qui, de toute évidence, vivait, avait toujours vécu dans le luxe et la richesse. Elle ne comprenait pas que l'une ait pu être si gâtée et l'autre si cruellement punie. Elle ne pouvait s'empêcher de penser à ses parents dont la conduite avait été la cause de tout ce gâchis. En même temps, elle devait reconnaître qu'au travers d'Éva, elle avait pu réaliser tous ses rêves passés à la trappe. Elle était en colère, mais pas amère. Non, le fait que sa fille existât, et qu'elle lui apportât tant de joie, suffisait à la calmer. Elle en était là de ses réflexions lorsque Patrice arriva.

– Écoute, lui dit-elle, nous n'allons peut-être pas nous précipiter chez elle. Rien ne presse.

– J'attends ce jour depuis trop longtemps, dit Patrice qui était bien plus remonté que Laura. Et puis, j'ai des comptes à régler avec ces gens-là. Pourquoi ne lui ont-ils rien dit ? Pourquoi ne t'ont-ils pas adoptée toi aussi ? Pourquoi, connaissant fort bien mon existence, n'ont-ils jamais cherché à me joindre ?

– Calme-toi, mon oncle, intervint Éva, qui était venue les rejoindre, après avoir téléphoné à Alexandre pour prendre des nouvelles de Solène. Je pense que cela ne servirait à rien de bousculer les choses. Solène est très choquée psychologiquement et elle ne veut rencontrer personne pour le moment. C'est ce que vient de me dire Alexandre.

– Et nous... elle s'imagine que nous ne sommes pas bouleversés peut-être, poursuivit Patrice, sans décolérer... C'est incroyable, ça... Avec la vie qu'on nous a fait mener... Avec les couleuvres qu'il a fallu avaler... Rappelle ton Alexandre et dis-lui que si nous ne pouvons pas rencontrer notre sœur dans la journée, nous viendrons cogner à sa porte...

– Je t'en prie, mon oncle, pas de scandale. Maman, tâche de le raisonner pendant que j'essaie de trouver une solution avec... mon cousin.

– Assieds-toi, Patrice, dit Laura, tu es survolté. Je comprends ce que tu ressens, mais tâche de maîtriser tes nerfs.

– Karine est en train de mourir, lança-t-il en éclatant en sanglots, mon Dieu, comme la vie est injuste.

– C'est arrangé, dit Éva qui venait de téléphoner. Solène et son mari vous attendent à quatorze heures pour prendre le café. Je suis chargée de vous accompagner.

*
**

Dans quel état se trouvait Solène une heure avant ce rendez-vous avec sa sœur jumelle ? Son mari, qui croyait bien la connaître, n'aurait su le dire. Elle n'était plus elle-même, mais deux, disait-elle, et ce qu'elle ressentait pour son double, était une sensation de rejet comme pour une greffe d'organe que tout son être refusait. Elle percevait l'arrivée de cette sœur comme une intrusion dans sa vie privée, pire, une violation de sa personnalité. Hier, elle était unique au monde, aujourd'hui elle se retrouvait dotée d'un clone qui avait non seulement la même apparence qu'elle, mais peut-être aussi les mêmes modes de pensée. Cette idée l'angoissait vivement et, bien que ne se confiant à personne, elle communiquait son angoisse à ses proches, en particulier à Jérôme qui, de son côté, était également troublé à la pensée de rencontrer la vivante réplique de son épouse.

Les vieux parents Alric, quant à eux, ployaient sous le poids de la culpabilité. Ils n'avaient plus cherché à joindre Solène depuis la grande révélation, respectant son désir de solitude. Ils avaient également décliné l'invitation que leur avait faite Alexandre de venir prendre le café à quatorze heures, en compagnie des « pièces rapportées ». Ils préféraient que les choses se règlent ou finissent de se dérégler en leur absence, estimant avoir suffisamment contribué à la confusion générale.

Alexandre avait donné rendez-vous à Éva dans une brasserie, non loin de l'appartement de ses parents. Lorsqu'il la vit arriver, accompagnée de sa mère et de son oncle, il fut à son tour violemment troublé par la ressemblance de Laura avec Solène. Fasciné par ce jeu de miroir, il en oublia presque de la saluer.

– Bonjour, Alexandre, dit Laura. Éva m'a tellement parlé de vous que j'ai l'impression de vous connaître.

– Que devrais-je dire ! rétorqua le jeune homme, vous êtes si exactement semblable à ma mère que, pour un peu, je vous confondrais.

Ce « pour un peu » avait son importance car si Laura possédait les mêmes traits que Solène, elle n'avait ni sa classe ni son élégance. Il s'agissait de deux fleurs absolument identiques sauf que l'une paraissait flétrie et sans éclat. Et pourtant, Laura s'était donné du mal pour être à la hauteur de sa jumelle. Elle avait ramassé ses cheveux blonds en un magnifique chignon, passé un tailleur léger en crêpe bleu marine, avec un foulard blanc, elle s'était poudrée, maquillée... Mais il faut croire qu'on n'efface pas vingt ans de vie passée sur le trottoir et, quoi qu'elle fît pour fuir son passé, le spectre de la prostituée du faubourg Saint-Denis la poursuivrait toujours.

Quand Jérôme leur ouvrit, son regard se porta instantanément sur Laura et, comme son fils, deux choses le frappèrent : l'extraordinaire ressemblance et l'absence de distinction. Ils gagnèrent le salon où Solène les attendait. Les deux sœurs se regardèrent. Elles avaient les yeux fixés l'une sur l'autre et étaient incapables de dire un mot. Elles respiraient difficilement, surtout Solène dont les jambes flageolaient. Jérôme s'approcha pour la soutenir, mais elle le repoussa.

– Non, ça va aller.

– Solène, balbutia Patrice qui avait sans cesse à l'esprit l'image de ses sœurs bébés. Je suis si heureux, si tu savais..

– Patrice ? demanda froidement Solène.

Elle tendit une main plutôt molle à cet inconnu.

– Mais entrez donc, installez-vous, dit Alexandre volant au secours de ses parents qui manquaient à leurs devoirs de maîtres de maison.

On s'assit en rond dans le salon et Alexandre, aidé d'Éva, fit circuler le café. La glace était difficile à rompre. Les deux sœurs venaient d'horizons si éloignés qu'elles ne pouvaient immédiatement se retrouver sur la même longueur d'ondes. Il faudrait du temps, de la patience. Pour l'heure, elles s'observaient, se marquaient, chacune essayant de capter chez l'autre un détail, un reflet qui n'existait pas en deux exemplaires. Ce que Laura éprouvait en face de Solène c'était de la honte : sa sœur brillait par sa fraîcheur et son maintien, elle n'avait pas connu la rue et ses outrages. Elle avait su rester belle malgré le passage des années. Ce que Solène ressentait en regardant Laura, c'était une sorte de dégoût mêlé de pitié : qu'elle semblait donc vulgaire dans son petit tailleur, avec son vilain chignon et comme sa peau était vieille et abîmée comparée à la sienne ! Laura offrait à Solène l'image qu'elle aurait dans dix ans. Elle représentait la vieillesse et la déchéance et tout en elle sentait... le ruisseau. Évidemment, ces sentiments ne transparaissaient pas, ou alors très peu, et seul un observateur aussi averti que Jérôme pouvait lire dans les yeux de sa femme à quel point cette rencontre était un supplice.

Avec cela, il y avait Patrice et son méchant tutoiement qui, bien malgré lui, ne cessait de retourner le couteau dans la plaie.

– Éva nous a raconté comment elle t'a retrouvée, dit-il à Solène. C'est vraiment incroyable. Nous t'avons recherchée en vain depuis des années. Nous savions que tu avais été adoptée par un couple sans enfants mais...

Voilà qu'il remet ça, pensait Éva qui souffrait à chaque phrase de son oncle car elle sentait bien que son discours écorchait les oreilles de Solène.

– Nous n'avons pu obtenir aucun renseignement des autorités administratives.

Quel pauvre bougre, pensait Alexandre qui commençait à comprendre la torture qu'une telle confrontation pouvait être pour sa mère. Nous ne sommes vraiment pas du même monde, nous et eux.

– Oui, dit Solène, en prenant sur elle... C'est le hasard. Il aura fallu que nos enfants tombent amoureux l'un de l'autre pour que ces retrouvailles aient lieu.

Elle parlait mécaniquement, sans penser à ce qu'elle disait, sans surtout ressentir le moindre élan pour ces deux êtres qui se tenaient mal assis dans ses bergères Louis XV.

Patrice poursuivit le récit de leur histoire des origines à ce jour. Il tenta de justifier sa démarche auprès du juge des enfants de Briey en précisant que ses sœurs étaient en danger. Il revint longuement sur son adolescence, son placement dans une famille d'accueil, bref, il raconta sa guerre à ces gens qui ne l'écoutaient que par politesse. Il parla encore longtemps comme un patriarche qui a rassemblé sa tribu et se félicita d'avoir, après tant d'années, reconstitué la cellule familiale qu'il estimait avoir inconsciemment brisée. Pendant ce temps, Laura continuait à envier Solène que son mari entourait de soins affectueux, mais elle n'était pas jalouse d'elle, au contraire, elle se réjouissait qu'au moins un membre de la famille ait pu échapper au malheur.

Tandis que ces pensées cheminaient dans sa tête, son visage se détendait, s'adoucissait et un sourire d'une incroyable bonté se dessinait sur ses lèvres. Ce fut sans doute ce sourire et l'immense tendresse qu'il recelait qui fit craquer Solène. Alors que quelques instants plus tôt, tous ses pores rejetaient cette sœur surgie des limbes, soudain, à la vue de ce sourire, une sorte de bascule s'opéra en elle et elle se sentit prise d'un formidable élan pour Laura. Les larmes emplirent ses yeux et quittant brusquement son fauteuil, elle s'approcha de sa jumelle et la serra dans ses bras. L'émotion était intense.

– Laura, lui dit-elle.

Elle avait maintenant tant de choses à lui dire, tant de secrets à partager, que les mots formaient comme un bouchon dans sa gorge.

– Non, ne dis rien, dit Laura. Tout ce que nous avons vécu l'une et l'autre, les bonnes et les mauvaises choses, nous avons toute la vie pour nous les raconter. Nous allons nous découvrir peu à peu, sans nous presser. Être ensemble, aujourd'hui, tous les trois, me fait oublier toutes les épreuves que j'ai dû traverser.

– Tu as beaucoup souffert ? dit Solène.

– J'ai souffert, oui, mais il me semble que tout s'est soudain apaisé. J'ai une fille adorable, tu as un garçon merveilleux, cela suffit à me réconcilier avec un destin que j'ai longtemps haï.

Jamais Éva n'aurait cru sa mère capable de s'exprimer avec un tel abandon et une telle grâce. À présent c'était elle, Laura, qui se mettait à briller, délivrant tous les cœurs de la chape de malaise et d'angoisse qui les étreignait.

– Je veux tout savoir de mes parents, dit Solène

enfin libérée de sa rigidité, je veux tout savoir de nos premiers pas...

– Nous avions un joli petit pavillon, reprit Patrice, gagné lui aussi par une délicieuse ivresse, il y avait dans le jardin des forsythias...

IV

L'amour foudroyé

L'état de Karine empirant, Patrice décida, sur les conseils de Jérôme qui l'avait opérée, de la faire examiner par un cancérologue parisien. Laura les accompagna. Après avoir étudié le dossier médical de Karine, le professeur décida de lui faire subir de nouveaux examens.

– Faut-il faire un scanner ? demanda Patrice. Mon beau-frère qui est médecin nous l'a suggéré.

– Non, je préfère l'appareil de résonance magnétique nucléaire. L'image est plus nette et le patient ne doit pas recevoir de sérum, comme pour le scanner, ce qui exclut les risques d'allergie.

Karine, résignée, accepta de se soumettre à cet examen et rendez-vous fut pris pour le lendemain à l'hôpital du Kremlin-Bicêtre.

Les résultats n'eurent rien de rassurant. Le professeur conseilla une hospitalisation à Villejuif durant un certain temps. Patrice accepta, il n'avait pas le choix. Il supplia le professeur de tout faire pour sauver sa femme.

– Si les rayons ne parviennent pas à éliminer les métastases, nous pourrons essayer l'interféron ou l'interleukine. Il s'agit de remèdes nouveaux.

– Vous voulez dire que ma femme sera... un cobaye ?

– Cher monsieur, finit par avouer le professeur, votre femme est très gravement malade.

– Vous voulez dire qu'elle est... condamnée, s'étrangla Patrice.

– Je ne veux pas me prononcer tant que nous n'aurons pas tout essayé.

Patrice était anéanti. Laura qui avait assisté à cette discussion pensait déjà qu'à l'automne Karine ne serait plus là.

– Voilà, dit le professeur, j'ai fait le nécessaire pour que votre épouse soit admise à Villejuif dès demain. Personnellement, en tant qu'homme de science, je crois en l'interleukine. Tout n'est pas perdu.

Karine, qui avait été tenue à l'écart de ces discussions, fut hospitalisée. Patrice et Laura l'accompagnèrent dans sa chambre, puis consacrèrent leur matinée à lui acheter deux chemises de nuit, une robe de chambre et des pantoufles. Ils déjeunèrent ensuite dans une brasserie, près de Saint-Lazare. En marchant dans ce quartier, Laura se souvint de son premier pique-nique à Paris, sur les marches de la gare de l'Est. Elle avait connu bien des épreuves, mais, en réfléchissant à ce qu'elle était devenue et en comparant son sort à celui de Karine, elle pensa qu'elle s'en était finalement pas trop mal sortie.

Le lendemain matin, le frère et la sœur rendirent visite à Karine, à l'hôpital, puis, en début d'après-midi, ils reprirent la route vers Longwy. Patrice touchait le fond du gouffre et Laura n'avait aucun remède à son désespoir.

*
**

Éva se posait beaucoup de questions à propos de l'évolution de sa relation avec Alexandre. Elle l'aimait, elle voulait l'épouser, mais elle se demandait s'il serait raisonnable d'avoir des enfants étant donné le risque potentiel d'anomalie génétique qu'une union consanguine peut produire.

Elle faisait la toilette d'une fillette venant de subir l'ablation de l'œil droit, quand Alexandre vint la trouver, interrompant ses réflexions.

– Bonjour, Éva, lui dit-il. Pas trop fatiguée ?

– Je ne suis pas en forme, aujourd'hui.

– On se retrouve pour déjeuner comme d'habitude ?

– Pas avant midi et demi.

– D'accord, à tout à l'heure.

Alexandre ne l'avait pas embrassée comme il le faisait chaque fois. Que signifiait cette soudaine retenue ? Il paraissait plus froid, plus distant, comme s'il ne voulait plus poursuivre leur idylle. Elle mit ces idées sombres sur le compte de la fatigue et se réabsorba dans son travail en essayant de rester lucide et concentrée.

Quand un peu plus tard, elle le rejoignit à la cafétéria, elle le trouva pensif.

– Quelque chose ne va pas ? lui dit-elle.

– Mais non pourquoi ?

Elle le connaissait suffisamment bien maintenant pour savoir qu'il pensait noir en disant blanc.

– Tu as l'air triste, ennuyé. Est-ce à cause de... nous ?

– Ma mère est très perturbée, dit-il sans répondre à sa question. Elle a rompu toutes relations avec mes grands-parents. Elle leur reproche de lui avoir caché la vérité sur ses origines. Je crois surtout qu'elle leur en veut de n'avoir pas aussi adopté ta mère.

Éva refusa de s'immiscer dans un problème interne à la famille Alric. En réalité, elle prenait conscience de son appartenance au clan des Martin et, par ricochet, réalisait qu'il existait bien deux hémisphères distincts.

– Ce problème mis à part, c'est une histoire extraordinaire, poursuivit Alexandre sur le même ton à la fois joyeux et désabusé. Il y avait, je ne sais pas, une chance sur un milliard pour qu'on se rencontre et que nos mères se retrouvent... Tu te rends compte du choc qu'elles ont dû subir... Avoir une jumelle et ne pas le savoir... Sentir probablement la présence de l'autre quelque part et soudain être en face de son double... En fait, elles se ressemblent beaucoup, c'est vrai, mais il y a quelques différences...

– Je sais, dit Éva, ta mère est restée plus jeune, plus fraîche, elle a une classe, une distinction qui manque totalement à maman. Si elles sortent bien du même moule, elles n'appartiennent pas au même monde...

– Ce n'est pas ce que je voulais dire, se défendit Alexandre.

– Non, mais c'est certainement ce que tu penses.

Ils achevèrent leur repas en silence. Puis Alexandre quitta précipitamment Éva.

– Le patron m'attend, dit-il un peu sèchement.

– À bientôt, dit Éva dont la mine accusait une profonde déception.

De toute évidence quelque chose ne tournait plus rond entre eux.

Éva quitta son service assez tôt et courut chez sa mère. Il fallait qu'elle parle à quelqu'un, qu'elle exprime à voix haute ses angoisses, ses craintes. Habituellement, elle téléphonait préalablement à sa mère avant de se rendre chez elle. Laura, qui craignait d'être surprise avec un client, exigeait le strict respect de cette convention. Mais aujourd'hui, Éva n'avait ni le temps ni l'envie de s'annoncer. Elle prit sa voiture et fonça en direction de l'appartement de sa mère, l'esprit si agité qu'elle faillit renverser un piéton sur un passage clouté. Elle gravit quatre à quatre les escaliers et trouva porte close. Déçue, elle rejoignit la rue. Ce fut alors que la catastrophe se produisit. Horriblement fardée, les seins presque nus, portant une minijupe et des bottes montant jusqu'à mi-cuisses, Laura revenait vers son immeuble accompagnée d'un homme âgé de soixante ans environ. Sa tenue, et la présence de cet homme à son coté, ne laissaient aucun doute sur la nature de ses activités. Face à cette vision cauchemardesque, Éva faillit hurler. Mais aucun son ne sortit de sa bouche. Laura, livide, regardait sa fille sans pouvoir parler. Ce qu'elle avait toujours redouté avait fini par arriver. Elle avait eu bien tort de penser que le destin s'était lassé de la harceler. Après une courte trêve, le malheur revenait au galop. Mais cette fois, c'était elle qui l'avait provoqué en refusant de renoncer à son scandaleux métier. La confrontation dura quelques secondes à peine, juste le temps pour Éva d'identifier sa mère, et de partir en courant vers sa voiture, bouleversée.

– Alors, qu'est-ce qu'on attend, on monte ? s'impatientait le client.

– Non, dit Laura, d'une voix blanche. Je ne peux pas.

– Comment ça vous ne pouvez pas ?

– J'ai changé d'avis. Allez, ouste, déguerpissez !

*
**

Patrice avait téléphoné au professeur qui suivait sa femme au centre anticancéreux de Villejuif. Celui-ci fut très franc avec lui :

– Cher monsieur, nous ne pouvons plus rien faire pour votre épouse. Le cancer s'est propagé à tout l'organisme. Nous lui donnons de la morphine pour calmer les douleurs. Je vous conseille de venir la chercher. Elle souhaite rentrer chez elle.

Bien que préparé à cette issue fatale, Patrice ne parvenait pas à croire que tout fût fini. Il se raccrochait à l'espoir que son amour triompherait de la maladie, qu'un miracle aurait lieu. Il avait entendu parler de gens condamnés par la médecine qui avaient continué à vivre longtemps après qu'on eut renoncé à les soigner. Karine s'en sortirait, elle ne pouvait pas disparaître comme ça, si jeune. Ils avaient traversé déjà tant d'épreuves ensemble, ils viendraient aussi à bout de celle-là.

Il prit un jour de congé et téléphona à Laura pour la prier de l'accompagner à Paris. Il la trouva dans un état proche de l'hystérie. Elle était incapable de formuler trois phrases, elle sanglotait au bout du fil.

– Je ne comprends rien. Que se passe-t-il à la fin ?

– Éva... Je... Elle m'a rendu visite à l'improviste... Elle m'a surprise avec un client...

– Comment ? Mais je croyais que c'était fini tout ça...

– Non, je n'ai pas su m'arrêter...

Patrice accusa le coup, puis, oubliant ses propres tourments, tenta de raisonner sainement :

– Comment a-t-elle réagi ? demanda-t-il

– Elle n'a rien dit... Elle a feint de ne pas me reconnaître et s'est enfuie.

– Tu lui as téléphoné ?

– Non, je n'ose plus lui parler... Et comme elle ne se manifeste pas...

– Nous verrons tout cela à mon retour de Paris, conclut-il.

Il prit la route et conduisit pied au plancher. Il essayait de ne pas trop penser à Laura, pour se consacrer exclusivement à son épouse. À midi, il était à son chevet. Elle était si faible, si diminuée qu'il fallut l'aide de deux infirmiers pour la mener jusqu'à la voiture.

– À la maison, tu iras mieux, lui dit-il.

– Je ne tiendrai jamais sans morphine, dit-elle dans un souffle, je souffre trop.

– Je suis là, dit-il comme si le remède à toutes ses souffrances désormais, c'était lui.

Ils s'arrêtèrent plusieurs fois, dans des aires de repos, pour que Karine puisse supporter le trajet.

– Je suis là, ça va aller, ne cessait-il de répéter.

Elle arriva chez elle complètement épuisée. Une infirmière passa dans la soirée pour lui faire une piqûre de morphine. Elle finit par s'endormir.

*
**

Après deux jours d'absence, Solène avait repris son travail à l'hôpital. Elle était sombre, renfermée et Jérôme s'abstenait de la questionner sur ses états d'âme. Le matin même, sa mère adoptive ne supportant plus son silence lui avait téléphoné.

– Comment vas-tu, ma chérie !

– Bien, merci, avait répondu froidement Solène.

– La rencontre s'est bien passée dimanche ?

– Oui.

Mme Alric tenta de recueillir plus de détails mais ce fut tout juste si Solène ne lui raccrocha pas au nez.

*
**

Jérôme et Solène se trouvaient au bloc opératoire, penchés sur les viscères béants d'un opéré. L'intervention terminée, Solène prétexta une indisposition et quitta la salle d'opération, se faisant remplacer par un autre anesthésiste. Elle était tellement obsédée par sa sœur jumelle qu'elle ne pouvait se concentrer sur rien d'autre. Il fallait qu'elle la revoie, vite, qu'elle ait encore sous les yeux ce visage si exactement semblable au sien. Elle eut l'idée d'appeler Éva dans son service pour lui demander l'adresse de sa mère. Éva se contenta de lui communiquer un numéro de téléphone où elle pourrait la joindre. Solène composa ce numéro et la voix de Laura emplit l'écouteur.

– Oui ? Qui est à l'appareil ? Allô ? Allô ? C'est toi, Éva ?

– Non, c'est Solène. Je souhaiterais te voir, seule. Quand est-ce possible ?

– Je ne sais pas, dit Laura qui ne semblait pas très à son aise.

– Veux-tu que nous déjeunions ensemble ? dit Solène. Je connais un très bon restaurant rue de Verdun. Nous pouvons nous y retrouver dans une heure.

– C'est-à-dire... dit Laura.

– C'est moi qui t'invite, affirma Solène.

Solène avait choisi une table dans un angle pour assurer à leur rencontre un caractère plus intime. Deux jumelles dans un lieu public attirent forcément les regards. Laura arriva avec dix minutes de retard. Elle semblait très perturbée.

– J'avais peur que tu ne viennes pas, dit Solène avec un grand sourire.

– J'ai très peu de temps, dit Laura en regardant de tous les côtés comme quelqu'un qui craint d'être reconnu.

– Je sais ce que tu ressens, la rassura Solène. Tu as peur qu'on nous prenne pour des bêtes de cirque. Ne t'inquiète pas, ici personne ne nous verra.

Cette précision parut rassurer Laura qui s'assit et, sans même jeter un regard à la carte, commanda une escalope à la crème.

– Toi alors, dit Solène en riant, tu sais ce que tu veux.

En fait, Laura était saisie de panique à l'idée que sa sœur puisse elle aussi, tôt ou tard, découvrir qu'elle se prostituait.

– Tu te souviens de nos parents ? demanda Solène curieuse de connaître ses origines.

– Non, dit Laura, j'étais trop petite quand ils sont morts.

– Comment est-ce arrivé ?

– Patrice m'a dit que notre père s'était tué en moto et que notre mère était morte brûlée vive dans l'incendie de notre maison.

– As-tu des photos d'eux ?

– Non. Patrice a essayé de récupérer des objets et des photos ayant appartenu à nos parents mais le feu a tout emporté.

– Alors il ne reste plus rien d'eux.

– Qu'est-ce que cela changerait si nous possédions des photos ou des reliques ? dit Laura. Si j'étais à ta place, je ne me soucierais pas de toute la période qui a précédé ton adoption.

Solène fit la grimace. Elle ne partageait pas ce point de vue. Les Alric lui avaient menti et elle ne leur pardonnerait jamais.

– Ce sont des gens bien, dit Laura, volant à leur rescousse. Ils t'ont offert une enfance et une adolescence heureuses. Ils ont eu raison de te cacher la vérité. Une mère ivrogne, un père aux abois qui n'arrivait pas à joindre les deux bouts, tu penses que c'est une belle histoire ? Tu ne mesures pas la chance que tu as eue. Moi, j'ai connu la DDASS et la misère, et je t'assure que j'en ai souffert.

Solène baissa la tête, un peu honteuse de s'être révoltée contre son sort privilégié.

– Une princesse et une souillon, voilà ce que nous sommes, dit Laura.

– Je ne veux pas que tu parles comme ça, dit Solène.

– Alors, promets-moi de ne plus cracher dans la soupe ! dit Laura.

– Tu ne t'es jamais mariée, demanda Solène, détournant la conversation.

– Non. Éva est une enfant naturelle, non reconnue par son père que j'ai refusé d'épouser parce qu'il était brutal. Ce salaud s'est noyé au cours d'une partie de pêche.

– Tu n'as jamais songé...

– À me trouver un autre compagnon ? Non. Je n'ai jamais compté que sur moi-même pour m'en sortir.

– Et aujourd'hui, es-tu heureuse ?

– Nos enfants s'aiment, dit Laura, éludant résolument cette question. Et c'est leur bonheur seul qui compte aujourd'hui.

– Je sais qu'ils s'aiment, dit Solène, mais leur lien de parenté crée un gros problème.

– La loi n'interdit pas le mariage entre cousins germains.

– Certes, mais la biologie ne le recommande pas, si l'on souhaite avoir des enfants.

– Éva et Alexandre sont adultes. Ce sera à eux de décider de leur avenir.

– Tu as raison. Tarte aux fraises ? demanda Solène.

– Tarte aux fraises et café, répondit Laura, ce n'est pas tous les jours fête.

*
**

Éva était effondrée. Elle se remémorait son enfance chez sa nourrice, puis les années de pensionnat dans différents lycées. Les absences de sa mère s'expliquaient. Mais comment aurait-elle pu soupçonner ce qu'on avait toujours pris soin de lui cacher ? Ce qui la préoccupait par-dessus tout, à la lumière de cette terrible découverte, était de savoir qui était son père. Laura le lui avait décrit comme un jeune homme, ingénieur des mines, qu'elle avait refusé d'épouser parce qu'il la brutalisait et qui était mort noyé à vingt-huit ans. Elle n'avait jamais vu une photo de lui, et pour cause... Tout cela n'était que mensonge. La vérité était qu'elle était la fille d'une putain et probablement d'un inconnu du genre de celui qu'elle avait croisé l'autre jour chez sa mère. Le téléphone sonna, elle décrocha machinalement, l'esprit entièrement absorbé par cette ignominie.

– Éva ? C'est Alexandre... Écoute, je dois te parler, c'est très important... Veux-tu qu'on dîne ensemble ce soir.

– Non. Ce soir je suis déjà prise.

– Prise par quoi ?

– Cela ne te regarde pas.

– Éva, je t'en supplie, ne fais pas l'enfant.

Il insista tant et si bien qu'elle finit par céder.

Lorsqu'il vint la chercher, elle avait des yeux de lapin russe.

– Tu as pleuré ? lui dit-il.

– Non, je suis allergique au poil de chat.

– Tu n'as pas de chat, Éva.

Elle se jeta en larmes dans ses bras.

– Je suis à bout, je n'en peux plus.

– On se calme, dit-il, paternel.

Il l'emmena dîner au restaurant chinois. Entre le canard laqué et les litchies, il lui dit :

– Pour moi, rien n'est changé. Que nous soyons

cousins germains ne change rien ni à mes sentiments ni à mes souhaits : je t'aime et je désire toujours t'épouser. Le seul problème, tu le sais aussi bien que moi, concerne peut-être notre descendance. Il y a bien sûr des chances pour que nos enfants naissent normaux, mais il y a aussi un petit pourcentage de risques que nous devrons assumer.

Éva l'écoutait sans parler. Pourquoi la vie est-elle si compliquée, pensait-elle, pourquoi le sort a-t-il voulu que j'évolue au sein d'un système uniquement fondé sur la complication ?

Alexandre but un petit coup de saké et déclara :

– Nos fiançailles seront célébrées dès la semaine prochaine, si tu es d'accord, bien entendu. Et nous nous marierons le premier jour de l'été.

– Tout cela est un peu précipité, répondit Éva, nous devons réfléchir davantage.

– Je ne vois pas bien à quoi nous devrions réfléchir puisque nous nous aimons.

– Il faut que nos familles se connaissent mieux, objecta-t-elle, que nous nous habituions à notre parenté.

Éva qui avait redouté, les jours précédents, une volte-face d'Alexandre liée aux récents événements, se mettait à douter à son tour. Ce qui la gênait était moins ses liens de sang avec Alexandre que ceux qui l'enchaînaient à sa mère. Ce qu'elle éprouvait était assez complexe : elle ressentait une flétrissure morale, elle se sentait souillée et avait peur de salir tout ce qu'elle touchait.

Alexandre fut un peu surpris, mais il ne voulut pas la contrarier. Après tout, lui aussi avait traversé une crise de conscience et il était normal qu'Éva fût elle aussi un peu chamboulée. Il ne put que lui confirmer qu'il l'aimait et qu'il continuerait à l'aimer envers et contre tous.

*
**

Patrice n'allait plus au travail car Karine agonisait. Elle sombrait parfois dans le coma et ne revenait à elle que pour dire à son mari, dans un éclair de lucidité :

– Je m'en vais, prends soin de toi...

Hélène Dufour était à ses côtés depuis plusieurs jours.

Son mari venait la rejoindre de temps en temps. Ils étaient très chagrinés. Ils aimaient tellement leur petite Karine qu'ils avaient élevée.

Patrice téléphona à Laura. Puis il appela sa nièce à l'hôpital.

Laura arriva la première, et Éva la suivit quelques minutes plus tard sans prendre la peine de la saluer ni de l'embrasser. Elle se dirigea immédiatement au chevet de sa tante qui avait totalement perdu conscience. Le médecin traitant, présent, avoua toute son impuissance :

– Elle ne souffre plus... Je pense que d'ici quelques heures...

Il fit un geste assez éloquent pour que tout le monde comprenne que Karine ne verrait pas un nouveau jour se lever. Éva se pencha vers sa tante et l'embrassa sur le front. Puis, d'un seul coup, ses nerfs lâchèrent. Elle éclata en sanglots. Laura avança la main pour lui toucher l'épaule en signe de réconfort, mais Éva la repoussa avec haine et dégoût :

– Toi, me touche pas !

– Pour l'amour du ciel, supplia Patrice, pas ici.

Karine eut un dernier sursaut, très brutal et très bref : elle ouvrit grand les yeux, tendit une main vers Patrice et expira. Avec un calme impressionnant, Patrice posa sur le lit la main de Karine qu'il tenait serrée dans la sienne et lui ferma les yeux.

C'était fini.

Celle qui avait affronté à ses côtés tous les ouragans de la vie, n'était plus là. Il se sentait seul et vide, sa raison d'être l'avait quitté, il lui semblait que la terre s'ouvrait sous ses pieds.

Laura se tenait droite, face au lit, le teint blafard, les traits durs. Elle ne pleurait pas. La douleur était une vieille compagne qu'elle avait fini par domestiquer. Non, ce qui lui faisait mal, par-dessus tout, était le total dédain de sa fille à son égard.

Hélène Dufour ne cachait plus sa douleur. Son mari la prit par les épaules et, les larmes aux yeux, la conduisit dans le salon.

À présent Patrice pleurait aussi, debout au centre de la pièce. Les mains le long du corps, sa grande carcasse secouée de hoquets, il s'abandonnait totalement à son chagrin. Il aurait pu pleurer ainsi des jours entiers. Instinctivement, Laura d'abord, Éva ensuite, s'approchèrent de lui et l'entourèrent de leur affection. Alors, ouvrant les bras, Patrice les attira vers lui et les serra de toutes ses forces en sanglotant. Un long moment s'écoula avant que des paroles succèdent aux pleurs.

– Nous sommes là, finit par dire Laura.

– Oui, dit Éva, nous n'allons pas t'abandonner.

Sans qu'elles en prennent conscience elles-mêmes, cette convergence de points de vue les avaient rapprochées. Il allait falloir faire face aux démarches administratives auprès de la mairie et des pompes funèbres.

– Je m'en charge dit Éva, toi préviens Solène.

Le courant passait à nouveau entre elles. Elles prirent en main les opérations, laissant Patrice libre de veiller sa chère disparue. Quand Solène apprit le décès, elle insista pour être auprès d'eux en ces instants douloureux.

*
**

Informée par Alexandre du décès de Karine, Anne-Marie Alric téléphona à Solène, le lendemain des obsèques, pour lui présenter ses condoléances.

Solène avait été très marquée par ce deuil bien que Karine fût pour elle une parfaite inconnue. Mais elle était la femme de son frère, c'est-à-dire sa belle-sœur, et ces mots prenaient pour elle, dans ce contexte si particulier, une connotation très forte. Une étrange alchimie s'opérait dans son esprit qui la poussait à se détacher des gens qui avaient jusqu'alors le plus compté dans sa vie pour se rapprocher de personnes surgies du néant et qu'elle commençait à peine à connaître.

Anne-Marie Alric comprenait ce détachement de Solène à son égard même si elle ne partageait pas son brutal engouement pour cette famille de revenants. Cependant, elle n'avait pas renoncé à reconquérir sa fille adoptive, ne pouvant admettre que tant d'années d'une si totale harmonie pussent être balayées sur un simple coup de tête. La reprise du dialogue s'avérait nécessaire pour leur équilibre à toutes deux. Aussi proposa-t-elle à Solène un déjeuner en tête à tête. Solène accepta de mauvais gré.

Anne-Marie avait choisi pour lieu de rencontre le plus bel établissement de la ville. Elle pensait que la beauté du décor et l'excellence de la carte adouciraient les tensions. Solène arriva en retard et le contact fut plutôt froid. Elle la salua d'un bonjour sec, sans l'embrasser et s'assit en face d'elle avec une évidente envie d'être ailleurs.

– Je suis heureuse que tu sois venue, dit Mme Alric en lui tendant la carte.

– Je n'ai pas très faim et je suis assez pressée, dit Solène avec froideur.

– Il faut bien que tu manges un peu... Choisis une bonne langouste, tu adores ça...

– Une langouste ? Et pourquoi pas une bonne plâtrée de caviar, dit Solène en riant méchamment.

– Pourquoi dis-tu cela ? s'étonna Anne-Marie Alric, l'air malheureux. Si tu me racontais ce qui se passe dans ta tête ?

– Ce n'est pas difficile à comprendre. Tout ce monde bourgeois où j'ai grandi est faux et détestable. C'est un monde de mensonge et d'hypocrisie et je le hais de toutes mes forces.

Solène s'était mise à parler fort et Anne-Marie Alric jetait des regards inquiets en direction des autres tables, craignant un esclandre.

– Tu ne supportes pas qu'on t'ait menti, c'est cela ?

– J'ai l'impression, dit Solène, d'avoir usurpé ma place.

– Usurpé ta place ? Mon Dieu, ma petite fille, si c'est vraiment ce que tu penses, tu te trompes.

– Je te fais part de ce que je ressens, c'est tout.

– Voyons, Solène, as-tu été malheureuse chez nous ? T'a-t-on jamais maltraitée ? Réponds-moi, ne t'avons-nous pas toujours entourée de chaleur et d'affection ?

– Et l'autre, rugit Solène, vous êtes-vous demandé si elle était heureuse, elle, si elle avait de l'affection ?

L'atmosphère était électrique. Anne-Marie Alric, touchée au cœur, se trouvait maintenant désarmée face à une Solène accusatrice qui avait pris fait et cause pour sa sœur jumelle.

– Pardonne-nous, ma chérie, je t'en prie...

– C'est à elle qu'il faudrait dire cela, il me semble, dit Solène.

Un garçon s'approcha et demanda si ces dames avaient choisi :

– Pas encore, dit Solène en le congédiant.

– Je pensais te faire plaisir en t'invitant dans ce restaurant, dit Mme Alric.

– Un routier m'aurait davantage convenu. C'est le genre d'endroit que devaient fréquenter mes parents quand ils sortaient.

– Où veux-tu en venir à la fin ? s'impatienta Mme Alric.

– À ceci, dit Solène en la foudroyant du regard : J'ai un garçon, ma sœur a une fille, ils s'aiment et c'est catastrophique.

– Pour ma part, je ne vois rien de catastrophique là-dedans, dit Mme Alric. Ton père et moi...

– Mon père adoptif, l'interrompit Solène.

– Ton père adoptif et moi aimons beaucoup Éva.

– Elle n'est pourtant pas le genre de la maison, mais si vous la tolérez, alors tant mieux. Il y a cependant un problème concernant leur descendance : vous risquez d'avoir pour arrière-petits-enfants des tarés. Ce serait un couronnement.

Mme Alric regardait sa fille d'un air triste et malheureux.

– Comme tu as changé, lui dit-elle, tu es si dure, tellement cynique...

– Non, dit Solène, j'essaie simplement de me défendre contre le sort qui n'a jamais cessé de s'amuser à nos dépens. Sa dernière trouvaille est particulièrement savoureuse : il y avait une chance sur je ne sais combien de milliards pour qu'Alexandre s'éprenne de sa cousine germaine et c'est ce qui s'est produit. Tu ne trouves pas ça génial, toi ?

Solène parlait fort. Les clients des autres tables tournaient la tête dans sa direction.

Anne-Marie Alric ne savait plus quoi répondre. La seule chose qu'elle trouva à faire fut de prendre son sac à main et de se lever de table, sans avoir rien consommé. Elle avait les larmes aux yeux et tenait à peine sur ses jambes. Elle passa devant Solène, tête basse, et s'éloigna vers la porte à petits pas débiles. La tentative de réconciliation s'était soldée par un échec. Solène ne bougea pas, mais soudain, elle vit Mme Alric tituber sur place et partir à la renverse.

– Maman ! cria-t-elle en bondissant de sa chaise.

Deux serveurs qui se trouvaient à proximité de Mme Alric purent la soutenir avant qu'elle ne s'écroule sur le sol. On la fit asseoir sur une banquette et on lui donna de l'air en dégrafant le col de son chemisier.

– Laissez-moi faire, dit Solène, je suis médecin.

– Ça va aller, dit la vieille dame en reprenant quelques couleurs, ce n'était rien qu'un étourdissement dû à la faim. Il y a du sucre dans mon sac.

Solène ouvrit le sac de sa mère et le fouilla en quête du meilleur remède contre l'hypoglycémie.

Quand Mme Alric eut pris son sucre, elle se trouva tout de suite mieux. Solène l'aida à se relever et à gagner la rue. Cet incident l'avait durement secouée. Soudain, elle avait réalisé que sa mère adoptive était vieille et qu'un jour elle disparaîtrait, laissant derrière elle, un vide immense. Elle l'aimait et elle prit soudain conscience que ce qu'elle venait de lui faire subir n'était pas mérité. Elle installa la vieille dame dans sa voiture et prit place au volant.

– Je te ramène à la maison, dit-elle.

Mme Alric hocha la tête. Ses traits étaient maintenant plus détendus. Elle souriait. Solène, sa chère petite Solène lui était revenue.

***

Durant la semaine qui suivit les obsèques de Karine, Éva refusa de voir Alexandre. Il tenta vainement de l'arracher à l'atmosphère morbide où elle semblait se complaire. Elle rétorquait qu'elle avait trop de chagrin en ce moment pour songer à dîner en ville ou faire du jogging à la campagne. Ils ne se retrouvèrent qu'un peu plus tard, dans les couloirs de l'hôpital. Alexandre prenait son service lorsqu'il croisa Éva qui venait de terminer sa garde de nuit.

– Bonjour, lui dit-il en l'embrassant sur le front. Tu as une petite mine. La garde a été dure ?

– Oui, j'ai été dérangée toute la nuit.

– Alors, il vaudrait peut-être mieux que je déplace le dîner de demain.

– Quel dîner ?

– Celui que mes grands-parents donnent en l'honneur de nos fiançailles.

– Alexandre, dit Éva, je croyais t'avoir dit...

– Écoute, il y a pas mal de tension dans la famille en ce moment. Mes grands-parents seraient vraiment très, très heureux de nous voir ensemble. Ne les prive pas de cette joie, s'il te plaît.

– C'est bon, soupira Éva, gagnée par cet argument. Je viendrai demain. J'irai seule, inutile de passer me prendre.

– Comme tu voudras.

Éva partit en esquissant un sourire. Mais son visage était triste et exprimait une profonde contrariété. Elle disposait de quarante-huit heures de récupération et elle eut l'idée de passer une journée avec son oncle. Elle téléphona à Patrice sur son lieu de travail.

– Bonjour, mon oncle ! Cela t'ennuie-t-il si je m'invite chez toi ce soir ?

– Au contraire, dit Patrice, j'ai justement besoin d'aide pour faire du rangement.

– Comment fait-on pour les clefs si j'arrive avant toi.

– La voisine a un double. Je lui passe un coup de fil pour la prévenir.

Dès son arrivée dans le petit pavillon, Éva endossa une blouse qui avait sans doute appartenu à Karine, fit le ménage, la lessive, puis partit faire quelques courses dans un supermarché. Elle remplit le réfrigérateur pour plusieurs jours. Enfin elle prépara le repas du soir.

La maison était impeccable quand Patrice rentra du travail. Depuis la mort de Karine, Patrice se laissait complètement aller : il vivait dans un désordre indescriptible, se nourrissait n'importe comment. La barbe qu'il s'était laissée pousser lui donnait une allure de naufragé. En découvrant Éva, son visage ravagé s'illumina.

– Éva, ma chérie. Voyons, il ne fallait pas te donner tout ce mal. Tu sais, quand on vit seul...

– Je sais, dit-elle en l'embrassant.

Ils mirent le couvert ensemble et Éva servit à Patrice un plat alsacien que Karine réussissait très bien. Il en fut touché, mais malheureux, car tout ce qui lui rappelait Karine le faisait souffrir.

– Je crois que je vais vendre le pavillon, dit-il. Possible aussi que je m'en aille vivre quelques années à l'étranger. On embauche sur des chantiers en Afrique, paraît-il. C'était mon rêve d'y aller quand j'étais gosse.

– Alors tu veux me laisser toute seule, dit Éva avec un sourire chagrin.

– Tu as Alexandre.

Éva ne répondit pas. Elle semblait soucieuse, tourmentée. Patrice lui prit la main.

– Si tu me disais ce qui ne va pas ?

– Oh ! un tas de choses, soupira-t-elle.

– Allez, vide ton sac... ça soulage !

– Es-tu au courant pour maman ? lança-t-elle.

– Au courant de quoi ?

– Du métier qu'elle fait en cachette ?

– Oui, répondit gravement Patrice.

– Depuis quand sais-tu ?

– Depuis que je l'ai retrouvée.

– Et depuis quand fait-elle ça ?

– Je ne sais pas. Il ne faut pas juger ta mère. C'est

tout notre passé, le responsable. Elle a beaucoup souffert.

– Il y a des tas de gens qui souffrent et qui ne se prostituent pas pour autant. Enfin c'est complètement dingue. Pourquoi a-t-elle choisi ce métier ?

Patrice eut un sourire dérisoire.

– Elle n'a pas choisi, Éva. La vie l'y a forcée.

– La vie ? Comment est-ce arrivé ?

– C'est à elle qu'il faudrait poser la question.

– Tu me vois lui dire : maman comment es-tu devenue une putain ?

Patrice baissa la tête, gêné.

– Qui est mon père ? demanda Éva.

– Je crois, dit-il, qu'il est préférable pour toi de ne pas le savoir.

– C'est toi qui me dit ça, mon oncle, toi qui a remué ciel et terre pour retrouver tes sœurs ?

– Je suis fatigué, ma petite, finit-il par avouer. La vie m'a usé, comprends-tu ? Je ne tiens pas à poursuivre cette discussion. Excuse-moi.

– Non, c'est moi qui te demande pardon. Je regrette d'avoir parlé.

– Écoute, lui dit-il, tout cela c'est de l'histoire ancienne. Ce qu'il faudrait essayer de faire une bonne fois, c'est rompre les ponts avec le passé. Si j'ai un conseil à te donner, laisse les vieux où ils sont avec leurs problèmes et ne songe qu'à ton bonheur avec Alexandre. Quand dois-tu l'épouser ?

– Justement, dit Éva, je crois que je ne vais pas l'épouser.

– Ne dis pas de bêtise. C'est un brave garçon, il t'aime et je suis certain que toi aussi tu l'aimes.

– C'est affreux ce qui m'arrive, dit Éva, je n'ose plus le regarder en face. J'ai tellement honte. Imagine qu'il apprenne que maman est une prostituée ?

– Il ne l'apprendra jamais.

– Je l'ai bien découvert, moi.

– Sa mère a eu la chance d'être adoptée par des gens riches, des nantis. Ta mère à toi n'a pas eu cette chance-là. Alexandre est un garçon suffisamment intelligent pour le comprendre. Et puis, crois-moi, l'amour vient à bout de tout.

– Je ne sais plus ce que je dois faire. Je ne trouve plus mon chemin.

– Hélas, mon enfant, que devrais-je dire ! La vie est semée d'obstacles. C'est le premier que tu rencontres, mais il n'est pas insurmontable. Si tu tiens à Alexandre, balaye tout le reste et fonce, Éva, fonce !

– Tu as peut-être raison, dit Éva avec un grand soupir.

*
**

Quand Éva arriva chez elle, un superbe bouquet de fleurs l'attendait devant sa porte, avec une petite carte d'Alexandre. Elle fut très touchée de ce geste qui révélait de la part de son futur mari une grande délicatesse.

Elle passa toute la matinée du lendemain, chez le coiffeur. En contemplant sa nouvelle coupe dans la glace, elle pensa, non sans humour, aux frais de beauté que lui avaient coûté ses visites aux Alric. Elle se demanda si dans le monde où elle s'apprêtait à vivre la tenue, l'apparence, n'avaient pas plus d'importance que les sentiments. Les fleurs d'Alexandre étaient là pour la rassurer.

Ce fut comme d'habitude le grand-père qui vint ouvrir. Alexandre se tenait derrière Éva, un sourire confiant aux lèvres. Pierre Alric les l'embrassa. Anne-Marie Alric, Solène et Jérôme en firent autant, quand ils pénétrèrent dans le salon. La démarche était claire. Il fallait montrer à Éva qu'elle faisait désormais partie de la famille. L'atmosphère sereine, détendue, contrastait avec la tension qui régnait dans ce même décor à peine huit jours plus tôt. C'était le calme après la tempête. Les grands-parents redoublaient d'efforts pour mettre chaque invité à l'aise. La conversation ne véhicula bien sûr que des platitudes, meilleur moyen de jeter les sujets brûlants dans l'oubli.

– J'adore votre nouvelle coiffure, Éva, dit le grand-père.

– Ta charlotte aux fraises est délicieuse, dit Solène à sa mère adoptive.

– J'entre au conseil d'administration de l'hôpital, dit Jérôme à son fils.

On se sépara vers vingt-deux heures sans s'être vraiment parlé. Il n'y eut même aucune allusion aux fiançailles des jeunes gens. Comme il était trop tôt pour se quitter, Alexandre proposa à Éva d'aller au cinéma et de finir la soirée ensemble. Il était décidé à reprendre la situation en main.

– Que dirais-tu de retourner dans cette petite auberge où nous avions déjeuné pour la première fois ?

– Non, dit catégoriquement Éva, je n'y tiens pas du tout.

Cette réponse un peu sèche attrista Alexandre.

– Bien, dit-il, on fera comme tu voudras.

Ils firent trois pas sur le trottoir, sans échanger

un mot. Puis Éva, prenant soudain Alexandre par le bras, le força à lui faire face.

– Embrasse-moi, lui dit-elle, embrasse-moi fort.

Un peu déconcerté par cette brusque bouffée de passion, Alexandre s'exécuta.

– Allez, vite, lui dit-elle en lui prenant la main, on court...

– Mais tu es folle, dit-il, surpris par tant d'extravagance.

– Oui, je suis folle.. Folle de toi, et tout le reste n'a aucune importance !

Elle l'entraîna à sa suite et tous deux se mirent à courir sous la pluie qui commençait à tomber.

Éva était heureuse. Délivrée de ses tourments, elle avait retrouvé son âme d'enfant.

*
**

La date du mariage fut arrêtée au 21 juin, premier jour de l'été. Les grands-parents Alric se chargèrent de tous les préparatifs. Leur retraite les rendait totalement disponibles. La cérémonie religieuse aurait lieu à la cathédrale de Nancy. Le cocktail et le dîner se dérouleraient dans cette même abbaye où Solène et Jérôme avaient uni leurs destinées.

Patrice, malgré son deuil, était heureux pour sa nièce. Il fit l'achat d'un smoking, qui, de toute évidence, n'allait servir qu'une seule fois.

– Mais tu es fou, lui dit Laura, quelqu'un aurait pu te prêter le sien ou tu aurais pu en louer un.

– Karine avait toujours rêvé de me voir en smoking, répliqua-t-il tristement. Remarque, ajouta-t-il en se regardant dans la glace, j'ai l'air d'un pingouin.

Et pour la première fois peut-être depuis la mort de sa femme, il rit de bon cœur.

Laura, de son côté, avait choisi une robe jaune pâle, très habillée, avec une grande capeline de paille de soie noire. Elle paraissait enchantée de ce mariage. Y voyait-elle une sorte de revanche sociale, ou plus simplement, ne pensait-elle qu'au bonheur de sa fille ?

– Où en êtes-vous toutes les deux ? demanda Patrice.

– La glace fond peu à peu, répondit Laura.

Éva avait non seulement refusé que sa mère participât au choix de sa robe de mariée, mais aussi qu'elle l'aidât à s'habiller le jour de son mariage. Elle souhaitait en fait la tenir le plus éloignée possible de toutes ces festivités. L'image de sa mère en prostituée la poursuivait. Elle s'était mise à fantasmer sur ce sujet, imaginant Laura entrant dans la cathédrale avec sa tenue provocante. Quand ces visions effrayantes l'envahissaient, elle en oubliait sa joie.

Elle était resplendissante quand ses beaux-parents, accompagnés d'Alexandre, vinrent la chercher. Tout le monde s'émerveilla de la splendeur de la robe de la mariée. Alexandre prit le bras de sa mère et Éva, celui de son oncle Patrice, pour marcher jusqu'à l'autel. En passant devant sa mère, digne dans son bel ensemble jaune et noir, Éva ne put retenir une larme.

La cérémonie fut émouvante. En ces instants solennels, dans ce lieu grandiose, chaque membre de cette famille disloquée ne pouvait s'empêchait de dérouler le long chapelet d'événements qui les avait tous séparés puis à nouveau réunis.

Solène et Laura avaient tenu à porter exactement

les mêmes vêtements. Elles avaient également insisté pour qu'on les plaçât côte à côte. Les invités jetaient un regard curieux et amusé sur ces sœurs jumelles qui mariaient leurs enfants. Dans leur attitude comme dans leur démarche, on décelait un défi ou un pied de nez au destin qui les avait si longtemps manipulées. Mais n'était-ce pas le destin, aujourd'hui encore, qui tenait les ficelles ?

*
**

Le temps s'écoulait dans le calme et la douceur. Éva et Alexandre vivaient amoureusement. Ils avaient meublé avec goût leur petit appartement et recevaient de temps à autre parents et grands-parents. Mais maintenant qu'ils avaient leur vie, les rencontres étaient moins fréquentes qu'avant.

Solène avait enterré la hache de guerre avec ses parents adoptifs. Elle avait compris que sa révolte était stérile et qu'il valait mieux travailler à construire une grande famille plutôt que de semer la discorde. Elle souhaitait, au plus profond d'elle-même, que les Martin et les Alric marchent désormais main dans la main. L'union fait la force et ils avaient bien besoin d'être forts les uns et les autres pour prévenir les nouvelles incartades du sort. Elle sollicitait les rencontres avec Laura, sa jumelle, avec laquelle elle entendait partager ses sentiments, ses idées et ses joies. Un partage dont elles avaient été privées, toutes les deux, si longtemps.

Patrice, toujours traumatisé par la perte de Karine, était le seul à ne pas être gagné par ce vent d'euphorie qui semblait souffler sur sa famille. Cependant, il ne perdait pas de vue la vie du clan, se réfugiait souvent chez Hélène Dufour pour y trouver du réconfort et, comme tout le monde, se tenait dans l'attente d'un heureux événement.

Éva et Alexandre avaient tranché. Le désir d'enfanter était si fort chez Éva qu'ils prirent leur décision très vite, d'un commun accord et en toute conscience, prêts par conséquent à assumer les risques éventuels.

Éva était enceinte de huit mois et des échographies avaient révélé qu'elle attendait un garçon. Le sexe de l'enfant, à vrai dire, importait peu. Sans le formuler, tous ne songeaient qu'à sa santé.

Alexandre, tout à sa joie d'être bientôt père, offrit à sa femme une bague sertie d'une superbe émeraude.

Éva avait cessé de travailler, depuis quelques jours, quand, un matin, elle fut prise de douleurs. Une ambulance vint la chercher et sur le trajet de la maternité, Alexandre ne lui lâcha pas la main. Il assista à l'accouchement qui fut laborieux, l'enfant se présentant par le siège. Mais tout finit bien. Le bébé arriva. Il vociférait. Éva, soulagée, respira.

La sage-femme coupa le cordon ombilical. Le bébé, vigoureux, braillait tant et plus. L'heureux père s'approcha d'Éva pour la réconforter. On présenta le bébé à la jeune maman.

– C'est un garçon magnifique, madame.

Éva, éreintée, esquissa un fragile sourire.

Lorsque la toilette de l'enfant fut terminée, le médecin demanda discrètement à la sage-femme de l'emmener dans la salle des prématurés. Bien que ce ne fut pas l'itinéraire habituel d'un nouveau-né, la sage-femme exécuta l'ordre sans poser de questions. Pendant ce temps, on conduisit Éva dans sa chambre. Comme Alexandre se hâtait, pour rejoindre son service, la sage-femme vint lui dire que le médecin l'attendait dans son bureau.

– Mon cher confrère, lui dit ce dernier, l'air grave et ennuyé, j'ai une mauvaise nouvelle à vous annoncer.

Alexandre devint blême.

– Je crains fort que votre fils soit...

Avant même qu'il ait achevé sa phrase, Alexandre poussa un cri.

– Non, dit-il, non.

Il refusait d'envisager un drame avec d'autant plus de violence qu'il avait cru quelques instants plus tôt tout danger écarté.

– Je peux me tromper, dit le médecin, mais en toute honnêteté j'ai décelé chez votre enfant des anomalies significatives de trisomie 21.

Alexandre, assommé de douleur, garda le silence, puis se leva brusquement.

– Je veux voir mon enfant.

Il courut à la salle des prématurés, mit un masque et se pencha longuement sur le bébé. Le médecin accoucheur avait vu juste.

Tout se bousculait dans sa tête. Il se sentait coupable d'avoir fait triompher son amour pour Éva au détriment de considérations primordiales. Aurait-il dû renoncer à épouser sa cousine ? Il savait pourtant que beaucoup de couples de cousins avaient eu des enfants normaux. Mais à cet égard, il se reprochait de ne pas avoir fait procéder à un prélèvement de liquide amniotique permettant de dépister cette anomalie du chromosome surnuméraire. Seulement, les statistiques scientifiques n'ont jamais établi une relation de cause à effet entre la trisomie 21 et la consanguinité. D'ailleurs, ce genre d'accident menace surtout les grossesses tardives, les femmes ayant dépassé la quarantaine. Et de plus l'amniocentèse, cet examen peu anodin, fait courir le risque d'un avortement. fallait-il imposer cela à Éva ?

Il quitta l'hôpital désemparé. Que devait-il faire ? Il se souvenait des résolutions prises avec Éva avant la naissance. L'un comme l'autre avaient accepté d'assumer tous les risques éventuels de cette grossesse. Évidemment, les deux époux, tout en n'écartant pas le pire, refusaient malgré tout de l'envisager.

Alexandre hésita beaucoup avant de décrocher le téléphone et d'annoncer la cruelle vérité à ses parents. La nouvelle déclencha l'hébétude.

– Éva le sait ? parvint tout de même à demander Solène.

– Pas encore, dit Alexandre. Je ne sais pas quoi faire.

*
**

Quelques heures plus tard, une assistante sociale entra dans la chambre où Éva attendait avec impatience de revoir son bébé. Alexandre arriva en même temps. L'assistante prit une chaise et vint s'asseoir tout près d'Éva. Alexandre se tenait debout derrière elle, fixant son épouse avec un immense sang-froid.

– Mon enfant va bien ? demanda Éva, inquiète de ce protocole.

– Oui, dit l'assistante, il pèse trois kilogrammes neuf cents et tous ses organes fonctionnent normalement.

Puis, d'une voix très calme, elle poursuivit :

– Il faut être très courageuse... Votre enfant est trisomique.

Éva ne réagit pas. Elle interrogeait Alexandre du regard, comme si l'assistante s'était exprimée dans une langue étrangère.

– Ma chérie, dit-il en lui prenant la main, nous en avons parlé avec mon confrère. Les résultats des examens confirment ce diagnostic.

Éva éclata en sanglots. Alexandre l'entoura de ses bras et commença à la bercer doucement. Puis, Éva se mit à se débattre et à hurler. Alexandre pressa une sonnette. Aussitôt, une infirmière accourut pour lui administrer un tranquillisant.

– Je ne veux pas, je ne veux pas ! criait-elle.

Alexandre fit signe à l'infirmière et à l'assistante sociale de les laisser. Avant de quitter la chambre, cette dernière dit :

– Je vous laisse réfléchir et prendre une décision.

– Mais quelle décision ? hurla Éva.

– Vous allez être, à brève échéance, confrontés à un choix, expliqua l'assistante sociale. Soit garder l'enfant, soit le confier à une institution spécialisée. Dans ce second cas, je ne saurais trop vous conseiller d'entreprendre des démarches dès maintenant, car les places sont rares. Mais je suis là pour vous aider.

La brutalité de cet énoncé acheva d'anéantir Éva. Comprenant qu'elle était à bout physiquement et moralement, Alexandre remercia l'assistante sociale, en ajoutant :

– Nous allons réfléchir et nous vous tiendrons informée.

Lorsque Alexandre se retrouva seul avec sa femme, celle-ci laissa parler son instinct :

– Je veux voir mon bébé, je t'en supplie... qu'on m'apporte mon bébé...

– D'accord, dit Alexandre.

Peu après, une infirmière entra dans la chambre en poussant un berceau.

– Voici votre fils, dit-elle, avec un sourire qui parvenait mal à dissimuler son malaise.

– Alexandre, s'il te plaît, veux-tu me le donner ?

Alexandre prit l'enfant et le tendit à sa mère. Éva admira ce petit être tendre et fragile qu'elle avait mis au monde. Elle ne pleurait plus, son visage exprimait l'immense bonheur qu'éprouvent toutes les mamans en admirant le fruit de leurs entrailles.

– Oh ! oui, tu es mignon, disait-elle, tu es magnifique...

Debout, face à eux, Alexandre s'abstenait de tout commentaire. Il la voyait scruter minutieusement le visage de l'enfant.

– C'est mon bébé, dit-elle dans un formidable élan d'amour, je veux le garder.

Alexandre soupira. Il n'était pas du même avis.

– Cela va être très dur de l'élever. Je ne parle pas pour moi, mais pour toi, Éva. Tu risques de souffrir. Nous devrions le confier à des spécialistes avant que tu ne t'attaches trop à lui.

– Nous n'allons pas le mettre dans une maison d'handicapés, dit Éva. Jamais je ne l'accepterai.

– Les enfants qui vivent dans ces maisons ne sont pas malheureux. Un personnel hautement qualifié les entoure de soins et d'affection.

– Non, dit Éva, c'est moi qui élèverai mon enfant.

Elle serra son fils dans ses bras, comme pour le protéger.

Alexandre attendri par cette scène, capitula.

– Si c'est ce que tu veux, nous le garderons. Nous l'appellerons...

– Nicolas, dit-elle, c'était notre choix.

V

Le procès

Nicolas avait sept ans.

La déformation congénitale de son visage aux yeux bridés était très prononcée.

Éva et Alexandre aimaient profondément leur fils, mais ni l'un ni l'autre n'avaient renoncé à leur travail. Ils souhaitaient que la vie s'écoule de façon normale, ou plus précisément, comme si Nicolas était un enfant normal. En leur absence, c'était Dolorès, la vieille et fidèle gouvernante des Alric, qui veillait sur l'enfant. Elle avait élevé Solène et Alexandre. Elle considérait comme une joie et un honneur de s'occuper de ce petit garçon. L'attachement à la famille n'expliquait pas entièrement son dévouement : elle s'était prise de compassion pour cet être différent qui, à sa manière étrange, forçait son affection. Lorsqu'elle était seule avec lui, Dolorès appelait Nicolas « mon petit bouledogue ». Ce petit nom, loin d'exprimer la moquerie, renfermait toute la tendresse du monde.

Chaque soir, en rentrant du travail, Éva retrouvait avec joie son enfant. Elle jouait avec lui et tentait de lui inculquer un langage en usant autant de mots que de gestes. Les résultats n'étaient certes pas à la hauteur de ses espérances, toutefois elle poursuivait ses efforts avec patience et persévérance.

– Tiens, Nicolas, voilà ton camion. Répète après moi : CA-MION.

Un cri rauque constituait l'unique réponse de l'enfant qui tendait la main pour s'emparer du jouet.

– Non, répéte d'abord : CA-MION !

Nicolas n'était pas content et le faisait savoir. Il grognait, trépignait pour obtenir ledit camion. Parfois même, il devenait méchant et cherchait à frapper sa mère.

Puis venait l'heure du dîner. Elle soulevait son fils et l'installait sur sa chaise dans la cuisine. L'enfant faisait de grands sourires et des espèces de révérences tandis qu'elle préparait son potage.

– C'est prêt, Nicolas. Allez, on souffle pour que ça refroidisse.

Il essayait de souffler mais de la bave ne tardait pas à sortir de sa bouche et elle s'empressait de l'essuyer.

– Maintenant prends ta cuiller, tu vas manger doucement.

Elle plaçait la cuiller dans sa main et le carnage commençait : il balayait le contenu de son assiette qui giclait partout et jetait l'objet.

– Voyons, chéri, tu n'es pas sage. Je t'ai montré comment on devait faire.

Elle essayait de mimer l'enfant-qui-mange-sagement-sa-soupe, mais l'effet provoqué n'était jamais celui attendu. Alors Dolorès intervenait et proposait de le faire manger elle-même. De guerre lasse, Éva transmettait le relais. Avec une infinie patience, Dolorès parvenait à faire avaler quelques gorgées à son « petit bouledogue », lequel secouait la tête et agitait les bras dans tous les sens comme un pantin incontrôlable.

*
**

Ce jour-là, Éva n'était pas de garde et Patrice avait pris sa journée pour venir lui rendre visite. Ils déjeunèrent ensemble, puis se rendirent au square avec Nicolas.

Éva n'avait jamais pu restituer à sa mère toute la confiance et l'affection qu'elle lui portait jadis. Leurs liens s'étaient irrémédiablement distendus, pour la plus grande peine de Laura qui aurait bien voulu s'occuper de temps à autre de son petit-fils. Mais c'était à son oncle désormais qu'Éva aimait se confier. Leurs vicissitudes respectives les avaient rapprochés et contrairement aux autres membres de la famille, Patrice ne lui manifestait aucune pitié. Simplement, il était toujours là quand elle avait besoin de parler et les conseils qu'il pouvait être amené à lui prodiguer participaient d'une sagesse qu'il s'était forgée lentement au contact du malheur. Un seul regard, ce jour-là, vers le visage de sa nièce, lui fit comprendre qu'elle n'en pouvait plus.

– Pas dans la bouche le sable, Nicolas ! criait-t-elle à son fils qui suçait ses doigts sales avec une délectation évidente. Ce gosse m'épuise, finit-elle par avouer à Patrice.

– Oui, je vois. Tu n'as pas l'air très en forme.

– Entre le travail et Nicolas, je n'en peux plus. Dolorès m'aide mais elle ne peut pas tout faire. Quant à Alexandre, c'est tout juste si nous avons une vie de couple.

– Vous devriez vous reposer. Pourquoi ne partez-vous pas quinze jours à la montagne, rien que tous les deux...

– Et Nicolas ?

– Ta mère pourrait s'en occuper ou bien Solène.

– Non, pas ma mère. Je ne désire pas la mêler à ça. Quant à ma belle-mère ou même sa mère, je ne peux pas leur imposer cette charge. C'est trop dur. Elles ne pourront pas y faire face.

Patrice n'insista pas, conscient que la situation était inextricable.

– Tu as remarqué, dit Éva, le bac à sable s'est vidé dès que Nicolas y est entré. Tout le monde le scrute et le fuit.

– Il ne faut pas dire ça.

– Si ! mon fils est un objet de peur et de répulsion. Je ne peux plus supporter cette exclusion, lança-t-elle avec une intense révolte.

– Calme-toi, lui dit Patrice. Les autres n'ont aucune importance. Tu n'as pas de comptes à leur rendre.

– Ces yeux qui se retournent sur notre passage partout où nous allons, c'est horripilant. Nous ne sommes pas des bêtes de cirque.

– Je comprends que tu sois agacée, mais ce n'est pas en t'insurgeant que tu vas changer la société. Il faut te dire que la plupart des enfants comme Nicolas sont dans des centres spécialisés.

– Oui, c'est ce que me répète tous les jours Alexandre, à croire que vous vous êtes concertés. Moi, je ne veux pas cacher mon fils, je n'en ai pas honte, j'estime qu'il a droit à la même vie que les autres enfants.

– Mais il est très violent, peut-être même dangereux ?

– Ça peut changer, Patrice ! Tous les trisomiques ne sont pas condamnés à la violence. En entourant Nicolas de tendresse, nous parviendrons à le calmer, j'en suis sûre !

Sa révolte terminée, elle se leva, le rouge au front, et alla récupérer Nicolas pour rentrer chez elle. Mais le gamin se débattit et se mit à pousser des hurlements épouvantables. Tous les regards convergèrent dans leur direction. Patrice intervint, avec sang-froid et détermination. Il ramassa l'enfant qui se roulait dans le sable, le hissa sur son dos et d'un pas décidé, gagna la sortie. Éva saisit le seau et la pelle de Nicolas et, les larmes aux yeux, ravalant sa honte et son chagrin, elle lui emboîta le pas.

*
**

Jérôme et Solène étaient conscients que leur fils et sa femme vivaient un véritable calvaire. Mais, totalement pris par leur profession, ils ne pouvaient pas faire grand-chose pour les soulager. Simplement, selon les disponibilités des uns et des autres, ils les recevaient le samedi ou le dimanche. Ces sorties, hélas trop rares, étaient pour le jeune couple une occasion d'échapper un peu à l'enfer qu'était devenue leur vie avec Nicolas. Après le repas, ils pouvaient confier l'enfant à ses grands-parents et sortir pour voir un film ou tout simplement boire un verre dans un café, enfin délivrés de leur fardeau. Là, ils se retrouvaient un peu et songeaient avec nostalgie à leurs premiers pas d'amoureux.

Ce dimanche-là, les parents d'Alexandre se reposaient chez eux. Patrice était parti avec un collègue de travail à la cueillette des champignons. Quant à

Laura, on était sans nouvelles d'elle depuis une semaine. Éva était en train de préparer le déjeuner quand les hurlements de Nicolas déchirèrent la maison. Elle traversa le long couloir, pénétra dans la chambre où se tenait Alexandre, rouge de colère.

– Que se passe-t-il ? demanda Éva avec angoisse.

– Ce gosse est une horreur, regarde-moi ça...

Elle sentit une odeur nauséabonde monter vers elle et vit que la moquette était souillée de selles liquides.

– Oh ! non, ce n'est pas vrai...

Elle voulut prendre Nicolas par la main pour le conduire dans la salle de bains, mais il se débattit et lui tira les cheveux avec une incroyable férocité. Alexandre s'empara du gamin et lui fit difficilement lâcher prise, puis, excédé, quitta la pièce sans un mot. Il endossa son imperméable et sortit en claquant la porte.

Éva pleurait, Nicolas hurlait. Ils étaient seuls dans l'appartement vide. Que pouvait-elle invoquer pour sa défense, pour celle de l'enfant ? C'était elle qui avait mis au monde cet handicapé. C'était elle qui avait insisté pour le garder. Un jour Alexandre ne supporterait plus ce cauchemar quotidien et il la quitterait. Elle leva son regard vers son fils, en quête d'un signe de tendresse ou de pitié. Mais l'enfant la fixait de ses petits yeux boursouflés, attendant qu'on s'intéresse à lui pour se remettre à hurler.

Alors, courageusement, Éva se mit au travail : c'était comme une montagne que l'on gravit chaque matin et d'où l'on dégringole chaque soir. Sans cesse et infatigablement, il fallait recommencer les mêmes gestes : laver, ranger, réparer, tout en sachant bien que ces efforts ne serviraient à rien et qu'un peu plus tard, le désordre et la saleté, le chaos et la folie régneraient à nouveau. Néanmoins, elle assumait sa tâche sans se plaindre, à la fois victime et bourreau d'un supplice sans fin.

***

Ayant appris par Solène qu'Éva ne mangeait plus et sombrait dans la dépression, Laura passa outre à leur différend et décida d'intervenir.

En découvrant Éva, si pâle, si décharnée, elle mesura mieux la gravité de la situation. Ce gosse va la tuer, pensa-t-elle. On ne peut pas laisser faire ça. Le seul problème était qu'il fallait la convaincre de se séparer de Nicolas. Tout le monde en était conscient, mais personne n'avait encore trouvé les bons mots pour le faire. Laura se jura d'y parvenir. Elle tenta d'abord la manière douce.

– Je t'ai apporté une tarte aux mirabelles, je sais que tu l'aimes. Je vais préparer du thé et nous goûterons ensemble.

– Je ne t'ai rien demandé, répondit durement Éva, je t'en prie, maman, va-t'en...

– Allons, allons, tu vas tomber malade si tu ne te nourris pas. Fais-moi plaisir, ma fille, secoue-toi...

– Je n'ai pas à te faire plaisir. Retourne faire la putain...

Laura resta figée. Elle venait de prendre cette réplique en pleine figure et n'osa pas ciller. Elle resta très calme, posa le carton contenant la tarte sur la table de la cuisine, s'assit en face de sa fille et, la forçant à la regarder dans les yeux, lui dit :

– Qui es-tu, toi, pour juger ta mère ? Sais-tu ce que j'ai enduré pour que tu grandisses heureuse ?

Dis, sais-tu tout ce qu'il m'a fallu souffrir en silence pour que tu dormes dans de beaux draps, portes des vêtements chics et ailles dans de bonnes écoles ? Je pensais que tu deviendrais quelqu'un de bien, quelqu'un de meilleur que moi. C'est dans ce but uniquement que j'ai fait la putain. Mais je m'aperçois que j'ai souffert en vain, car tu n'es qu'une sale enfant gâtée, égoïste et sans cœur. Pour moi aussi ç'a été dur de t'élever, pour moi aussi les journées ont ressemblé à ces tunnels noirs dont on ne voit pas le bout, mais je le répète, je n'avais pas le choix... Toi, tu l'as eu et tu l'as encore... Alors, écoute-moi bien, Éva : cet enfant, tu ne peux plus le garder avec toi, il te fait du mal, il va te détruire... Si tu tiens à Alexandre, sépare-toi de Nicolas... Place-le dans un centre et tâche de sauver ce qui peut encore l'être...

Ces paroles, Laura les avait prononcées d'une seule traite, sans laisser le temps à sa fille de répliquer, si tant est qu'elle en eût la force. Ce fut dans la tête d'Éva comme une tornade qui souffla sans désemparer, rasant tout ce qui pouvait encore y tenir droit, battant en brèche ses dernières défenses, semant le vide là où régnait le chaos. Lourdement, le silence retomba sur la maison. À cette heure, exceptionnellement, Nicolas dormait. Laura se leva, remit son manteau et laissa sa fille totalement prostrée. Quand la porte claqua derrière sa mère, dans la nuit qui avait maintenant envahi la cuisine, Éva se mit à sangloter doucement.

*
**

Durant ce temps, Alexandre se trouvait chez sa mère. Il se réfugiait de plus en plus souvent auprès d'elle, ayant besoin de sa présence pour apaiser sa douleur. Solène l'écoutait dérouler le fil de ses déboires quotidiens. Elle s'abstenait de prendre parti, mais maudissait le jour où sa route avait croisé celle d'Éva. Pourtant, ce jour, elle le savait, lui avait ramené une sœur qu'elle aimait de tout son cœur.

– Je ne sais plus où j'en suis. Notre couple part à la dérive. Éva me fuit, je fuis Éva. Si nous ne réagissons pas vite, nous courons au divorce.

La solution que Laura avait suggérée à sa fille était également celle que Solène proposait à son fils.

– Il faut vous séparer de Nicolas. Si tu le veux, je suis prête à faire toutes les démarches pour le placer dans un centre spécialisé.

– C'est la solution que j'avais moi-même préconisée il y a sept ans. Mais Éva n'a jamais voulu céder. Son obstination n'a d'égal que son désespoir.

– Éva est malade. Ses nerfs sont à bout. La dépression te guette, toi aussi. Il faut imposer ta décision. Il en va de votre salut à tous deux.

Alexandre était abattu, amorphe. Solène redoubla d'énergie :

– Viens, nous allons voir Éva. Je vais lui parler. J'essaierai de la convaincre.

Ils arrivèrent chez Éva peu de temps après que Laura l'eut quittée. Ils la trouvèrent prostrée, dans la cuisine. Assise sur un tabouret, le regard perdu dans le vague, elle se goinfrait de tarte aux mirabelles qu'elle puisait avec les doigts dans le carton qu'elle avait ouvert. Elle mangeait salement, presque bestialement, en s'en mettant partout : ses mains étaient tachées ainsi que son menton et on aurait dit que ce faisant, elle cherchait à imiter son fils, soit pour se rapprocher de lui, soit pour prendre encore plus de distance avec un monde dont elle se sentait exclue. Face à ce spectacle affligeant, Solène explosa :

– Ma petite Éva, tu ne peux plus continuer comme ça. Il faut que tu sortes de ce cercle vicieux. Nous en avons tous parlé et nous en sommes venus à la même conclusion : Nicolas doit être placé dans un centre approprié à son état.

Éva leva sur sa tante et sur son mari un regard inexpressif. Elle se mit à parler d'une voix monocorde, avec une lenteur extrême et si bas qu'il fallait tendre l'oreille pour la comprendre.

– Jamais je ne me séparerai de mon fils. Nous l'avons mis au monde. Nous sommes responsables de son handicap. Nous n'avons pas le droit de le jeter.

– Mais qui parle de le jeter ? reprit Solène. Cet enfant sera pris en charge par des professionnels qui l'initieront aux actes essentiels de la vie. Vous n'êtes pas capables, Alexandre et toi, de lui offrir cela. D'une part, vous n'avez pas été formés pour y faire face, d'autre part vous avez une vie, un travail qui ne vous rendent pas disponibles vingt-quatre heures sur vingt-quatre. Et puis cessez de culpabiliser. N'importe quel couple peut avoir un enfant trisomique. Nous ne connaissons pas la cause de ce chromosome surnuméraire et, dans l'état actuel de la science, nous ne pouvons pas y remédier.

– Puisqu'il n'y a aucun remède, les professionnels ne feront pas mieux que nous, répliqua Éva avec une froide logique. Nicolas est donc mieux ici. Il jouit de toute notre affection et c'est le meilleur des remèdes...

– Écoute, Éva, dit Solène en inspirant bien fort,

je vais être très franche avec toi : si cet enfant reste auprès de vous, vous allez finir par le haïr...

Éva l'interrompit avec dureté cette fois :

– Une mère ne peut pas haïr son enfant, c'est impossible, vous le savez très bien.

Alexandre tenta de relayer sa mère :

– Jusqu'où doit aller ce sacrifice ? Et pourquoi ?

– Si tu ne supportes plus cette existence, tu peux reprendre ta liberté, je te l'ai déjà dit.

– Mais, ma chérie, je ne veux pas te quitter ! Je cherche simplement à trouver une solution à notre problème.

– Il n'y a qu'une solution : nous gardons notre enfant.

*
**

Éva décida de quitter son travail. Elle désirait s'occuper exclusivement de son fils. Alexandre avait approuvé sa décision, espérant ainsi qu'elle remplirait plus facilement son rôle de mère et d'épouse. Mais il était inquiet et il lui dit :

– Tu es certaine qu'avant de te consacrer entièrement à Nicolas, tu ne veux pas te reposer quelques jours à la montagne ? Ton anémie t'a beaucoup affaiblie, tu as besoin de reprendre des forces.

Éva était méfiante : elle craignait que, si elle partait, Alexandre et sa famille placent Nicolas dans un centre.

– Non, dit-elle avec son plus doux sourire, je t'assure que je vais très bien m'en sortir. Je n'ai besoin que de ta confiance et de ton amour, mon chéri.

Alexandre était soucieux. Il ne pouvait ignorer

que, sous son apparente sérénité, sa femme souffrait d'une très grave dépression. Ayant renoncé à ramener Éva à plus de sagesse, il l'embrassa et partit travailler.

La matinée se déroula sans encombre. Nicolas avait eu un peu de mal à se réveiller, mais il s'était laissé habiller et laver sans opposer de résistance et la séance du petit déjeuner n'avait pas été trop explosive. Éva lui avait promis, s'il jouait gentiment avec ses cubes de l'emmener au manège l'après-midi. Nicolas répondit à cette promesse par un sourire que sa mère prit bien entendu pour un assentiment. Mais en réalité, personne n'aurait pu dire avec certitude ce qu'il signifiait. L'enfant était imprévisible et, en un éclair de temps, l'ange qu'il était parfois pouvait se muer en démon et naturellement sans que l'on sache ce qui pouvait motiver d'aussi spectaculaires métamorphoses.

La sonnerie du téléphone retentit. C'était Laura qui souhaitait avoir des nouvelles de sa fille. Éva, qui avait pris la résolution de garder son calme en toutes circonstances, surprit sa mère par sa gentillesse :

– Oui, maman, tout va très bien. Excuse-moi de ne pas t'avoir rappelée, mais j'ai beaucoup de travail.

Ne perdant pas de vue son propre objectif, Laura tenta une nouvelle percée :

– Je viens de découper dans un journal un article sur les enfants mongoliens. J'aimerais beaucoup que tu le lises. Tu sais, on y apprend beaucoup de choses, notamment sur le rôle déterminant des éducateurs en milieu spécialisé.

– Je lirai cet article avec plaisir, dit Éva sans s'énerver. Tout ce qui concerne Nicolas m'intéresse.

Croyant que sa fille était revenue à de meilleures dispositions, Laura voulut poursuivre davantage :

– Écoute, je n'ai rien de particulier à faire cet après-midi, on pourrait faire le tour des maisons de Nancy qui accueillent les handicapés.

– Si tu n'as rien à faire, dit Laura toujours aussi calme, passe donc à la maison prendre le café. Ensuite nous irons au manège avec Nicolas.

– Bon, dit Laura un peu décontenancée par tant de suavité, je passerai vers quatorze heures.

– Très bien, maman. Je t'embrasse.

Tout allait parfaitement bien lorsque, au moment de passer à table, Nicolas commença à pleurnicher. Éva se montra d'abord patiente, puis devant la mauvaise volonté évidente de l'enfant, elle voulut se montrer ferme. Comme elle avait décidé de traiter Nicolas comme un enfant normal, il n'était plus question qu'elle cède à ses caprices. Sa nouvelle méthode consistait à ne plus tenir aucun compte de cette différence dont toute sa famille lui rebattait les oreilles. Elle le laissa seul dans la cuisine, en tête à tête avec sa viande hachée et sa purée, et s'isola dans le salon, avec un livre, indifférente aux cris de l'enfant. Elle tint cinq minutes, à peine. Les cris devinrent hurlements, des hurlements inhumains. Ils ne cessaient de s'amplifier. La bouche écumait, les yeux jetaient des éclairs blancs. Éva le rejoignit et essaya de le calmer. Mais aucune de ses paroles, aucun de ses gestes ne semblait en mesure d'apaiser le volcan. Il fallait une fois de plus avoir recours à la médecine. Les calmants se trouvaient dans leur chambre, au bout d'un long couloir. Elle y était parvenue lorsque l'enfant, qui courait derrière elle comme une furie, la bouscula avec une violence telle qu'elle trébucha et son front alla heurter le rebord d'une console en bronze. Le sang gicla. L'enfant se rua sur elle, la frappa, lui laboura le visage de ses ongles. Elle tenta de se relever. Il la déséquilibra. Il lui donna un coup de pied et la mordit comme un animal enragé. La lutte devint confuse, démente. Elle réussit à se redresser. L'enfant se déchaîna davantage et se jeta sur elle, enfonçant ses doigts dans les yeux de sa mère. Alors, mue par un réflexe d'autodéfense, elle le saisit avec une force inouïe et le projeta en direction de la fenêtre basse, qui était grande ouverte. Le petit corps bascula dans le vide.

*
**

Laura arriva un peu en avance au rendez-vous. Elle fut surprise de découvrir un attroupement devant l'immeuble où vivait sa fille. Un camion de pompiers était là, ainsi qu'un fourgon de la police. Curieuse, elle s'approcha et vit un sapeur-pompier recouvrir d'un drap le corps de son petit-fils. À ses côtés, un officier de police judiciaire recueillait les témoignages des badauds.

– Il est tombé de cette fenêtre, là-haut, vous voyez...

– Non, quelqu'un l'a poussé, j'habite en face, j'ai tout vu...

À ces mots, Laura comprit ce qui s'était passé. Elle prit l'ascenseur avec l'officier de police.

– Je suis la grand-mère de la victime, dit-elle.

– Vous savez ce qui a pu se passer ?

– Non, balbutia-t-elle.

Ils sonnèrent à la porte de l'appartement. Éva vint leur ouvrir. Elle paraissait totalement hébétée.

– Ma petite fille, qu'est-il arrivé ? dit Laura, terrorisée.

– Je suis l'officier Brunel, de la police judiciaire. J'aurais quelques questions à vous poser.

Manifestement Éva n'était pas en état de lui répondre.

– Ma fille est très fatiguée, intervint Laura. Elle souffre d'une grave dépression nerveuse. Vous n'en tirerez rien pour l'instant.

L'officier jeta un regard sur le visage d'Éva qui portait des traces de sang sur le front. Il se rendit dans la chambre, s'approcha de la fenêtre toujours grande ouverte, se pencha vers la rue. En bas, l'attroupement n'avait pas bougé. Il revint vers Éva et comme celle-ci n'était pas en mesure de communiquer, il s'adressa à Laura :

– Votre fille est en état d'arrestation. Un témoin l'a vue défenestrer son enfant. Nous allons attendre le Procureur de la République et le juge d'instruction avant de la conduire au poste de police pour l'enquête d'usage.

– Je peux téléphoner à ma sœur ? demanda Laura.

– Faites, madame, je vous en prie.

Très peu de temps après, Alexandre était prévenu du drame. Il se rendit aussitôt à son appartement. Solène y était déjà. Éva se tenait assise sur le bord d'un canapé, les mains jointes sur les genoux, la tête légérement penchée de côté comme si elle souffrait d'un torticolis. Quand Alexandre vint s'asseoir tout prés d'elle, elle ne bougea pas. Il lui parla, mais elle ne l'entendit pas. Ses yeux fixaient le vide. Ce fut dans cet état de choc que le Procureur de la République et le juge d'instruction la trouvèrent. Elle fut conduite au poste de police.

*
**

L'officier de police judiciaire chargé de l'enquête la fit asseoir dans son bureau et s'installa derrière sa vieille machine à écrire. Mais avant qu'il pût entamer l'interrogatoire, Éva, émergeant de sa torpeur, demanda :

– Je souhaiterais récupérer mon enfant.

Les mains de l'officier se figèrent au-dessus du clavier, il eut du mal à déglutir, puis déclara :

– Madame, votre enfant est décédé.

Hébétée, Éva le regardait fixement..

– Je crois que c'est vous qui l'avez tué, lui dit-il.

– Je l'ai tué ? répéta Éva, hésitant entre l'acquiescement et l'interrogation.

– Oui, madame... je suis désolé, répliqua-t-il. Je crois que vous l'avez poussé dans le vide.

Silence. Éva se tenait immobile, face à l'homme qui s'attendait maintenant à une prise de conscience de sa part et à des pleurs. Mais rien ne vint. Ni larmes ni cris. Simplement cet aveu, prononcé d'une voix blanche :

– J'ai tué mon enfant. Je ne veux plus vivre.

Nouveau silence. L'officier s'éclaircit la voix, puis dit :

– Voulez-vous décliner vos nom, prénoms, date de naissance, le lieu de votre domicile et votre profession.

– Oui, dit-elle.

– Je vous écoute, répondit-il, en se demandant si elle avait toute sa raison.

– Oui, répéta-t-elle. Je l'ai tué. J'ai agi seule. Je suis coupable du meurtre de mon enfant. Je veux être punie.

L'officier de police judiciaire essaya en vain de recueillir tous renseignements utiles pour dresser procès-verbal.

– Je l'ai tué, répétait-elle sans arrêt. Il était toute ma vie. J'ai tué toute ma vie. Je veux qu'on m'enterre avec lui. Je ne veux plus vivre.

*
**

Placée en garde à vue, Éva passa la nuit dans les locaux de la police. Après la clôture de l'enquête, elle fut déférée au parquet, puis devant un juge d'instruction du tribunal de grande instance de Nancy, lequel, après un bref interrogatoire de vérification d'identité, lui fit connaître expressément les faits qui lui étaient imputés et leur qualification, en l'avertissant qu'elle était libre de ne faire aucune déclaration et qu'elle avait le droit de choisir un avocat.

Éva refusa de s'exprimer. Le juge d'instruction signa à son encontre un mandat de dépôt, ce qui permit aux agents de la force publique qui attendaient dans le couloir du palais de justice de la conduire immédiatement à la maison d'arrêt de Nancy où elle fut incarcérée.

De leur côté, Alexandre, sa mère et Laura ne demeuraient pas inactifs. Surmontant leur chagrin, ils prirent contact avec maître Guy Bernard, avocat spécialisé dans les affaires de la cour d'assises, et le constituèrent pour assurer la défense de la prévenue. Aussitôt saisi du dossier, l'avocat s'employa à obtenir la liberté provisoire de sa cliente.

Le lendemain, autorisé par le juge d'instruction, il rendit visite à Éva dans le parloir réservé aux avocats. La jeune femme, teint blafard, mine défaite, démarche somnambulique, fit preuve d'un calme et d'une lucidité inattendus. Quand l'avocat la pria de lui faire le récit des événements tragiques de la veille, elle trouva la force de lui relater les faits dans les moindres détails, sans toutefois pouvoir expliquer son geste.

– Je n'ai aucune excuse, conclut-elle. La justice doit m'infliger le châtiment suprême. Je vous demande de plaider dans ce sens.

– Chère madame, réagit maître Bernard, vous vous condamnez bien vite. Vous oubliez que vous avez eu l'immense mérite de garder auprès de vous cet enfant trisomique. Vous vous en êtes occupée avec amour, au-delà même de vos forces. De nombreuses personnes de votre entourage peuvent témoigner de votre dévouement. Fort de ces données, j'espère bien obtenir, votre acquittement ou, au moins, l'octroi du bénéfice de larges circonstances atténuantes pouvant entraîner une condamnation minime, avec sursis.

– Non, dit Éva, je refuse que vous excitiez la commisération des juges et du jury. J'ai commis le plus horrible des crimes et je tiens à expier le plus durement possible.

– Nous en reparlerons lors de notre prochaine rencontre.

*
**

Laura avait obtenu du juge d'instruction un permis pour rendre visite à sa fille à la maison d'arrêt. Éva et sa mère se jetèrent dans les bras, l'une de l'autre, sans échanger un mot. Elles se retrouvaient dans l'adversité.

– Oh ! maman, comment ai-je pu faire une chose pareille ? Je l'aimais tant, il était tout pour moi.

Laura lui souriait doucement tout en lui caressant le visage. Elle lui dit :

– Je suis tellement malheureuse. Je te demande pardon.

– Pardon ? dit Éva, étonnée. J'ai été si dure avec toi, je t'ai même haïe...

– Tu en avais le droit. Je suis une prostituée, c'est vrai. J'avais la possibilité de m'en sortir et je ne l'ai pas fait.

– Au lieu de t'aider, je t'ai rejetée.

– Écoute, Éva, parlons de toi, si tu veux bien. Il faut te sortir d'ici au plus vite. Ton avocat a promis de s'en charger.

– Me sortir d'ici ? Mais voyons, maman, je suis une criminelle. J'exige un châtiment.

– Tu n'es pas une criminelle, Éva, mets-toi bien ça dans la tête. Le seul reproche que tu puisses te faire c'est de ne pas m'avoir écoutée quand je te suppliais de placer Nicolas dans un centre.

Alexandre, Solène et Patrice arrivèrent à leur tour. Laura se retira en persuadant sa fille de ne pas culpabiliser.

Alexandre avait le visage amaigri par l'épuisement et la dépense nerveuse. Une barbe de deux jours lui dévorait les joues et le menton. À son apparition, Éva se tassa un peu plus sur sa chaise. Elle pensait qu'il ne lui pardonnerait jamais le meurtre de

Nicolas. Mais en réalité, ce qui minait Alexandre au plus profond de lui-même, c'était la détresse d'Éva qu'il n'avait jamais cessé d'aimer.

– Ma chérie, lui dit-il, il faut te soigner. J'ai obtenu que tu puisses être examinée par un médecin de la maison d'arrêt.

– Alexandre, lui dit-elle, comment peux-tu encore t'intéresser à moi. Je t'ai pris ton fils, je l'ai tué. Tu devrais me détester.

– Écoute-moi bien, Éva, durant sept ans nous avons tout fait toi et moi pour élever notre enfant dans le bonheur et la dignité. Était-il heureux ? Sincèrement je ne le crois pas. À présent, il l'est, pour l'éternité. Je reviens du cimetière. Toute la famille et nos amis étaient présents. Et pas une seule personne, tu m'entends, pas une seule n'a blâmé ton geste.

– Mais toi, dit-elle, il est impossible que toi tu me pardonnes ce que j'ai fait.

– Je n'ai rien à te pardonner, Éva. Cette vie était un enfer. Nous souffrions trop, lui comme nous. À présent, Nicolas repose. Et toi, Il faut reprendre des forces pour les assises. Promets-moi de lutter.

Alexandre céda sa place à Patrice et à Solène. Ils embrassèrent Éva et lui prodiguèrent des paroles de réconfort. Éva aimait beaucoup son oncle. Il représentait pour elle le père qu'elle n'avait jamais eu. Quand sonna la fin des visites, elle le supplia de revenir la voir.

*
**

Une autopsie avait été pratiquée sur la dépouille de Nicolas, juste avant son inhumation. Elle avait révélé un enfoncement de la boîte crânienne consécutif à sa chute de plusieurs mètres sur la chaussée.

Un psychiatre fut commis par le juge d'instruction pour examiner Éva. Son rapport conclut que la jeune femme jouissait de toutes ses facultés mentales, mais que celles-ci avaient pu être altérées lors de l'acte criminel, d'une part par une tension très forte due à un excès de fatigue, d'autre part par un manque de maîtrise de soi provoqué par une lassitude pathologique liée aux efforts constants et accablants déployés depuis des années pour élever un enfant souffrant d'un lourd handicap.

À la maison d'arrêt de Nancy, Éva fut suivie régulièrement par un médecin qui l'aidait à combattre sa dépression. Redoutant des pulsions suicidaires, la surveillante en chef avait suggéré qu'elle partage sa cellule avec une autre détenue.

Sandrine Bruneau était une jeune et jolie femme d'une trentaine d'années, fine, équilibrée, très forte sur le plan psychologique et réputée pour sa sociabilité. Elle était poursuivie pour escroquerie.

– J'aime jouer, c'est aussi bête que ça, expliqua-t-elle à Éva. Quand c'est avec l'argent des autres, c'est encore plus excitant. Je ne me sens pas spécialement malhonnête, étant donné que je ne me suis jamais attaquée qu'aux riches.

Les deux femmes ne tardèrent pas à sympathiser. Éva émut Sandrine en lui racontant sa vie et les motifs de sa détention.

– Pauvre gosse, dit-elle, il aurait fallu le placer dans un centre spécialisé.

– Je sais, dit Éva dont la pensée avait beaucoup évolué. C'est ce que souhaitait faire mon mari. Je me suis crue plus forte que tout le monde en essayant d'élever moi-même Nicolas. C'est en fait mon orgueil qui m'a perdue.

– Ou ta bonté, rectifia Sandrine.

Ces discussions avaient un effet bénéfique sur Éva. Elles constituaient même une véritable thérapie, l'aidant à se libérer de tout un tas de peurs, d'angoisses, de frustrations qui l'étranglaient. Elle raconta à Sandrine l'histoire de sa famille, du drame originel de Briey à la défenestration de son fils. Tout se tenait, tout était lié, et à mesure qu'elle dévidait l'écheveau de cette tragédie, elle comprenait que son drame était inscrit en germe dans celui qu'avaient vécu, en leur prime enfance, sa mère, son oncle et sa tante. Pour Sandrine qui l'écoutait et jouait le rôle de Socrate, Éva était totalement innocente du crime dont elle s'accusait : l'unique responsable, c'était le destin.

*
**

Éva était détenue depuis deux mois quand, un matin, la surveillante en chef lui annonça qu'elle bénéficiait d'une mesure d'élargissement. Son avocat avait fait diligence et le juge d'instruction venait de signer une ordonnance de mise en liberté provisoire.

Éva ramassa ses affaires, embrassa Sandrine bien fort et retrouva les siens qui l'attendaient devant la porte de la maison d'arrêt. Durant de longues semaines, elle n'avait connu que le silence et la méditation. Maintenant, elle replongeait d'un seul coup dans le vacarme et le tourbillon du monde extérieur.

Elle était libre, mais sous contrôle judiciaire. Elle ne devait pas quitter Nancy à moins d'en informer le juge d'instruction.

Après un examen médico-psychologique et une enquête sur la personnalité de l'accusée, le juge d'instruction avait tenu à recueillir tous renseignements utiles sur sa situation matérielle, familiale et sociale. Il entendit séparément, à son cabinet, Laura, Solène, Patrice et Alexandre. Le parcours tourmenté de Laura avait particulièrement retenu son attention. Il avait fait dresser par son greffier un procès-verbal comportant les moindres péripéties de cette existence hors du commun. Laura avait tenu à ne rien occulter de son récit. Elle éprouvait un sentiment de délivrance en se déchargeant enfin de ce lourd secret qu'elle portait comme une tumeur. Mais ce qu'elle voulait surtout prouver au juge d'instruction, c'est que le mal découle presque toujours de la misère ou de la souffrance morale et que nous ne sommes pas toujours responsables des actes que nous commettons. Bien sûr, en affirmant cela, elle prêchait aussi et surtout pour sa fille.

Quant à Solène, marquée par sa formation scientifique, elle avait surtout insisté sur la consanguinité des jeunes époux et les conséquences biologiques qu'elle peut générer. Patrice, pour sa part, avait toujours en mémoire sa lointaine visite au juge des enfants de Briey et, loin d'accuser le destin de la suite incroyable de malheurs qui s'étaient ensuivis, il se sentait personnellement à l'origine du drame où tous se trouvaient plongés aujourd'hui.

Les faits retenus à la charge d'Éva constituant une infraction qualifiée de crime par la loi, la mise en accusation de celle-ci fut décidée et son dossier transmis à la cour d'assises de Nancy.

Éva fut avisée de la date à laquelle elle devait comparaître et fut contrainte de se constituer prisonnière la veille de l'audience, conformément aux exigences de la loi.

C'est ainsi que, dans un grand désarroi psychologique et moral, elle dut réintégrer la cellule qu'elle partageait avec Sandrine. Elle ne dormit pas de la nuit.

*
**

Claire Dumonteil, durant toutes ces années, avait effectué un parcours professionnel qui, du tribunal pour enfants de Briey l'avait menée à la présidence de la cour d'assises de Nancy. Quelques jours avant son départ à la retraite, c'était un magistrat aguerri, passé maître dans l'art de diriger les débats. Ses cheveux avaient un peu blanchi, mais elle manifestait toujours le même allant.

En héritant à nouveau du dossier Martin, elle pensa bien sûr que le destin lui adressait un signe mais comment fallait-il l'interpréter ? Elle n'en avait pas la moindre idée.

Cinq jours avant l'audience, elle avait interrogé l'accusée, conformément à la loi, pour s'assurer que celle-ci avait bien reçu la signification de l'arrêt de renvoi devant la cour d'assises et qu'elle avait choisi un avocat. Un procès-verbal avait été dressé, signé par elle, en qualité de Président de la cour d'assises, le greffier et l'accusée.

Lors de cet entretien, elle fut émue par le parcours de cette jeune maman d'un enfant trisomique qui était allée au bout de ses forces pour le garder à la maison.

Elle avait été fascinée également par ce hasard qui avait, par mille ruses et mille détours, provoqué séparations, rencontres et retrouvailles pour finalement aboutir à ce procès.

Malgré son refus de révéler à Patrice l'identité des parents adoptifs de sa sœur Solène, une force mystérieuse avait percé le secret, provoquant heurts et malheurs en cascades.

Elle avait toujours pensé que le cours naturel des événements n'est soumis à aucune causalité rationnelle, mais d'une part, devant ces drames s'emboîtant les uns dans les autres et jetant des passerelles à travers trois générations et, d'autre part, cette série de coïncidences qui, à force de se multiplier, ne pouvaient relever du hasard, elle commençait à douter de l'indéterminisme, cette théorie suivant laquelle les événements de la vie ne sont soumis à aucune causalité intelligible, à aucune loi.

*
**

La cour d'assises de Nancy, composée de Claire Dumonteil, Président, de deux juges professionnels, assesseurs, du greffier et de l'avocat général faisant fonction de ministère public, ouvrit la séance et fit introduire l'accusée, accompagnée de ses gardes.

Toute la famille, quelques amis et un public de curieux avides de procès à sensation, garnissaient les bancs de la salle d'audience, vaste et beau décor fait de boiseries anciennes, de dorures au plafond et de tissu soyeux tendu sur les murs.

Éva prit place, à gauche du Président, dans le box des accusés. Vêtue d'une robe noire, elle baissait les yeux, plongée dans le remords et le repentir. Son avocat, maître Guy Bernard, était assis tout près d'elle devant une table encombrée de dossiers de plaidoirie.

Claire Dumonteil interpella Éva en ces termes :

– Accusée, levez-vous. Veuillez décliner vos nom, prénoms, date et lieu de naissance ainsi que votre profession et résidence.

Ce qui fut fait.

Le greffier fit l'appel des jurés non excusés. Une carte portant leur nom fut déposée dans une urne.

La Cour procéda alors à la formation du jury d'assises composé de neuf jurés, tirés au sort, et de deux jurés supplémentaires. Ces derniers étaient tenus d'assister à l'audience, mais sans pouvoir de décision. Ils n'étaient présents que pour remplacer éventuellement l'un des jurés en cas de défaillance.

Ni l'avocat général, ni maître Guy Bernard, ne récusèrent les jurés dont les noms sortaient de l'urne.

Le Président adressa alors aux jurés, debout et découverts, le discours suivant :

– Vous jurez et promettez d'examiner avec l'attention la plus scrupuleuse les charges qui seront portées contre madame Éva Martin, épouse Ledoux, de ne trahir ni les intérêts de l'accusée, ni ceux de la société qui l'accuse ; de ne communiquer avec personne jusqu'après votre déclaration ; de n'écouter ni la haine ou la méchanceté, ni la crainte ou l'affection ; de vous décider d'après les charges et les moyens de défense, suivant votre conscience et votre intime conviction, avec l'impartialité et la fermeté qui conviennent à un homme probe et libre, et de conserver le secret des délibérations, même après la cessation de vos fonctions.

Chacun des jurés, appelé individuellement par le Président, répondit en levant la main droite : « Je le jure. »

Claire Dumonteil déclara le jury définitivement constitué, invita l'huissier à faire l'appel des témoins cités par le ministère public, et ordonna ensuite à ces derniers de se retirer dans la chambre qui leur était réservée, proche de la salle d'audience et d'où ils ne pouvaient sortir que pour venir déposer. Laura, Solène, Patrice, Alexandre, le médecin expert et l'assistante sociale obtempérèrent immédiatement.

Le Président invita ensuite l'accusée à écouter attentivement la lecture de l'arrêt de renvoi qui comportait l'énoncé intégral des faits de l'accusation, et ordonna ensuite au greffier de lire cet arrêt à haute et intelligible voix. La lecture dudit arrêt immobilisa la Cour pendant une vingtaine de minutes.

Le Président procéda ensuite à l'interrogatoire de l'accusée :

– Madame Éva Ledoux, reconnaissez-vous avoir défenestré votre fils Nicolas, âgé de sept ans ?

– Oui, Madame le Président. Je l'ai fait.

– Voulez-vous nous relater dans quelles circonstances vous avez commis ce crime ?

Éva, debout, les traits crispés, faillit avoir une syncope. La lecture de l'arrêt de renvoi relatant les faits du drame l'avait déjà fortement secouée, et de devoir décrire son acte face au public constituait une épreuve terrible. Ce fut en sanglotant qu'elle dit :

– Mon fils criait, me battait, me griffait. Je l'ai pris et...

Il y eut un silence qui dura quelques secondes, toute la salle retenant son souffle. Puis elle poursuivit :

– ... et je l'ai jeté par la fenêtre... Je ne peux pas expliquer mon acte... J'aimais cet enfant... Je crois... Je crois que j'étais fatiguée...

– La Cour n'ignore pas que votre petit garçon souffrait d'un handicap profond.

– En effet, Madame le Président, mais cela ne nous a pas empêchés de l'aimer, mon mari et moi. Au contraire, nous avons redoublé de soins et d'amour afin de compenser ce handicap. J'ai sincèrement cru que nous pouvions réussir. Je reconnais avoir échoué.

– Pourquoi, alors que vous étiez à bout de forces, avoir refusé de placer cet enfant dans une institution spécialisée ?

– Je n'ai jamais voulu m'en séparer, malgré les conseils de ma mère et de ma belle-mère.

– Pourquoi ?

– Je... J'avais le sentiment profond de... de l'abandonner, de démissionner de mes fonctions, de fuir mes responsabilités... Et puis, je l'aimais... Je voulais le garder !

– Pouvez-vous décrire à la Cour les occupations quotidiennes de cet enfant et son comportement ?

– Mon fils n'était pas un enfant normal. Il n'allait pas à l'école. J'ai essayé de lui apprendre à se servir des nombreux jouets qui garnissaient sa chambre. Il les jetait, les brisait. Il se mettait souvent en colère, sans motif apparent. Il trépignait, se roulait par terre. Quand les crises étaient trop violentes, je lui donnais un tranquillisant. Il n'aimait pas ça, il hurlait et me battait. Mais il pouvait aussi être doux et affectueux. Il aimait les câlins... comme tous les enfants.

Éva parlait de façon monocorde, mais, à l'intérieur, elle pouvait sentir son cœur cogner à grands coups. Une larme coula le long de sa joue. Elle reprit :

– Je regrette de l'avoir tué. Je suis coupable et je mérite une condamnation.

Le Président, les assesseurs, les jurés et l'avocat général écoutèrent les confessions de cette malheureuse mère qui risquait la réclusion criminelle à perpétuité.

Le Président poursuivit l'interrogatoire.

– Vous êtes infirmière. Comment parveniez-vous à concilier une profession aussi prenante avec la garde d'un enfant trisomique ?

– Je reconnais que cela était harassant, particulièrement quand je faisais mes gardes de nuit.

– Et qui s'occupait de votre fils en votre absence ?

– Dolorès, une vieille gouvernante très attachée à notre famille. Elle avait en partie élevé ma belle-mère et mon époux. Elle était très douce, très patiente avec Nicolas. Après, j'ai cessé de travailler pour mieux m'occuper de mon enfant.

– Votre ménage était-il heureux ? Votre époux remplissait-il ses devoirs de père ?

– Oui, Madame le Président, mon mari est un homme remarquable. Nous nous aimons. Il s'occupait également de notre fils, il faisait de son mieux. Juste après mon accouchement, il m'avait demandé de réfléchir au choix qui s'offrait à nous : soit garder l'enfant chez nous, soit le placer dans une institution. J'ai aussitôt rejeté la seconde solution. Je crois que mon mari aurait volontiers opté pour elle.

Puis d'une voix atone, à peine audible, elle répéta :

– Je suis coupable. J'ai ôté la vie à mon fils et j'ai

rendu malheureux mon mari. Je veux qu'on me condamne.

L'atmosphère dans la salle d'audience devint lourde, irrespirable. L'extrême sincérité de l'accusée et sa détresse absolue avaient ému le jury et le public.

Le Président fit appeler le premier témoin. Il s'agissait du psychiatre commis par le juge d'instruction pour examiner Éva. Le médecin prêta serment. Il relata avec précision les grandes lignes de la vie de l'accusée et s'attarda particulièrement sur les circonstances dans lesquelles elle avait découvert l'existence de la sœur jumelle de sa mère. En termes techniques, il décrivit le choc qu'elle avait éprouvé en réalisant que sa mère était une prostituée. Il précisa que les époux Ledoux étaient cousins germains. Puis, d'une voix grave, il conclut :

– Mme Éva Ledoux était dépressive, dans le sens profond du terme. Elle a vécu un réel cauchemar depuis la naissance de son fils. Dans le contexte de ce drame, je formulerai deux observations : la première est qu'il est extrêmement difficile d'assumer une charge aussi lourde que celle d'élever un trisomique 21 profond, sans altérer son propre système nerveux, la seconde est que le complexe de culpabilité développé par Mme Ledoux, depuis la naissance de son enfant polyhandicapé, a graduellement entamé son psychisme. Ses activités professionnelles, avec leurs servitudes horaires, ont fait le reste. Ma conclusion est que l'accusée ne peut en aucun cas être considérée comme une démente mais, qu'au moment de l'acte, elle avait totalement perdu le contrôle d'elle-même, étant à bout, sur le plan nerveux et psychique. L'attaque de son fils, sa chute, sa blessure au front, ont fait réagir l'accusée qui s'est sentie menacée et qui, sous l'impulsion naturelle de défense, a cherché à neutraliser son agresseur, par tous les moyens : attitude quasi réflexe, commandée par des mécanismes physiologiques et psychologiques, caractéristiques de l'état de stress. Son émotion, intensifiée par sa dépression nerveuse, a été d'une telle violence qu'elle a supprimé son libre arbitre.

» Ma conclusion est que les graves troubles psychiques dont était atteinte l'accusée, amplifiés démesurément lors de cette scène de violence, ont aboli, au moment des faits, ses facultés mentales.

La Cour et les membres du jury écoutèrent attentivement ce témoignage qui ressemblait davantage à une plaidoirie qu'à un rapport d'expertise.

Ce fut au tour de l'assistante sociale d'être introduite dans la salle d'audience. Après avoir prêté serment, elle relata les parcours de Patrice, Solène et Laura, en insistant sur la conduite de cette dernière avec une sévérité excessive :

– Cette femme est une prostituée notoire depuis l'âge de dix-sept ans. Elle n'a jamais fait d'efforts pour s'amender. Elle se complaît jusqu'à présent dans cette situation et n'a jamais pu donner à sa fille toute l'affection que celle-ci était en droit d'attendre d'une mère digne de ce nom. Elle l'a placée, d'abord chez une nourrice, ensuite dans divers internats. Ayant grandi elle-même à la DDASS, elle ne pouvait ignorer le caractère traumatisant de ces placements. C'est une femme égoïste, sans cœur, qui n'a pas hésité à sacrifier le bonheur de son enfant à l'appât du gain. Mme Éva Ledoux a découvert la véritable activité de sa mère très récemment et la désillusion a été rude. Je ne pense pas me tromper en affirmant que cet événement à beaucoup contribué à son dérèglement psychique.

En ce qui concerne Éva, elle se montra néanmoins très élogieuse.

– Mme Éva Ledoux jouit d'une grande considération à l'hôpital de Nancy où elle exerce le métier d'infirmière. L'attachement qu'elle porte à son époux ne peut être mis en doute. Pas plus que l'amour qu'elle vouait à son enfant dont elle s'est toujours occupée avec une patience digne d'une sainte. Les renseignements pris auprès de proches ou d'amis confirment que le jeune Nicolas était un enfant pénible, dont la violence était difficile à juguler.

Anne-Marie Alric, son époux Pierre, Jérôme et Dolorès, assis dans la salle d'audience, écoutèrent avec stupéfaction cette déposition. Ils venaient de découvrir que la sœur jumelle de Solène était une prostituée.

Alexandre succéda à l'assistante sociale à la barre des témoins. Il était blême. Il déclina son identité et le Président rappela les termes de l'article 335 du code de procédure pénale selon lequel ne peuvent être reçues sous la foi du serment les dépositions du père, de la mère ou de tout autre ascendant d'un accusé, du fils, de la fille ou de tout autre descendant, des frères et sœurs, des alliés au même degré, du mari ou de la femme, de la partie civile et enfin des enfants âgés de moins de seize ans.

– Monsieur Ledoux, poursuivit le Président, vous ne prêterez pas serment et nous vous entendrons à titre de renseignement. Veuillez maintenant expliquer à la Cour tout ce que vous savez sur cette affaire.

La question était vaste et imprécise. Alexandre crut néanmoins comprendre qu'on l'invitait implicitement à faire un bilan de son couple depuis la naissance de Nicolas. Avec courage et sincérité, il s'exécuta :

– La naissance d'un trisomique 21 pose de graves problèmes de conscience à ses parents. Nous étions confrontés à un dilemme : garder Nicolas ou le confier à une institution spécialisée. Pour ma part, conscient de la charge énorme que représente la garde à domicile d'un handicapé mental profond, j'aurais volontiers privilégié le placement. Je me suis néanmoins rallié à la décision de mon épouse, sans enthousiasme, mais en veillant, autant que mon travail me le permettait, à la seconder dans sa tâche parentale. La disparition de mon fils me bouleverse profondément.

Il dut s'arrêter un instant, pour contenir ses sanglots, puis, avec bravoure, il enchaîna :

– Il faut que vous sachiez que notre vie de couple a été radicalement différente lorsque Nicolas a grandi. Il nécessitait des soins constants et nous n'avions plus la moindre intimité. Mais là n'est peut-être pas le plus important. En grandissant, Nicolas devenait coléreux et violent. Il fallait, moralement et physiquement, être capable de contenir cette violence. Ma femme n'avait plus l'énergie suffisante pour y faire face toute seule. Le jour du drame, j'étais absent tout comme Dolorès, notre gouvernante. Ma femme a craqué. Je crois que son geste a été dicté davantage par un réflexe d'autodéfense que par une envie délibérée de tuer. Mais, je le répète, je n'ai pas assisté à la scène et je ne sais pas exactement ce qui s'est passé.

Ayant achevé sa déposition, Alexandre fut invité à rester dans la salle d'audience et l'huissier audiencier se chargea d'introduire Patrice.

Celui-ci s'avança visiblement mal à l'aise vers la barre des témoins. Il était terriblement affecté de voir sa nièce dans le box des accusés et il se souvenait de l'émotion très vive qu'il avait ressentie, des années plus tôt, lorsqu'il avait été déféré lui-même pour trois délits de vol devant le même Président qui siégeait alors en qualité de juge des enfants. Malgré tout, il se ressaisit, et, après avoir décliné son identité sans prestation de serment, il se soumit à l'interrogatoire :

– Monsieur Patrice Martin, dit le Président, vous êtes l'oncle de Mme Ledoux. Voulez-vous exposer à la Cour les circonstances dans lesquelles vous avez retrouvé vos sœurs jumelles ?

– Tout a commencé le jour où je suis venu vous trouver, Madame le Président. C'était à Briey, j'avais douze ans et demi et vous étiez alors juge des enfants. Ce fut, si l'on veut, le premier chapitre de cette longue et douloureuse histoire. J'en garde, je dois le dire, un très mauvais souvenir. Si je n'avais pas accompli cette démarche, rien de ce qui s'est passé par la suite n'aurait probablement eu lieu. Je me sens bien sûr coupable et ce, depuis des années, mais j'en veux aussi beaucoup à la justice et à la société. Je m'explique. Nous avons eu la malchance de naître dans un foyer où les problèmes foisonnaient. Ma mère buvait et mon père, en raison de son travail éloigné, n'était presque jamais à la maison. Mais ma mère s'était amendée après une cure de désintoxication et nous avions cru retrouver la joie de vivre. Malheureusement, mon père s'est tué en moto et ma mère est morte dans l'incendie de notre maison.

» Nous avons été pris en charge, mes sœurs et moi, par la justice, puis séparés. Pourquoi avoir opéré nos placements respectifs dans des zones différentes ? Nous n'étions pas des petits chats qu'on pouvait donner à droite, à gauche, sans aucune conséquence. Nous n'avions plus de parents, mais il restait une fratrie et il fallait la respecter ! Combien de fois ai-je pleuré dans mon lit parce que je me sentais seul et abandonné ! Je n'étais qu'un gosse. J'avais perdu mes parents et je n'avais plus soudainement mes sœurs. Vous imaginez la détresse d'un enfant privé de sa famille, de son foyer qui, du jour au lendemain, suite à une décision de justice, se retrouve seul au monde ?

Patrice marqua une pause pour permettre à l'auditoire de méditer les paroles qu'il venait de prononcer. La plus touchée fut à n'en point douter Claire Dumonteil qui semblait la cible principale de ce réquisitoire. Elle ne pouvait pas répliquer car, en tant que Président, elle n'avait pas le droit, au cours d'une audience, de manifester son opinion. Mais en réfléchissant aux critiques de Patrice, elle en reconnaissait le bien-fondé. En d'autres lieux, elle aurait pu lui répondre que sa responsabilité personnelle n'était pas engagée, que, compte tenu du nombre de places dans les maisons et instituts accueillant les mineurs en difficulté, il ne lui était pas toujours possible de faire du regroupement familial, que les enfants ne sont pas des électeurs, qu'ils n'intéressent pas les politiciens et que, par conséquent, elle devait faire pour le mieux avec le peu de moyens dont elle disposait. Elle aurait aimé répliquer que c'est tout le système qu'il fallait réformer, mais qu'aussi, parfois, un enfant doit être séparé de ses frères et sœurs, si son intérêt commande cette solution.

– Oui, j'accuse la justice et la société, poursuivit Patrice, d'avoir fait de nous ce que nous sommes aujourd'hui. Livrés à nous-mêmes, déstabilisés, privés d'affection et de chaleur humaine. Je suis devenu très jeune un délinquant et ma sœur Laura une prostituée. Vous ne pouvez pas imputer ces maux à nos chromosomes. Quant à mes sœurs jumelles, elles sont nées du même œuf ! Pourquoi l'une, élevée à la DDASS, a-t-elle sombré dans la prostitution, alors que l'autre, qui a bénéficié d'une éducation bourgeoise, est devenue médecin et a vécu normalement, dans la droiture, l'honnêteté et le bonheur ?

Le silence seul répondit à sa question. Il enchaîna :

– Vous ignorez ce qui a pu les pousser l'une et l'autre dans une voie spécifique ? Je vais vous le dire : Laura a connu le régime de la DDASS où l'on est un numéro parmi tant d'autres. Elle y a reçu sa dose journalière de calories pour assurer sa croissance. Pour le reste, quand quelque chose n'allait pas, on faisait appel à des psychologues qui saupoudraient ses blessures de poudre de perlimpinpin. Selon vous, cela peut-il se comparer à ce que les époux Alric, parents adoptifs de Solène, ont donné à leur fille ? Si leur parenté était fictive, leur amour et leur générosité, eux, étaient réels et bénéfiques.

Anne-Marie Alric, assise dans la salle, réagit par

un sursaut à cette déclaration. La reconnaissance de son œuvre, saluée publiquement par Patrice, la toucha très fort.

Patrice, qui avait attendu si longtemps pour régler ses comptes avec la justice, ne lâchait plus la barre des témoins. Il allait maintenant lui falloir conclure en reliant son drame personnel à celui d'Éva.

– Voyez maintenant comme tout s'enchaîne, comme tout s'emboîte avec une impitoyable logique. Deux sœurs jumelles séparées par décision judiciaire, l'une s'en sort bien, l'autre tourne mal. Les deux sœurs mettent au monde un enfant, l'une une fille, l'autre un garçon. Ces jeunes gens auraient très bien pu ne jamais se connaître, mais voilà que le destin s'en mêle, ils se rencontrent, ils s'aiment, ils décident de se marier et d'avoir un bébé, mais une fois de plus, la poisse est là, omniprésente et il est trisomique. Ma nièce, Éva, est une femme pure, loyale, douce, dévouée. Son instinct maternel est immense. Elle a aimé son enfant si fort qu'elle a toujours refusé de le confier à une institution.

» Je n'étais pas là le jour de l'accident, mais je connaissais les colères de Nicolas : elles étaient d'une violence inouïe. Il donnait des coups de pied, mordait, cassait tout ! Une femme seule et fatiguée ne pouvait pas y faire face. Éva est allée jusqu'au bout de l'enfer par amour. Soyez humains.

Patrice avait achevé sa déposition. Il n'avait plus rien à ajouter. De toute façon, il n'aurait pu s'exprimer davantage car il était à bout de force. Lorsque le Président l'invita à reprendre sa place dans la salle, tout son corps était secoué de sanglots.

Le public, qui jusqu'alors avait retenu son souffle, se mit à murmurer.

Le Président ordonna une suspension d'audience et, avec la même solennité qui avait entouré son entrée, la Cour se retira.

Pendant ce temps, Alexandre qui venait de découvrir la triste vérité sur l'activité de sa belle-mère, était bouleversé. Pourtant, il ne manifestait aucun effroi. Il fermait simplement les yeux, en proie à un grand désarroi.

*
**

Après la pause, l'audience reprit.

– Monsieur l'huissier, voulez-vous introduire Mme Solène Ledoux, dit le Président.

Solène, vêtue d'un tailleur noir qui contrastait avec ses cheveux blonds ramassés en chignon sur la nuque, entra. De son physique comme de sa démarche émanait une grâce naturelle qui n'échappa pas à la Cour.

– Vous vous appelez Solène Alric, épouse Ledoux, dit le Président.

– Oui, mais mon vrai nom de famille est Martin. Alric est le nom de mes parents adoptifs.

Par cette précision, Solène désirait marquer sa solidarité avec les siens. Sans prestation de serment, elle répondit aux questions de Claire Dumonteil.

– Mon enfance a été très heureuse. J'ai été élevée dans une famille bourgeoise traditionaliste dont je partage toutes les valeurs. Je ne remercierai jamais assez mes parents adoptifs ici présents pour l'amour et le soutien qu'ils m'ont toujours témoignés. Si je suis devenue médecin, c'est sûrement grâce à eux. Mon mari et mon fils Alexandre sont également médecins. Notre vie a toujours été paisible et équilibrée jusqu'au jour où Alexandre a rencontré Éva. Cet événement a bouleversé mon existence car c'est à ce moment-là que j'ai découvert que j'avais un frère et une sœur jumelle. Mes parents avaient toujours gardé le secret sur mon adoption. Pour moi, m'apercevoir qu'ils m'avaient menti, a été un choc très dur dont je ne me suis pas totalement remise. Mais un autre choc, peut-être plus terrible, fut de me retrouver en face de cette sœur inconnue qui était mon parfait sosie. J'ai éprouvé d'abord un malaise indescriptible, comme si soudain quelqu'un, en s'emparant de ma silhouette, me dépossédait de mon identité. Puis j'ai retrouvé un peu mon calme en me persuadant qu'elle ne pouvait pas avoir le même esprit. Elle ne possédait pas non plus ma mémoire, ni tous les souvenirs que j'y avais emmagasinés, elle ne pouvait avoir accès à ma vie intime, à tout mon passé et autour de ces quelques certitudes, mon image se reconstruisait, différente de la sienne.

Après une courte pause, elle en vint finalement au fait :

– Je pense que cet horrible sentiment, je ne l'aurais jamais eu si j'avais pu grandir normalement avec ma sœur. Depuis lors, je me suis efforcée de mieux connaître Laura, de me rapprocher d'elle et j'avoue qu'avec le temps j'ai appris à l'accepter et à l'aimer.

Le Président lui demanda surtout de décrire ses relations avec sa belle-fille.

– Mon fils a commencé à fréquenter Éva avant

de savoir qu'elle était sa cousine germaine. La découverte de leur lien de parenté n'a nullement modifié leur décision de se marier. En tant que médecin, j'ai éprouvé quelque crainte en songeant aux conséquences éventuelles d'une union consanguine. Pourtant leur amour était tel que rien n'aurait pu les séparer. Alexandre est aussi médecin et il ne pouvait donc pas ignorer les risques. Mais la trisomie 21 concerne plus particulièrement les femmes enceintes qui ont dépassé la quarantaine et d'ailleurs la plupart de ces femmes donnent naissance à des enfants parfaitement normaux ! Éva était jeune et possédait des facultés de reproduction tout à fait saines, c'est indéniable. On peut dire qu'elle n'a pas eu de chance.

Elle s'interrompit, puis reprit :

– Je n'ai jamais eu de problèmes relationnels avec ma belle-fille qui est aussi ma nièce. C'est une jeune femme très généreuse, agréable, facile à vivre. Je sais qu'elle aime son mari et qu'ils se sont d'ailleurs toujours bien entendus. Mais j'avoue ne pas avoir du tout partagé sa décision de garder cet enfant trisomique à la maison. Je pense que tout le drame est venu de cette décision. Et si j'ai un seul reproche à faire à ma belle-fille, c'est de n'avoir pas confié Nicolas à un institut spécialisé alors qu'elle ne pouvait manifestement plus supporter la charge que son handicap représentait. Évidemment, en tant que mère, je peux comprendre qu'elle se soit battue jusqu'au bout pour apporter à cet être différent toute l'affection que seule une maman peut donner.

Elle reprit son souffle et poursuivit :

– Elle a seulement été trop loin et n'a voulu tenir aucun compte des conseils que nous lui prodiguions tous. En réalité, je ne suis pas certaine qu'elle ait été consciente du danger extrême que son obstination faisait courir à son couple, à son enfant et à elle-même. Elle souffrait de dépression, une maladie qui, j'insiste sur ce point, peut parfaitement revêtir des formes graves. Tout dépressif s'enferme dans un système qui finit par le détruire en le détachant du monde où il vit et en le privant de tout esprit critique. Affaibli physiquement, miné moralement, il perd peu à peu le contrôle de lui-même et tout peut arriver.

Exténuée, Solène déféra à l'invitation du Président de reprendre sa place parmi les témoins. Son témoignage avait été suivi avec beaucoup d'attention. Mais, conformément à l'article 311 du code de procédure pénale, les membres de la Cour et du jury avaient le devoir de ne pas manifester leur opinion durant les débats. Ils affichèrent donc une impassibilité totale. Aussi, en regagnant sa place, Solène eut-elle l'impression d'avoir en face d'elle des cœurs de marbre. Elle en conçut une grande amertume, teintée d'un sentiment d'échec et elle se mit alors à redouter le verdict.

Elle méditait sur ce point lorsque Laura pénétra dans la salle d'audience, vêtue d'une robe noire, très sobre.

– Vous êtes la mère de l'accusée ? demanda le Président après que Laura eut décliné son identité.

– Oui, répondit-elle en sentant aussitôt une atmosphère de curiosité malsaine envahir la salle.

Elle sentait tous les regards converger sur elle, tant ceux du Président et de ses assesseurs que ceux des jurés et du public. Sa ressemblance avec Solène était si frappante que chacun cherchait le petit détail qui pouvait la distinguer de sa sœur. Ses traits étaient plus durs et son teint, terni par l'usage excessif de fards, n'avait pas le même éclat. Elle était, aux yeux de tous ces étrangers, comme un négatif de Solène.

– Que faites-vous dans la vie ? lui demanda le Président. Vous ne nous avez pas indiqué votre profession.

Claire Dumonteil était tenue de poser cette question en vertu des exigences du code de procédure pénale.

– Je pense que tout le monde ici n'ignore plus rien de mes activités, répondit Laura avec un certain aplomb.

– Je vous prierai néanmoins de répondre, c'est la loi, dit le Président avec amabilité.

Malgré son courage, Laura éprouvait une grande gêne à dire à voix haute ce qu'elle était en présence de sa sœur et de ce public de voyeurs. Mais il fallait s'exécuter. Elle était obligée de répondre. Aussi, posant ses deux mains sur la barre et relevant la tête avec autorité, elle déclara :

– Je suis une prostituée.

L'activité de Laura avait été plusieurs fois évoquée au cours des débats, notamment par l'assistante sociale et Patrice, mais ceux-ci avaient été entendus alors que Solène était encore dans la chambre des témoins, éloignée de la salle d'audience. Après les époux Alric, Jérôme, Alexandre et Dolorès, son tour vint de découvrir que sa sœur jumelle était une prostituée. Elle faillit se trouver mal.

Une kyrielle de sentiments l'envahit aussitôt où se trouvaient amalgamés pêle-mêle la colère, le dégoût, la haine auxquels devait s'ajouter le sentiment d'avoir été grugée. Elle aurait volontiers quitté la salle d'audience, mais la loi exigeait qu'après sa déposition elle restât sur le banc des témoins. Elle tourna son regard vers son fils Alexandre, lequel y décela l'effroi, la stupeur et le désarroi.

Dans le box des accusés, Éva baissait les yeux et pleurait. L'émotion était à son comble. La honte et l'humiliation qui s'abattirent aussitôt sur toute la famille, étaient incommensurables. Consciente du cataclysme qu'avait dû provoquer l'énoncé de sa profession, Laura n'en poursuivit pas moins le récit de sa vie à la DDASS, de ses déboires à Paris et de la naissance de sa fille.

– Le nom patronymique de votre fille est Martin, dit le Président. Faut-il en conclure qu'elle n'a pas été reconnue par son père ?

Laura ne pouvait plus se dérober. Dos au mur, elle dut révéler ce qu'elle avait toujours pris soin de cacher à Éva.

– Je ne connais pas le père de ma fille. Je l'ai eue par accident...

– Vous voulez dire durant l'exercice de votre profession.

– C'est exact.

Cet aveu fit l'effet d'une bombe.

Déjà fort éprouvée, Éva s'affaissa au fond de son siège, comme une fleur qui s'étiole. Elle n'avait plus la force de réagir. Elle fermait les yeux et semblait s'évanouir.

Solène accusa aussi le coup. La déposition de sa sœur, en audience publique, l'anéantissait. Sa ressemblance avec Laura, qu'elle avait fini par accepter, lui devenait soudain insupportable. Dans une ville aussi petite que Nancy où elle appartenait à l'élite, la nouvelle allait se répandre comme une traînée de poudre. Sans compter qu'elle courait maintenant le risque d'être confondue avec une prostituée, elle, médecin réputée, fine fleur de la bonne société. Elle sentait la colère et la révolte battre contre ses tempes et elle maudissait le sort qui avait rapproché Alexandre de cette scandaleuse famille à laquelle elle refusait maintenant d'appartenir et qu'elle n'aurait jamais voulu connaître. Tout basculait à nouveau, elle revenait au grand galop vers ses parents adoptifs qui l'avaient élevée dans l'ignorance de ce frère et de cette sœur jumelle devenus aujourd'hui plus indésirables que des pestiférés. Elle n'était pas la seule à éprouver du ressentiment. Les époux Alric, Jérôme et Alexandre, blêmes tous les quatre, vivaient aussi mal qu'elle ces faits atterrants.

Tandis que Solène ruminait ces pensées, Laura tentait d'expliquer à la Cour et au jury, pourquoi elle s'était livrée à la prostitution.

– Quand j'ai débarqué à Paris, à l'âge de dix-sept ans, j'étais jeune et innocente, comme on dit, absolument pas armée pour affronter la vie dans les grandes cités. Mon passage à la DDASS avait fait de moi une proie facile pour tous les méchants qui rôdent dans l'ombre. Consultez les statistiques et vous verrez parmi quelle frange de la population se recrutent les drogués et les prostituées. Les assistés sociaux viennent en tête de liste. Bref, je ne vais pas passer ma journée à me justifier, il m'est arrivé un malheur, je suis tombée dans un piège et basta. Si ensuite, j'ai continué à me prostituer c'est que, sans ressources et sans travail, maman d'une petite fille, je n'arrivais pas à m'en sortir. Moi aussi, j'ai eu le choix, Madame le Président : j'aurais pu me faire avorter. C'était très facile. Une amie de trottoir, Agnès, était toute prête à m'accompagner. Mais je n'ai pas voulu et je me suis battue, avec les armes dont je disposais, pour qu'Éva vive et ne manque de rien.

Laura sortit un mouchoir et s'essuya les yeux. L'évocation de son pénible passé, devant sa famille et tout ce public, la remuait. Elle sanglotait. Le Président lui accorda un temps de récupération, puis la pria, avec beaucoup de déférence, de continuer :

– J'ai vendu mon corps pour donner à ma fille tout ce que je n'ai pas eu. Éva n'a jamais été abandonnée. Elle n'a jamais souffert non plus d'un manque d'affection de ma part. Il est vrai qu'au début, comme je travaillais, j'ai dû la mettre chez une nourrice, puis en pension. Mais en a-t-elle vraiment souffert ? Honnêtement, je ne le crois pas. Sa nourrice était une femme admirable qu'Éva adorait. Et, plus tard, à l'internat, ma fille a suivi une scolarité tout à fait normale, ce qui n'aurait pas été le cas si elle s'était sentie malheureuse ou oubliée comme je l'ai été moi-même. Chaque fois que je le pouvais, j'allais la voir, je sortais avec elle. Nous avons connu des moments de joie et de réelle complicité. Ensuite, quand elle a commencé à grandir, nos rapports se sont encore enrichis. Nous étions très proches l'une de l'autre et elle me confiait ses joies, ses peines comme à sa meilleure copine. De mon côté, s'il est vrai que je continuais à avoir deux vies et donc à lui mentir, je ne perdais pas de vue mon seul et unique but qui était son bonheur et sa réussite à elle. Et puis, Patrice, mon frère, a retrouvé ma trace. Je dois dire qu'Éva s'est attachée d'emblée à cette famille que le sort avait fait resurgir. Elle avait une adoration pour sa tante Karine, hélas décédée, et son oncle Patrice a remplacé le père qu'elle n'avait jamais eu. Je confesse avoir commis une erreur en voulant offrir à ma fille toujours plus... J'aurais dû arrêter de me prostituer le jour où Éva est entrée comme infirmière à l'hôpital et où elle a rencontré l'homme qui est aujourd'hui son mari. Là, il aurait fallu que je mette le holà à mes activités en rendant grâce au ciel d'avoir toujours pu cacher la vérité à ma fille. Mais le ciel en a décidé autrement.

Un profond silence accueillit cette longue confession. De toute évidence, Laura était parvenue, à force de sincérité et de courage, à atteindre au cœur son auditoire. Solène qui, cinq minutes plus tôt, vouait sa sœur aux gémonies, voyait maintenant un peu différemment les choses : elle prenait conscience des énormes difficultés qui avaient émaillé le parcours de Laura tandis que, pour sa part, durant ce temps, en sécurité au sein de sa famille d'adoption, elle ne goûtait que des moments de joie. Elle s'apitoyait, en tant que mère, sur les actes auxquels Laura avait dû se livrer pour élever sa fille et elle mesurait alors que l'éducation lisse d'Alexandre, avec l'aide de Dolorès, ne lui avait valu aucun sacrifice. L'analyse comparative de leurs vies l'amenait à réviser son jugement sur sa jumelle.

Sans laisser le temps à la Cour et au jury de reprendre son souffle, Laura poursuivit :

– Mais si je suis devant vous aujourd'hui c'est pour témoigner non pas de mes actes mais de ceux de ma fille. Éva a connu un grand malheur avec la naissance de ce fils mongolien. Je ne suis pas suffisamment instruite pour dire si cette naissance est le fruit du hasard ou celui de l'hérédité. Je pense que le vrai problème ne se situe pas là. Éva aimait son enfant mais il la faisait souffrir. Je suis mieux placée que quiconque pour savoir jusqu'où peuvent aller la souffrance et le dévouement d'une mère, mais dans le cas d'Éva, il me semble que les bornes ont très vite été dépassées. J'ai assisté à des scènes épouvantables de violence. Nicolas la battait, la griffait, transformait sa vie en enfer. Elle n'aurait jamais dû le garder. J'ai tenté de la convaincre de s'en séparer, mais elle ne voulait écouter personne. Je crois qu'elle aurait même renoncé à son mari si elle avait dû choisir entre lui et Nicolas. On ne peut pas condamner une femme qui aime trop son enfant.

Le Président remercia Laura et l'invita à aller s'asseoir sur le banc des témoins. Puis, il décida une suspension d'audience pour permettre aux jurés et aux magistrats de prendre un peu de repos, avant le réquisitoire de l'avocat général et la plaidoirie de maître Guy Bernard, défenseur de l'accusée.

Ce fut avec son cérémonial habituel que la Cour se retira.

*
**

– La Cour ! Levez-vous !

Instantanément, le public obéit à l'injonction de l'huissier audiencier.

Et la Cour entra. Et le même public, respectueux du protocole, s'exécuta à nouveau lorsque le Président l'invita à s'asseoir. Comme au théâtre, chacun reprit sa place et son rôle.

– L'audience est ouverte, dit le Président, en s'asseyant.

Puis il ajouta :

– Monsieur l'Avocat général... vos réquisitions.

L'avocat général se leva et, avec une grande éloquence, entreprit son réquisitoire :

– C'est une meurtrière pas comme les autres qui comparaît aujourd'hui devant la cour d'assises de Nancy. Tout a été dit sur sa famille... elle aussi, pas comme les autres : la dispersion d'une fratrie, la prostitution, la détresse et la perdition d'un côté, l'adoption, le bonheur et la chance de l'autre. Bref, chacun a vécu son destin. Patrice et Laura ont souffert, Éva aussi à sa manière. Bien sûr elle a eu une enfance perturbée, bien sûr elle a subi un choc en découvrant l'activité de sa mère, bien sûr elle a eu un enfant différent. Je ne doute pas que pour gérer cette différence elle a dû vivre l'enfer au quotidien. Je ne doute pas non plus de la réelle profondeur de ses sentiments, qu'il s'agisse de l'amour ou de la douleur. Je suis sensible aux malheurs qui ont accablé cette jeune femme. Simplement ils n'étaient pas irrémédiables et Éva Ledoux le savait. Pour mettre fin à ce qui la torturait, elle pouvait confier son fils à un institut spécialisé. On me rétorquera qu'elle aimait trop son petit garçon pour s'en séparer. Est-ce là un acte d'amour maternel ? Je me pose la question. Elle aurait pu, elle aurait dû, me semble-t-il, pour le salut de tous, confier cet enfant à des professionnels qualifiés.

» Il existe différents degrés de trisomie mais, en l'espèce, Nicolas était profondément atteint. Il était donc insensé de penser qu'il était humainement possible de faire face à ce handicap continuellement, jour et nuit. Certes, je reconnais le dévouement exemplaire de l'accusée à l'égard de son fils. Mais très vite, face au caractère insurmontable de sa tâche, elle aurait dû se rendre à l'évidence et se ranger à l'avis plus sage, plus réaliste de son époux. Ce dernier n'a malheureusement pas su lui imposer sa décision. Alors si je me suis apitoyé tout à l'heure sur le sort des mineurs Martin, à savoir plus précisément Patrice et Laura et si je m'apitoie d'une façon plus générale sur celui de tous les enfants de France et du monde qui souffrent, je crois avoir la logique aussi de m'apitoyer sur celui du petit Nicolas, car je ne peux oublier qu'il a été défenestré, qu'il est mort et que son décès est l'œuvre de celle qui l'a mis au monde. Le meurtre d'un être humain est un acte grave qui doit être puni par la loi, car le premier droit de la personne humaine est le droit à la vie. Nicolas qui souffrait d'un handicap mental profond était un être humain plus fragile que les autres et qui nécessitait à ce titre une considération supplémentaire. Or, tout l'amour que Mme Éva Ledoux portait à son fils est devenu, en l'espace de quelques secondes, de l'aversion, de la répugnance, de la haine, autant de sentiments contre nature qui ont fait basculer cette mère usée par la dépression dans le crime. Et ce crime mérite un châtiment comme l'accusée elle-même, torturée de remords, ne cesse de le répéter. On ne combat pas la maladie en supprimant le malade. Nous ne sommes pas une société spartiate, mais une société de droit qui réprouve et condamne l'élimination volontaire de tout être, qu'il soit sain ou débile. Mme Éva Ledoux a tué son enfant et vous devez, Mesdames et Messieurs, la condamner pour ce crime. Certes, je ne suis pas hostile au bénéfice des circonstances atténuantes en faveur de l'accusée. Mais une peine privative de liberté, dont je vous laisse le soin de jauger la durée, permettra à la société que je représente de retrouver le respect de la vie humaine. Car tout homme, quel qu'il soit, handicapé physique ou mental, noir, blanc ou jaune, riche ou pauvre, représente ce qu'il y a de plus important sur la terre, de plus sacré.

Le silence s'installa dans la salle. Chacun méditait le sens de ces paroles et Éva la première. Prostrée dans le box des accusés, elle sanglotait doucement.

*
**

Après le réquisitoire de l'avocat général, la parole alla à la défense.

Maître Guy Bernard se leva, retroussa ses larges manches noires et attaqua sa plaidoirie :

– Oui, vous avez raison, Monsieur l'Avocat général, c'est une meurtrière pas comme les autres qui comparaît aujourd'hui devant vous. Et n'étant lié par aucune obligation de réserve, je plongerai dans la métaphysique, pour vous dire que je ne comprends pas que le Bon Dieu, le créateur de tous les hommes et de toutes les bêtes, de la terre, de la mer, du ciel, des fleurs et des arbres, dans son infinie bonté, ne vienne pas au secours de tous les enfants maltraités dont les larmes rempliraient les océans. Vous me répondrez que l'homme est libre dans l'accomplissement de ses actes et que le Bon Dieu respecte cette liberté.

» Je veux bien l'admettre lorsqu'il s'agit de personnes ayant acquis une certaine maturité et un pouvoir de discernement dont elles peuvent user à leur guise dans l'exercice du bien ou celui du mal. Mais lorsqu'il s'agit d'enfants, d'êtres fragiles et innocents soumis au vice et à la torture, force est de constater que le père de tant de merveilles, devrait réviser sa politique de non-ingérence et de respect de la liberté, car il devient un père sévère qui châtie durement et injustement.

» La nature est si belle, la ronde de la terre et des astres si bien réglée, le mécanisme de nos cellules humaines si prodigieux, que je ne peux imaginer, l'absence d'un créateur, même invisible. Mais alors si Dieu existe, pourquoi tolère-t-il tant de misère, spécialement chez des enfants ? Se peut-il qu'il soit insensible à leur détresse ? Se peut-il qu'il n'ait cure de leur souffrance ou bien s'agit-il d'un architecte au sens le plus matérialiste du terme qui crée et façonne, et ne se soucie plus ensuite de son œuvre ? Enfin, pourquoi a-t-il créé ce chromosome surnuméraire source de douleur incommensurable ? Non, pour moi, Dieu n'est pas une conclusion car son existence rendrait le mal incompréhensible.

» Mais éloignons-nous de ces considérations élevées pour constater plus simplement que la famille Martin n'a pas eu beaucoup de chance dans la vie et que Dieu n'a épargné ni les parents ni les enfants ni les petits-enfants. Au moment où les coupables parents s'amendaient et s'apprêtaient à retrouver leur progéniture, hélas, voilà qu'ils meurent. Vous connaissez maintenant par cœur les tribulations de Patrice et de ses sœurs. Nous aurions pu élaborer toute une théorie sur la façon dont le malheur s'est acharné sur eux si une force invisible ne s'était pas manifestée en faveur de Solène. Pourquoi elle seule a-t-elle été épargnée ? Pourquoi les deux autres n'ont-ils reçu aucun soutien ? Ne cherchez pas d'explication, c'est ce que je nommerai l'injustice du destin.

» Ma cliente, Éva Ledoux, est née au sein de cette

famille Martin excessivement malchanceuse. Au début, Éva ne s'en sort pas si mal, même si son relatif bonheur lui vient d'une mère qui se prostitue par amour pour elle : études brillantes, obtention d'un diplôme d'infirmière, mariage avec un jeune homme de la meilleure société nancéenne. Elle aurait pu connaître un garçon autre que son cousin, et aurait pu l'épouser. Eh bien non, Mesdames et Messieurs, nouveau coup du sort, celui qu'elle a choisi comme époux est le fils de sa tante, autrement dit son cousin germain. Notez que jusqu'à présent le sort en question semblerait en passe d'être conjuré : grâce à cette union quasi miraculeuse, la famille Martin dispersée aux quatre vents se retrouve comme par enchantement. On ne pouvait rêver une meilleure fin. C'était sans compter sur l'injustice du destin qui nous réserve un épilogue digne du meilleur Sophocle : le couple a un enfant et, coup du sort, il est trisomique. Les vieux démons resurgissent, l'antique malédiction sort ses griffes. Mais cette fois, nous dit-on, il existe des remèdes pour chasser la vilaine injustice du destin. Cette fois, c'est sûr, elle ne frappera plus, nous tenons la panacée : placer l'enfant dans un institut spécialisé. Mesdames et Messieurs les Jurés, imaginons un instant le recours a un tel remède. Imaginons Éva confiant cet enfant ingérable à des professionnels. Imaginons que la famille soit parvenue à négocier sans trop de vicissitudes ce nouveau tournant. Imaginons maintenant que les années aient passé, sans catastrophes supplémentaires. Nicolas aurait grandi, loin des siens, il n'aurait fait aucun progrès car son cas est désespéré, mais on se serait occupé de lui, d'autres que sa mère auraient tenté de réfréner ses colères. Et puis

Nicolas aurait vingt et un ans et comme le centre ne peut pas le garder indéfiniment, on l'aurait renvoyé dans son milieu familial... À votre avis, Mesdames et Messieurs, que serait-il arrivé ? Exactement ce qui s'était produit quatorze ans plus tôt : l'enfer aurait repris et cela aurait même été pire face à un enfant devenu adulte... Cette fois, la mère n'aurait peut-être pas eu le dessus et c'est elle qui aurait fait les frais de l'affrontement... D'ailleurs, en tout état de cause, les époux Ledoux ne pouvaient avoir la certitude de trouver pour leur enfant trisomique une place dans une institution spécialisée. Ces places sont rares !

» Alors non seulement Mme Éva Ledoux a voulu garder cet enfant mais elle s'y est si fort attachée qu'elle l'a farouchement protégé jusqu'au jour où ses nerfs ont craqué. Elle s'est épuisée à le faire vivre.

» Difficile de juger l'ultime geste de cette mère qui, à bout de forces, a tué son enfant, parce que peut-être, tout simplement, seule face à ce fils coléreux, violent, elle a perdu, dans un moment de panique, son contrôle et sa maîtrise d'elle-même ! Parce que l'exaspération avait atteint son apogée ! Et je ne crois pas me tromper beaucoup en affirmant que la mort de Nicolas a ôté à ma cliente tout désir de vivre. Et si Nicolas a fini sa chute, Éva, elle, poursuit la sienne dans un puits sans fond qui est celui du remords éternel.

» Compte tenu de tous les éléments que j'ai exposés devant vous, Madame le Président, Mesdames et Messieurs, je vous demande de rendre cette jeune femme à sa famille dès ce soir. Libérez-la et vous ferez une bonne justice.

Maître Guy Bernard termina ses envolées oratoires sous les applaudissements du public : comme dans la Rome antique la *lex populi* fut exprimée, ouvertement et publiquement.

Le Président s'adressa à Éva :

– Accusée, levez-vous. Avez-vous autre chose à ajouter ?

– J'aimais mon enfant, dit Éva.

*
**

Le Président Dumonteil déclara les débats terminés, puis ordonna que l'intégralité du dossier de la procédure soit déposée entre les mains du greffier de la cour d'assises, à l'exception de l'arrêt de la chambre d'accusation devant servir à la délibération.

Et avant que la cour d'assises se retire pour délibérer, le Président donna lecture de l'instruction suivante qui était en outre affichée en gros caractères dans la chambre des délibérations :

« La loi ne demande pas compte aux juges des moyens par lesquels ils se sont convaincus, elle ne leur prescrit pas de règles desquelles ils doivent faire particulièrement dépendre la plénitude et la suffisance d'une preuve ; elle leur prescrit de s'interroger eux-mêmes, dans le silence et le recueillement, et de chercher, dans la sincérité de leur conscience, quelle impression ont faite, sur leur raison, les preuves rapportées contre l'accusé, et les moyens de sa défense. La loi ne leur fait que cette seule question qui renferme toute la mesure de leurs devoirs : Avez-vous une intime conviction ? »

Ensuite, le Président fit retirer l'accusée de la salle d'audience et invita le chef du service d'ordre à faire garder les issues de la chambre des délibérations dans laquelle nul ne pouvait pénétrer, pour quelque cause que ce soit, sans son autorisation. Après quoi le Président déclara l'audience suspendue.

Les magistrats et les membres du jury se retirèrent dans la chambre des délibérations, attenante à la salle d'audience, d'où, conformément à la loi, ils ne pouvaient sortir qu'après avoir pris leur décision.

Assis autour d'une table ronde, chaque magistrat et chaque juré reçut du Président, pour voter, un bulletin ouvert marqué du timbre de la cour d'assises et portant ces mots : « Sur mon honneur et en ma conscience, ma déclaration est... »

Puis, le Président donna lecture des questions auxquelles la Cour et le jury avaient à répondre. Et sur son invitation, les magistrats et le jury commencèrent à délibérer.

Une jeune femme mère de famille parla la première :

– J'ai le même âge que l'accusée. J'ai deux enfants, de deux et quatre ans. Je n'exerce aucune profession, mais quand j'ai fini mes journées, je suis brisée de fatigue. Je n'ai pas cessé de me demander comment l'accusée qui est infirmière – un métier éreintant – a pu élever pendant sept ans un enfant lourdement handicapé. J'avoue qu'elle a du mérite...

Un sexagénaire retraité enchaîna :

– C'est atroce... Quel calvaire pour cette jeune

maman ! Comment a-t-elle fait pour ne pas craquer plus tôt ! Et puis sa famille... Elle a été victime d'une fatalité monstrueuse.

Un autre juré s'exclama :

– C'est facile de dire qu'il existe des maisons spécialisées pour accueillir les mongoliens. Il paraît qu'en France, pour six cents naissances, il y a un trisomique 21. Où voulez-vous les mettre ? Les places sont rares et chères dans les centres. En plus de ça, dans le cas présent, le petit Nicolas était très atteint. Je ne sais pas s'il aurait été pris, compte tenu de sa violence. De toute façon, à vingt et un ans, je suppose qu'on ne les garde plus. Imaginez le cadeau pour les parents !

Une femme d'une cinquantaine d'années s'exprima autrement :

– Je suis catholique et je compatis au malheur et à la douleur de l'accusée. Avoir enfanté un bébé trisomique est une épreuve difficile. Mais telle a été la volonté du Seigneur. Il fallait l'accepter et l'assumer. La vie est un don du ciel et personne n'a le droit de la supprimer. Éva Ledoux a ôté la vie à son enfant. C'est grave et l'avocat général a bien souligné, dans son réquisitoire, que, malgré tout, elle a commis un crime. Bien sûr elle était à bout de forces et déprimée, mais il aurait fallu qu'elle aille se reposer.

Le débat devint passionné car un autre juré, beaucoup plus jeune, s'indigna et rétorqua :

– Madame, si Dieu est miséricordieux, Il aurait dû éviter la naissance d'un tel bébé. Puisqu'Il est tout-puissant, Il aurait dû donner à Éva Ledoux un enfant normal. Ils le méritaient, elle et sa famille. Après avoir torturé les enfants Martin, Il s'est acharné sur leur descendance, entraînant dans ce sillage Éva et Alexandre qu'Il avait rendus amoureux pour mieux les accabler, et je dirais même plus, pour mieux les piéger ensuite.

– Je ne peux pas vous laisser dire une chose pareille, répliqua la dame catholique, Dieu est amour, Dieu est bonté, Il ne cherche pas à prendre les hommes au piège, c'est là le rôle du Malin.

Le jeune homme contre-attaqua aussitôt :

– Avec un Bon Dieu comme vous dites, rien de grave ne devrait jamais nous arriver. Et pourtant, regardez autour de vous : ce n'est que drames et catastrophes ! Dieu nous aime-t-Il vraiment ? Pourquoi tant de souffrances, tant d'horreurs ? Voyez les enfants de la famine avec leurs membres squelettiques et leurs ventres gonflés, voyez les petites victimes de la guerre horriblement mutilées, voyez tous ces innocents qui meurent faute de soins et de médicaments un peu partout dans le monde... Est-ce que Dieu les regarde seulement ? Et si oui, de quel œil ?

Il poursuivit avec véhémence :

– La volonté de Dieu ? Quelle est-elle en définitive et quel Dieu pour commencer ? Il y en a autant que de religions et toutes ne cessent de se faire la guerre depuis des temps immémoriaux. Rappelez-vous les guerres de religion !

Il se retourna vers son interlocutrice pour conclure :

– Madame, si Dieu est tout-puissant, Il lit dans le cœur de chacun. Et Il sait qu'Éva aimait son enfant. Alors pourquoi nous montrerions-nous plus sévères que Lui ?

– Parce que nous avons le libre arbitre, donc le pouvoir de choisir entre le Bien et le Mal...

– L'homme doit être seul responsable de ses actes ? C'est cela votre conclusion ? Je veux bien, mais que faites-vous de ces enfants n'ayant pas atteint le degré d'esprit leur permettant de jouir de ce libre arbitre ?

Ce dialogue ayant monopolisé le délibéré, le Président intervint pour y mettre un terme :

– Vous avez le droit d'avoir la conviction religieuse de votre choix, dit Claire Dumonteil, vous en avez le droit... mais je vous prie de revenir aux faits qui nous préoccupent.

Aussitôt, un autre juré, cadre supérieur, s'exprima :

– Je comprends et je dirais presque que je partage le dénuement moral dans lequel se trouvait plongée cette mère malheureuse. S'il est difficile de la juger, il est à mon sens encore plus difficile de la condamner. Devoir s'occuper d'un enfant incontinent, coléreux, violent, un enfant qui ne pourra en aucun cas guérir de son handicap, c'est l'enfer. Je ne dis pas qu'elle avait le droit de le supprimer, mais qu'on peut la comprendre et l'excuser. Je crois qu'elle n'a même pas réfléchi à son geste ni bien sûr aux conséquences de son geste, car il était en totale contradiction avec ce qu'elle avait toujours souhaité : la vie et le bonheur de Nicolas. Si la mort de cet enfant est un drame épouvantable, ce qu'endure sa mère est encore plus atroce. Lui repose en paix, alors qu'elle continue à vivre avec une douleur qui ne s'apaisera jamais. Nous pouvons la jeter en prison, mais aucune peine ne sera en mesure de lui faire oublier son geste. À quoi bon chercher un châtiment puisqu'il existe déjà...

Cette déclaration, empreinte d'humanité et de bon

sens, eut un impact certain car personne ne trouva d'arguments à lui opposer.

Le même juré reprit immédiatement la parole :

– J'ai lu dans la presse qu'un homme de trente ans a été inculpé d'homicide volontaire pour avoir étouffé, avec un oreiller, à la maternité, son nouveau-né trisomique. Son épouse a été poursuivie pour non-assistance à personne en danger. Pour sa défense, l'homme avait déclaré qu'il avait agi ainsi, pour épargner à sa femme et à lui-même des années de torture. Ce cas est bien sûr différent de celui de l'accusée qui a toujours opposé à son mari la volonté farouche de garder son enfant. Mais elle a subi une usure au fil du temps, son corps n'a pas pu résister à la démesure de la tâche qu'elle s'était infligée et l'on peut dire que ce n'est pas elle qui a tué son fils, mais bien son corps totalement vidé de sa pensée et où ne persistaient plus que les vieux réflexes de survie...

Il se tut. Et ce fut le silence. Un silence lourd, étouffant. Chacun méditait sur ce monologue âpre, poignant.

Claire Dumonteil intervint alors avec délicatesse pour attirer l'attention de ce juré sur les subtilités du Code pénal :

– Monsieur, lui dit-elle, en ma qualité de juriste, j'ai pu extraire de vos pensées, clairement exprimées, deux analyses juridiques tout à fait distinctes des causes de ce crime. Or chaque analyse amène une conclusion et donc une décision très différente. Je m'explique :

» Si vous estimez que l'accusée, qui souffrait déjà d'une dépression nerveuse grave, n'avait pas conscience de son acte parce qu'elle se trouvait, au moment précis des faits, dans un état pathologique, assimilable à la démence qui lui avait enlevé le contrôle de ses actes, sa faculté de discernement et sa volonté, sa responsabilité pénale ne peut être retenue.

» En revanche, si vous estimez, comme cela semble être le cas, que, compte tenu des épreuves qu'elle a vécues depuis la naissance de son enfant, l'accusée a commis un crime excusable, sa responsabilité pénale est engagée. En effet, il est évident que pour excuser son acte, il faut préalablement reconnaître sa culpabilité.

» Mais les excuses légales qui ont pour effet d'octroyer au coupable une espèce de pardon, appelé absolution, entraînant une exemption de la peine, sont énoncées de manière limitative dans le Code pénal. Or le législateur n'a pas prévu d'excuse légale pour le meurtre d'un trisomique. Et la trisomie 21 ne peut constituer non plus un fait justificatif. En effet, ce n'est pas parce qu'un enfant souffre d'un handicap mental lourd, qu'on peut le tuer impunément. En revanche, vous avez tout pouvoir pour dégager éventuellement dans le contexte de la présente affaire, toutes considérations rationnelles ou toutes causes subjectives pouvant neutraliser ou minorer la répression prévue par la loi à l'encontre de l'accusée.

– Madame le Président, si j'ai bien compris la leçon, tuer son enfant trisomique, uniquement parce c'est un handicapé mental profond, n'est pas une excuse légale d'impunité ou un simple fait justificatif pouvant absoudre un accusé. À cet égard, je suis d'accord avec le législateur. Mais le tuer dans un moment d'égarement, de dépression nerveuse grave, d'une impulsion émotive violente, parce que l'enfer vécu durant des années vous a anéanti, parce que vous n'avez plus le contrôle de vous-même et plus conscience à ce moment précis que vous commettez un crime, voilà, à mon avis, des éléments qui m'aident suffisamment à prendre ma décision. En plus, il n'est pas démontré que l'accusée avait l'intention de donner la mort à son enfant !

Le Président rétorqua :

– Vous avez parfaitement le droit de faire une place non négligeable, dans un juste souci de réalisme, aux données physiologiques, psychologiques et morales de cette affaire. En effet, le pouvoir d'appréciation de sa responsabilité pénale vous appartient souverainement.

Puis, se tournant vers les magistrats et les membres du jury, le Président demanda :

– Avez-vous d'autres observations à formuler ?

Personne ne désirant prendre la parole, Claire Dumonteil invita ses collègues et le jury à se prononcer sur la culpabilité de l'accusée, en écrivant secrètement « Oui » ou « Non » sur le bulletin qui leur avait été remis.

– Le vote étant secret, dit le Président, vous pourrez utiliser la petite table qui est dans ce coin, de manière que personne ne puisse voir l'inscription sur votre bulletin. Puis vous me le remettrez écrit et fermé, pour que je le dépose dans l'urne prévue à cet effet. Je vous rappelle que les bulletins blancs ou déclarés nuls par la majorité sont comptés comme favorables à l'accusée par la loi.

Chacun s'exécuta. Puis le président dépouilla chaque scrutin en présence des membres de la Cour et du jury qui pouvaient vérifier les bulletins.

L'accusée fut déclarée non coupable à la majorité de dix voix.

De ce fait, les questions suivantes, afférentes au bénéfice des circonstances atténuantes ou au quantum de la peine, n'avaient plus à faire l'objet d'un nouveau scrutin.

Après avoir consigné le résultat du vote sans indiquer le nombre de voix, le Président apposa séance tenante sa signature sur la feuille des questions et invita le premier juré tiré au sort à en faire autant.

Aussitôt après le dépouillement, les bulletins furent brûlés, conformément à la loi. Ainsi, personne ne put connaître l'identité des auteurs des bulletins défavorables.

Et sans désemparer, la Cour et le jury revinrent dans la salle d'audience.

*
**

Le Président fit comparaître l'accusée.

Éva revint dans son box, le visage bouffi de larmes.

– Accusée, levez-vous, vous allez entendre la décision de la Cour.

Claire Dumonteil donna lecture de la réponse faite à la première question, relative à la culpabilité de l'accusée, puis de l'arrêt comportant son acquittement.

Et pour traduire son jargon juridique, elle ajouta :

– Vous êtes acquittée, madame Ledoux ! Vous retrouvez votre liberté.

Éva ne manifesta ni joie ni soulagement. Elle estimait sans doute ne pas mériter tant d'indulgence.

Elle pensait qu'en tout état de cause rien n'effacerait jamais sa douleur et son chagrin.

Le public applaudit longuement le délibéré. La famille de l'accusée respira enfin. Laura pleurait. Solène, qui avait pardonné à sa sœur, la serrait contre elle avec amour. Patrice, lui, réconfortait Alexandre qui laissait enfin éclater son émotion. Jérôme, Anne-Marie et Pierre Alric se sentaient apaisés. Dolorès souriait.

Le Président ajouta :

– L'audience est levée.

Alors que les représentants de la presse, de la radio et de la télévision désertaient rapidement leurs bancs, la Cour et le jury se retirèrent avec noblesse.

Mais avant de sortir, Claire Dumonteil jeta un dernier regard sur cette famille réunie qui avait jalonné sa vie professionnelle. À quelques jours de son départ à la retraite, elle était satisfaite du dénouement heureux de ce dossier.

C'est avec une certaine nostalgie du passé et de sa jeunesse, qu'elle réalisa qu'elle devait quitter la magistrature, qu'elle ne pourrait plus endosser sa robe de magistrat, siéger aux audiences... et c'est avec un pincement au cœur qu'elle regagna son cabinet.

*
**

Lorsque, un peu plus tard, Éva sortit de la prison où elle était venue chercher ses affaires, Alexandre qui l'attendait devant le portail, la prit affectueusement dans ses bras et lui dit :

– Ma chérie, il faut oublier, tout oublier. On va essayer d'être heureux.

L'oubli ? Le bonheur ? Quelle résonance pouvaient avoir ces mots pour cette jeune femme brisée. Jusqu'à la fin de ses jours, elle serait hantée par le souvenir de son enfant, son enfant innocent qu'elle avait tué.

Judiciairement, elle était libre. Mais elle demeurait prisonnière de sa conscience. Et cette captivité était le dernier tribut qu'elle payait au destin.

ÉPILOGUE

Le 1er juin 1996, à l'instigation de M. Philippe Séguin, président de l'Assemblée nationale, le troisième Parlement des enfants s'est réuni, composé d'élèves de classes représentant cinq cent soixante-dix-sept circonscriptions de France, de Polynésie, de Wallis-et-Futuna, de Guyane, de Guadeloupe, de Martinique, de Réunion, de Saint-Pierre-et-Miquelon et de Mayotte.

Dans le classement définitif du concours, mettant en compétition les meilleures propositions de loi préparées par ces classes, le jury en avait retenu dix.

Le choix final a eu lieu par un vote de ces députés juniors, à l'aide des mêmes boîtiers electroniques qu'utilisent les vrais députés.

La proposition de loi qui a obtenu le premier prix a été élaborée par l'école Pasteur de Limeil-Brévannes, sise dans le Val-de-Marne.

La jeune Pauline Etcheverry, représentant cette école, est venue à la tribune présenter cette proposition de loi visant à limiter ou interdire la séparation des fratries lors d'un placement temporaire. Le contenu de son discours est émouvant :

– Mesdames, Messieurs, nous avons choisi une proposition de loi concernant le placement temporaire des fratries dans les villages d'accueil. Ce sujet concerne les enfants que nous sommes. Certains enfants de notre école ont été placés temporairement, et d'autres pourraient l'être.

» Nous voulons que les villages permettent aux fratries de ne plus être séparées. Il serait normal que les frères et sœurs vivent ensemble s'ils le désirent, car ils s'aiment et sont malheureux d'être séparés.

» Nous voudrions que cette loi rende les enfants plus heureux, qu'elle atténue la douleur d'être séparés de la famille. C'est pour cela, Mesdames et Messieurs, que nous vous demandons de bien vouloir adopter cette proposition de loi.

Cet appel généreux a été entendu par leurs aînés.

Les vrais députés ont voté le 30 décembre 1996 la loi n° 96-1238 (*Journal officiel* du 1er janvier 1997) ainsi conçue :

Article unique. Après l'article 371-4 du Code civil, il est inséré un article 371-5 ainsi rédigé :

Article 371-5. L'enfant ne doit pas être séparé de ses frères et sœurs, sauf si cela n'est pas possible ou si son intérêt commande une autre solution. S'il y a lieu, le juge statue sur les relations personnelles entre les frères et sœurs.

Rendons hommage à ces jeunes qui ont obtenu un tel succès et à ces députés qui ont su les entendre.

Table des matières

Directrice littéraire
Huguette Maure

Graphiste
Pascal Vandeputte

Attachées de presse
Nathalie Ladurantie
Myriam Saïd-Errahmani
Sophie Hourdequin

Composition P.C.A.
Bouguenais (L.-A.)

Impression réalisée sur CAMERON par
BRODARD ET TAUPIN
La Flèche

pour le compte des Éditions Michel Lafon
en avril 1998

Imprimé en France
Dépôt légal : avril 1998
N° d'impression : 1204U-5
ISBN : 2-84098-380-X
50-1676-1
ML 362